中央财经大学与高千穗大学合作 20 周年论文集(上)

企业经营国际化与中小企业管理的中日比较

李俊生 (日)藤井耐 编著

企业管理出版社

图书在版编目(CIP)数据

企业经营国际化与中小企业管理的中日比较 / 李俊生,(日)藤井耐编著.
-- 北京 : 企业管理出版社,2016.6

ISBN 978-7-5164-1298-5

Ⅰ.①企… Ⅱ.①李… ②藤… Ⅲ.①国际企业-企业管理-研究②中小企业-企业管理-对比研究-中国、日本 Ⅳ.①F276.7②F279.243③F279.313.43

中国版本图书馆 CIP 数据核字(2016)第 145787 号

书　　名:企业经营国际化与中小企业管理的中日比较
作　　者:李俊生　(日)藤井耐
责任编辑:尤颖　田天　徐金凤
书　　号:ISBN 978-7-5164-1298-5
出版发行:企业管理出版社
地　　址:北京市海淀区紫竹院南路 17 号　　**邮编**:100048
网　　址:http://www.emph.cn
电　　话:总编室(010)68701719　发行部(010)68701816　编辑部(010)68701638
电子信箱:80147@sina.com
印　　刷:虎彩印艺股份有限公司
经　　销:新华书店
规　　格:170 毫米 ×240 毫米　16 开本　19.5 印张　260 千字
版　　次:2016 年 6 月第 1 版　　2016 年 6 月第 1 次印刷
定　　价:48.00 元

序

从全球的角度看，自从人类社会进入 21 世纪以来，企业发展环境正在经历全球化、金融化和数字化（互联网）的“三化”时代。在这个新的历史时期，企业如何应对“三化”带给企业的挑战，抓住“三化”带给企业的机遇，是企业保持可持续发展的基本前提条件，也是企业家们必须解决好的重大课题。

首先，经济与社会的全球化使得企业经营全球化从 20 年前的一个概念转变为现实。人类社会早在工业化之前就开始了“全球化”的尝试，早期欧洲部分国家的商人和政府实施的探险贸易活动、殖民活动以及我国的元朝蒙古帝国远征欧洲、郑和下西洋等活动都可以被视为人类社会早期全球化的重要尝试，但是由于当时全球经济市场化、交通工具便利化的程度极低以及通讯手段落后等原因（这里仅仅从技术的角度谈论这个问题），使得这种全球化的尝试只能处于萌芽状态，更谈不上为企业经营的国际化铺设道路，直到 20 世纪后期，世界掀起了全球化的运动，使得企业经营全球化开始被提上了日程，但是基本上处于全球化企业经营的初级阶段。我个人认为，20 世纪末期与 21 世纪初期在全球范围内发生的几个重大事件和人类社会的几个重大发明导致了全球化实现了质的飞跃：2008 年发端于美国的全球化金融危机揭开了金融化的面纱；互联网直至数字经济的兴起冲破了全球化的物理障碍、打破了传统的价值创造模式与价值实现方式，等等，这些都为企业经营的国际化创造了人类历史上前所未有的环境，使得企业的全球化经营变成了现实，同时也带来了历史上前所未有的挑战。

其次，金融化在为企业经营带来机遇的同时也带来更多的挑战。如何理解金融化？学术界习惯从经济的角度讨论金融化问题，例如，一种看法是首先把经济与金融分割开来，然后再从两者之间的关系入手理解经济金融化问题，认为经济与金融互相融合，密不可分成为一个整体即为经济的金融化或者金融经济；另一种看法则是从经济关系的角度理解经济金融化问题，认为社会上的经济关系越来越表现为债权、债务关系、股权、股利关系和风险与保险关系等金融关系，这种金融关系化的程度越高，即为经济金融化程度越高；还有一种看法则是从资产金融化的角度考察经济金融化问题，以社会资产金融相关率来观察经济金融化的程度，即以金融资产总量/国民生产总值的比率来表示；也有从企业融资方式的角度观察经济金融化的程度，认为金融化即企业融资非中介化、证券化，等等。上述对金融化的理解各有道理，但是从企业经营的角度来看，经济与社会金融化对企业经营的挑战则是深层次的，因为在经济关系金融化和企业融资方式直接化的背后是产权关系的变化，是市场资源配置格局的变化，是利润创造方式的变化。对于企业的业主或者股东来说，由于金融化可能带来的是企业股权结构的不确定性风险，融资方式的改变可能会使企业创始人或者现实的大股东有失去对企业控制权的风险；由金融化带来的资源配置格局的变化实质上是受利润创造方式引导的，结果是资源可能更加偏好金融服务业，由此会导致非金融服务业融资难的问题，导致企业整体上面临汇率风险和通货不稳定风险问题。

再次，全球经济的互联网加数字化不仅打破了企业全球化经营的物理意义的藩篱，而且还形成了新的企业价值创造模式与价值实现模式，因而需要企业家重新思考企业的利润创造与实现模式，特别是在后 BEPS 时代，企业应当如何重构数字经济条件下的经营模式使之与价值创造模式、价值实现模式相适应，都将是企业经营者面临的重大课题与挑战。

进入 21 世纪以来，中国也从一个跨国公司的“投资对象国”演变为集“母国”“东道国”“第三国”等多种角色于一身的经济体，越来越多的中国企业开始走出国门、谋求发展，同时也已经或正在经历跨国经营中的各种冲突和风险，如形形色色的贸易壁垒、文化冲突、政府税收管制和政治风险等。为了在全球化进程中承担好企业公民的角色，中国企业需要积极向发达国家的先进企业学习，同时认真研究与企业经营有关的国际规则，不仅要做国际规则的学习者、遵守者，而且要成为规则的参与者和制定者，融入国际社会大家庭，共同面对“三化”的挑战，分享“三化”的丰硕成果。

诚然，企业为了实现可持续发展的目标，所需要应对的挑战绝不仅限于“三化”，资源制约已经成为世界范围内的企业必须面对的课题；气候变化对节能减排、转变经营理念提出了更高要求；灾害频发直接影响企业的供应链管理；人口老龄化与社会结构变化使得企业必须重新审视其发展战略，等等。

各国企业为了应对上述环境变化带来的挑战，开始了许多创新性的尝试。近 20 年来，学术界对企业经营国际化、管理创新与小企业成长的关注达到了空前的高度，也产生了大量的学术成果。

中央财经大学与日本高千穗大学于 1996 年开始进行学术交流，并于 1997 年签署了校际合作协议。二十年来，两校已经开展了两个阶段共五期研究，出版学术专著三部，发表论文逾百篇。第一阶段为 1998—2003 年，两校在会计学、税收学领域启动了“企业会计与税收制度的中日比较研究”，出版了《企业财务与税收制度的中日比较》（中国财政经济出版社）。第二阶段从 2004 年至今，两校开展企业管理领域的合作研究，以三年为一个周期就企业经营管理中的热点问题进行探讨。已经完成的合作研究项目包括：“企业成长要素的中日比较研究”（第一期，2004—2007 年），合作成果分别在中国、日本出版（白桃书房，2007；万卷出版社，2008）；“跨国公司经营战略的中日比较研究”（第二期，2007—2010 年）；“中小企业经营管理的中日比较研究”（第三期 2010—2013 年）；目前正在进行中的研究主题为“家族企业经营管理的中日比较研究”（第四期，2013—2016 年），该项目将于 2016 年年底结项。

通过两个阶段共五期的合作研究不难发现，两校合作研究课题围绕中日两国在经济发展各阶段的研究热点和现实需求展开，取得了丰硕成果，在中日两国学术界产生了较大的影响。近20年来，两校学者互访达到近200人次，每期合作课题结项时还分别在两校组织成果报告会，为中日两国的青年学生奉献学术讲座50余场。尤其值得一提的是，合作研究还吸引了中日两国企业家的参与，一批优秀企业除了提供研究素材之外，还安排高管人员参与研究论文的撰写，并深入对方课堂与两国青年学生开展交流。

在两校学术合作20周年之际，我们组织编写了“中央财经大学与高千穗大学合作20周年论文集”，分上下两册。上册为两校第二阶段第二、第三期的研究成果，题为《企业经营国际化与中小企业管理的中日比较》，共收录论文18篇，其中中央财经大学10篇，高千穗大学8篇；下册为第二阶段第四期的研究成果，题为《家族企业经营管理的中日比较》，计划收录论文20篇，拟于2016年年底出版。

论文集《企业经营国际化与中小企业管理的中日比较》分为上、下两篇，上篇为企业经营国际化，下篇为中小企业管理。从整体上看，论文集具有三个方面的突出特点：一是紧扣研究主题。论文围绕企业经营国际化、中小企业管理两个研究主题展开，聚焦跨国公司经营、国际市场营销、创业与创新、小企业管理研究领域，通过理论研究、案例研究分享了中日两国企业的努力，有望为两国企业应对挑战提供有益的借鉴；二是涉及面广，研究方法丰富多样。18篇论文涵盖跨国公司理论、风险管理、投融资、战略管理、创业管理、人力资源管理、市场营销等多个研究领域，在研究方法上除定性的理论研究和案例分析外，3篇论文采用了定量研究的方法；三是贴近实际，许多研究通过田野调查获得了第一手数据。18篇论文中，不仅包括针对永旺、明治等知名企业的2篇专门案例研究，其他论文也提供了大量的资料和数据，得出了具有说服力的结论。

尽管中日两国处在不同的经济发展阶段，但两国企业都面临“企业价值创造与可持续发展”这一共同课题，需要共同应对“三化”对企业带来的挑战。日本企业在不同时期的成长经验对于中国企业成长具有十分重要的借鉴作用，对提升中国企业管理水平、推动可持续发展具有十分重要的借鉴意义。

本论文集是双方学者和企业家历时6年通力合作的研究成果之一。6年来，以高千穗大学理事长藤井耐教授、高千穗大学理事新津重幸教授为首的日方学者以及参与项目的日本企业家代表为合作研究的开展提供了全方位的支持，日本学者严谨务实的学术态度、产学之间的密切合作给我们留下了十分难忘的印象。

在本论文集出版之际，我谨代表中央财经大学向20年来为两校的合作交流做出贡献的两校领导、专家学者以及工作人员致以崇高的敬意和衷心的感谢！祝愿两校间的合作与交流拥有更美好的前景，为促进中日友好和世界和平做出更大的贡献！

书中内容、观点方面不妥之处在所难免，恳请读者不吝赐教。

李俊生 博士

中央财经大学副校长、教授

2016年5月于北京

热烈庆祝与中央财经大学开展合作研究20周年

1997年,高千穗大学与中央财经大学确定启动“企业会计、税收的中日比较研究”课题,拉开了合作研究的序幕。之后的2005年,两校在“企业经营”“市场营销”领域持续开展合作研究,迎来20周年。

期间,两校于2004年在日本出版了《企业会计、税收的中日比较研究》,2007年出版了《企业成长要素的中日比较研究》。此外,高千穗大学每年都在《高千穗大学亚洲研究中心论文集》发表当年两校学者的研究成果。

我们深切地体会到,中日两家高等教育机构之所以能够持续长达20年的合作研究,是因为以中央财经大学校长王广谦先生、副校长李俊生先生为首的学术团队对于研究的热情、高尚的品德和职业操守深深地感染了我们。

在20年的合作研究中,我们高千穗大学师生有幸与王校长、李副校长,以及商学院等机构的学者相识、相知,得到了十分宝贵的智力资源。通过与大家的交往,我们学到了这样一个道理:人际关系能够持续的原因不外乎两个:一是“关于工作的知识和热情”;二是“高尚的品德和职业操守”。

虽然目前我们不能准确地预测两校间的合作研究会持续多少年,但是我坚信:20年合作过程中形成的友谊一定会在我们今后的人生中持续、深化。

最后，我要向20年来从职能部门的角度为合作研究倾注了心血的中央财经大学原国际合作处处长蔡彩时老师、高千穗大学教育研究事务部长千叶吉明先生表示衷心的感谢！

藤井耐

日本高千穗学园理事长、高千穗大学教授

2016年6月1日于东京

目　录

上篇　企业经营国际化

中国国有企业跨国经营的风险与防范

中央财经大学　李俊生

摘　要：中国企业的跨国经营始于20世纪70年代末，国有企业作为投资主体发挥着重要作用。与此同时，国有企业的跨国经营又面临着政治、经济、法律、文化、以及内部管理的风险。本论文在评述国内外现有研究成果的基础上，试图结合国有企业的特点对跨国经营中的风险进行系统分析，提出建立风险管理与防范机制的具体措施。

关键词：中国国有企业　跨国经营　风险管理

一、问题的提出

20世纪80年代以来，越来越多的中国企业走出国门到海外寻求发展。根据商务部的统计，中国非金融类企业海外直接投资（FDI）规模已经从2002年的29亿美元增加到2009年的433亿美元，对外直接投资存量达到2200亿美元，投资主体以国有企业为主[①]。然而，中国国有企业的跨国经营也面临着许多障碍和风险，如果不能对跨国经营中的风险加以识别并进行有效防范，不仅会影响企业自身的经营，造成巨大的

① 商务部《2009年中国对外直接投资速报》，资料来源于商务部网站：http://www.mofcom.gov.cn.

经济损失，也可能造成国有资产流失，危及国家经济安全。

本论文试图在整理跨国经营风险管理相关文献的基础上，对中国国有企业跨国经营中面临的风险进行系统分析，结合跨国经营相关理论提出解决问题的对策。

二、已有研究评述

一般而言，跨国经营是指某一个国家的企业通过对外直接投资在国外成立子公司或分支机构，并以此为基础开展的跨国界的生产经营活动。由于跨国经营至少涉及两个以上的国家或地区，经营环境比国内更加复杂，因此面临的风险更大。国内外对本研究存在支持的现有研究成果集中在以下三个领域。

（一）跨国经营战略

跨国经营经历了国际化（Internalization）、多国经营（Multinational Management）、跨国经营（Transnational Management）和全球化经营（Global Management）等四个阶段。早期的跨国经营研究以经营战略和企业间关系为主，之后跨国经营中的风险问题逐渐得到重视。

跨国经营风险的研究可以追溯到 20 世纪 60 年代末。Perlmutter（1969）提出，跨国公司存在民族中心型（Ethnocentric）、多中心型（Polycentric）和地球中心型（Geocentric）三种类型，跨国经营的不同职能存在不同的导向性，这就是著名的 EPG 模型。EPG 模型是用来衡量企业经营全球化程度的重要标尺，也就是说：E→P→G 代表了企业经营国际化的方向，国际化程度同样要经历这一路径。虽然 Perlmutter 并没有就风险问题进行系统的论述，但他指出：跨国公司的不同管理职能可能存在不同导向，如研究开发的地球中心导向、市场营销中的多中心导向等。因此，管理职能的不同导向可以理解为降低风险的手段。

Porter（1986）将有望在全球产业分工中形成国家竞争优势的战略分为“集中战略”和“配置调整战略”，并指出由于贸易保护主义的存在，集中战略的实施将变得困难，而信息系统的完善使得通讯成本大大下降，为实施配置调整战略创造了有利条件。此外，Porter 还从竞争力的角度提出扁平化组织的概念，强调了跨国公司组织内部的关系互动性和下属经营单元的战略角色作用，向传统层级结构提出了挑战。扁平化的实质是减少组织层级、加大组织跨度，其目的就是降低跨国经营经营中的风险，而信息技术的迅速发展又为组织结构扁平化创造了技术条件。

Bartlett 和 Ghoshal（1989）通过对美国、欧洲和日本企业跨国经营的比较研究，分析了 3 个国家（地区）跨国经营的特点和趋势，认为组织传统是企业竞争力的源泉，而组织传统又由创业者的影响、本国文化中的价值观和习俗、企业的历史背景等构成。Bartlett 和 Ghoshal 将“transnational”概念引入组织结构设计中，认为局限于单一组织的传统组织结构已经无法适应动态环境对跨国公司战略灵活性的要求，要发展多维战略能力就必须要突破传统结构的束缚。

日本学界在跨国经营战略中的许多研究成果也涉及到不同国家/地区的经营环境、市场特点、文化、习俗等方面的风险。比较有代表性的成果有，诸上、根本（1996）以经营资源分散度、全球化政策调整度为两个维度的跨国经营四分图模型；安室（1992）对跨国经营特征的论述等。日本学界的跨国经营战略研究主要有 3 个特点：一是重视经营战略与跨文化研究的结合，对跨文化管理中的风险有着大量的研究积累；二是在研究方法上注重第一手材料尤其是典型案例的收集和整理；三是有一个相对开放的研究环境，产业界和政府支持大学和民间智库的研究，成果又反过来为企业服务。

由于欧美、日本等发达国家中国有经济所占比例较小，针对国有企业跨国经营风险的研究成果较少。而中国企业开展跨国经营的历史较短，国内学界针对国有企业跨国经营战略的研究还刚刚起步，也受到了国外研究范式的影响。目前，国内学界对国有企业跨国经营风险的研究散见于跨国经营战略的研究中，如魏益华（2004）对国有企业海外资产流失状况进行了较为全面的分析，提出了放宽投资限制、完善公司治理、强化投资主体资质审核等建议。但对国有企业跨国经营风险的研究多停留在描述层面，尚未有系统而有代表性的研究成果。

（二）风险管理

关于跨国经营风险的另一个研究领域是风险管理。20 世纪 90 年代之后，风险管理成为企业管理的一个重要领域，学界对于风险管理的定义也并没有形成统一的理解。曹文钊（2007）将风险的概念归纳为两类：一类只考虑处于不确定性的存在而导致未来结果与预期结果不一致的可能性或概率；另一类考虑了两方面内容，即未来结果与预期结果不一致的可能性（或概率）时间一旦发生所造成的后果。

由于跨国经营需要面对环境的多样性和不确定性，因此风险管理自然成为跨国经营的重要研究领域。目前，相关研究成果涉及跨国经营中的诸多方面，如政治风险、投资风险、研发风险、汇率风险、文化风险、税制风险等（吴显英，2003；曹文钊，2007；罗良忠，2007 等）。卢阳春、吴凡（2009）在分析了中国企业集团跨国经营面临的政治、法律、宏观经济环境、国际人文冲突、国际行业环境和企业集团内部的风险后，提出了加强风险防控机制的构想，包括宏观政策支持与引导、提升企业核心竞争力、建立风险防控体系、提高跨文化交流和资源整合能力、加强人才培养等。

需要指出的是，国内外关于风险管理的相关文献中极少涉及国有企业开展跨国经营的风险，仅有部分关于政治风险的成果。

（三）政治风险

政治风险的相关研究始于 20 世纪 60 年代。Robock（1971）曾经对政治风险进行如下定义："国际经营中政治风险存在于：①经营环境中出现的一些不连续性；②这些不连续性难以预料；③他们由政治变化所带来。经营环境中的这些变化必须具有对某家企业的利润或其他目标有重大影响的现在可能性时才构成风险"。

历史上，政治影响跨国公司经营的案例屡见不鲜。1980 年，当时的美国总统宣称，任何企图阻碍从波斯湾向西方输送石油的敌对势力都被视为对美国生死攸关利益的威胁，美国将使用包括军事力量在内的任何手段予以击退。这一被称为"卡特主义"的规则一直主导美国的海外政策。一旦爆发局部战争，外国企业在这一地区的经营活动便严重受阻。事实上，中国石油天然气集团公司在 1997 年与伊拉克前政府签署的关于开采阿赫代布油田的协议就因为 2003 年的伊拉克战争被迫中止（卢阳春、吴凡，2009）。

目前，国外学界对跨国经营中政治风险的研究涉及风险预测、风险评估、预警机制、风险防范等领域，研究方法渐趋规范。国内相关研究中较有代表性的研究成果有李琛（2005）的博士学位论文，通过对上海地区跨国经营企业的问卷调查研究中国企业跨国经营中存在的政治风险的内容、评估、担保机制以及风险管理工具。然而，不可否认的是国内关于政治风险的研究并没有考虑到国有企业的特殊性。

以下从中国国有企业跨国经营的现状入手，在分析其面临风险的基础上，结合国有企业的特点提出风险管理与防范机制。

三、中国国有企业跨国经营的现状与趋势

中国企业开展跨国经营始于改革开放之后，而国有企业一直是中国企业开展对外投资、对外承包工程等业务的主体。据统计，2003 年之前在海外开展跨国经营的 7000 家企业中，国有企业所占比例接近 80%（李俊江，2004）。以下在回顾国有企业跨国经营的历史的基础上，考

察其现状和发展趋势。

（一）国有企业跨国经营的历史与现状

国有企业的跨国经营活动从 1978 年开始起步，迄今为止经历了四个发展阶段。

第一阶段为 1979—1984 年，为尝试性起步阶段。1978 年组建的中国建筑工程总公司是新中国成立以来的第一家对外劳务承包公司。设立之初的目的是组织建筑力量进入国际市场，为国家赚取外汇，同时学习国外建筑技术和管理经验，促进国内建筑业发展。1979 年，北京市友谊服务总公司与日本京丸一商事株式会社合资在东京开办了京和股份有限公司。1980 年，中国租船公司同香港环球航运集团合资成立了国际联合船舶投资公司，总部设在百慕大。据统计，1979—1984 年间中国企业对外投资额从 53 万美元增加到 8086 万美元，企业数也从 4 家增加到 42 家，业务以贸易为主（王志乐，2004）。

第二阶段为 1985—1991 年，为渐进成长阶段。这一时期，中国企业对外直接投资额从 5100 万美元增加到 3. 67 亿美元，企业数达到 207 家，投资行业也拓展到采矿、有色金属、远洋渔业、森林开发等。值得指出的是，相关统计数据并没有列出各类企业的对外直接投资状况，但与第一阶段相比呈现出多元化的趋势，除国家大型企业集团和全民所有制大企业以外，中外合资企业、私营企业也逐渐成为投资主体①。

第三阶段为 1992—2000 年，是调整发展阶段。1992 年邓小平“南方谈话”，确定了坚持对外开放的经济政策。“南方谈话”在坚定境外投资者信心的同时，也加快了中国企业国际化的步伐。1993 年，鉴于经济过热现象的出现，国家决定对经济结构进行调整。这一时期，中国企业对外直接投资出现波动。1992—1994 年呈现出下滑的趋势，从

① 国有企业在 1992 年前被称为“国营企业”。本文涉及 1992 年之前的相关内容部分沿用当时的企业类型。

1.95 亿美元降至 0.71 亿美元，之后又回升至 1996 年的 2.94 亿美元。然而，受亚洲金融危机的影响，对外直接投资再次出现下滑，1998 年开始稳步增长，2000 年达到 5.51 亿美元（王志乐，2004）。这一时期，华为、TCL、海尔等非国有企业开始在海外投资办厂，国有企业在对外直接投资中所占比例呈现出下降趋势。

第四阶段为 2001 年至今，为迅速增长阶段。2002 年，商务部开始发布《中国对外直接投资统计公报》。历年的统计结果表明，这一时期对外直接投资呈现出快速增长的势头，从 2002 年的 27 亿美元增至 2008 年的 559.1 亿美元，达到历史峰值，对外直接投资存量也从 2002 年的 299 亿美元增加到 2009 年的 2200 亿美元。受世界范围内金融危机的影响，2009 年的对外直接投资规模有所下降，但 2010 年 1—2 月又呈现出迅速复苏的迹象。2002—2009 年中国对外直接投资和存量的演进趋势如图 1 所示。

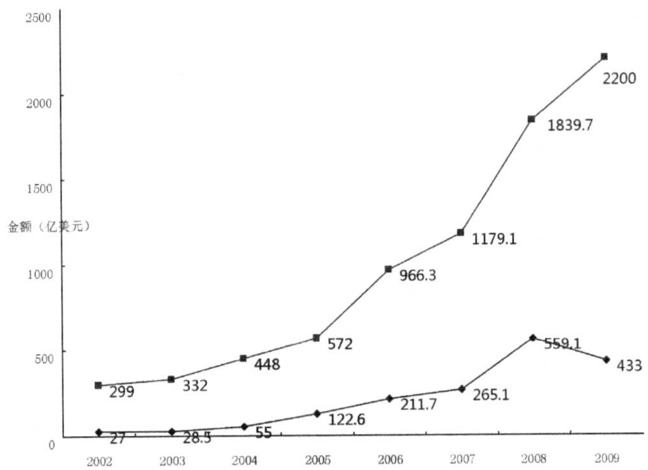

图 1　2002—2009 年中国对外直接投资额与对外直接投资存量

资料来源：商务部《2008 年度中国对外直接投资统计公报》及 2009 年数据

这一时期，国有企业作为投资主体在对外直接投资中所占比例逐年减少。2004—2008 年，按境内投资者注册类型的对外直接投资分布结果显示，国有企业在投资企业总数中所占比例分别为 43%，29%，26%，19.7%和 16.1%[①]。不过，从 2008 年对外直接投资存量来看，国有企业所占比例高达 69.6%，国有企业仍然是中国企业对外直接投资的重要主体如图 2 所示。

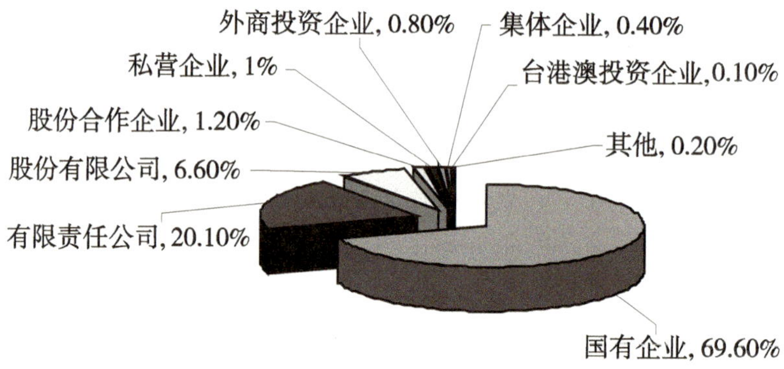

图 2　2008 年年底中国非金融类对外直接投资存量按境内投资者注册类型分布情况

资料来源：商务部《2008 年度中国对外直接投资公报》

（二）国有企业跨国经营的趋势

国有企业跨国经营经过 30 余年的发展，已经形成一定的规模。从总体上看，中国国有企业跨国经营呈现出以下趋势。

一是中央企业在跨国经营中继续保持主导地位。根据 2008 年商务部的统计，对外直接投资排名前 40 位的中国企业中，中央企业有 31 家。由于中央企业的性质和特殊地位，成为跨国经营的主导力量不难理解。同时，近年来大型国有企业的兼并重组以及管理水平的提升也是不

① 数据源自商务部 2004—2007 年《中国对外直接投资统计公报》。

容忽略的因素。

二是国有企业越来越重视在资源、能源领域的对外直接投资。2008年境外资产总额前10位的企业中，就有中国石油天然气集团公司、中国石油化工集团公司、中国铝业公司、中国中化集团公司等4家大型国有企业，分列第1、6、7和10位。而从2008年境外销售收入上看，中石油、中石化和中化更是独占前三位，国有企业成为国家能源战略的重要载体。

三是跨国并购成为国有企业对外投资的主要形式。与对外直接投资相比，跨国并购能够在短期内在东道国获得生产基地和渠道，但需要跨国资本运作方面的经验积累。随着大型国有企业在跨国经营方面经验积累的完成，并购逐渐成为开展跨国投资的主要形式。

四是联合收购的案例逐渐增多。所谓联合收购，是指两个或两个以上的收购人事先就各自取得目标企业的一部分以及所承担的收购费用达成协议而后进行的收购行为。近年来国有企业开展的跨国并购案例中，既有国内企业之间的联合，也有与国外企业联合收购的案例。2010年3月22日，中国石油天然气股份有限公司旗下的子公司中石油国际投资有限公司和荷兰皇家壳牌公司子公司澳洲壳牌能源控股有限公司联合宣布，与澳大利亚Arrow能源有限公司达成收购协议，将以35亿澳元收购Arrow公司100%的股权①。

五是跨国投资低技术的格局有待突破。国有企业跨国投资和经营所涉及的行业领域极为广泛，几乎囊括了三次产业的各个领域。丁刚(2007)认为，从总体上看，对外直接投资的产业结构不尽合理，主要表现在：对外直接投资以能源开发和初级加工制造为主，缺乏技术密集型产业和高层次服务业的投资；从事商品流通的贸易企业偏多，而生产性企业和金融服务型企业偏少。事实上，2008年境外销售收入排名前

① 《华西都市报》2010年3月23日。

40 位的中国企业中，现代装备业、高科技制造业和高层次服务业的企业数量只有寥寥数家，而且排名靠前的是联想、华为等民营企业，国有企业跨国投资低技术的格局亟待改进。

四、国有企业跨国经营中面临的风险

国有企业跨国经营中的风险可以从宏观环境、中观环境和微观环境进行分析。在宏观环境分析中，PEST 模型常常被当作重要的分析工具，即从政治、经济、社会、技术等方面进行分析。现有研究中不少沿用的这一框架，认为跨国经营的风险可以分为政治风险、经济风险（宏观经济环境、汇率等）、社会风险（跨文化管理、与当地政府社区的关系等）、以及技术风险（技术壁垒、技术外溢）。当然，从中观的行业层面和微观的企业内部管理层面又可以罗列出许多风险。

笔者认为，基于国有企业“国家所有”和“垄断性”的特点，开展跨国经营的风险可以概括为以下五个方面。

（一）政治风险

一般而言，跨国经营中的政治风险是指由于一国政治原因，或出于维护国家安全的需要而采取的行动等，对企业跨国经营造成不利影响的可能性。随着中国经济的崛起和全球化进程的加快，越来越多的中国国有企业开始在海外寻求发展。而与发达国家跨国公司相比，中国国有企业则面临更大的政治风险。这里所讲的政治风险有两层含义。

一是因为投资地区的政治局势引发的风险。从 2008 年国有企业对外直接投资的地区分布看，主要集中在英属维尔京群岛、南非、澳大利亚和开曼群岛。从总体上看，中国企业面向发达国家的投资相对较少，面向中东、中亚和非洲的比例呈现上升趋势，而上述地区存在政治上的不稳定性，国有企业跨国经营必须面对因东道国政治不稳定产生的风险。

二是由于国有企业的国家背景产生的风险。西方发达国家往往会出于意识形态或所谓“国家安全”的考虑，从政治上干预中国国有企业跨国经营的进程。事实上，近年来石油、矿产等资源类国有企业的海外收购计划多次因为政治原因被迫停止，应该引起高度重视。

（二）伦理风险

不可否认，国有企业在保证公有制经济在国民经济中的主导地位、实施宏观经济调控政策等方面具有无法替代的作用。“保证国有资产的保值和增值”常常被当作国有企业经营者的首要目标。然而，在开展跨国经营的过程中，国家所有却存在潜在的伦理风险，可以从以下两方面理解。

一方面，跨国经营需要企业经营者从更宽阔的视角去理解利益相关者之间、企业与社会之间的关系，需要从全球经济社会发展和人类文明进步的视角去理解企业伦理，过于强调对国家或股东的责任容易被误解为国家主义和民族主义。事实上，全球一些知名跨国公司在国际化的进程中形成了适应全球化时代的企业伦理。如松下公司在20世纪50—60年代曾将“产业报国”作为其经营理念，后来发现该提法有可能成为其国际化的障碍，于是提出了“为了社会发展和全人类文明进步”的理念。松下幸之助有一句名言：“社会永远是公正的”。他认为，如果事业得不到社会的认可，那么说明它已经没有存在的价值。松下的经营理念以及由此产生的企业伦理行为准则得到了广泛的认同，被认为是“日本经营之神”。同样，国有企业在跨国经营的进程中，同样需要全球视角的企业伦理，这与“实现国有资产的保值增值”“实施国家战略”“科学发展观”“和谐社会”并不矛盾，而且成为超越社会制度的企业伦理，在东道国得到更多的认同。

另一方面，随着国有企业跨国经营业务的扩大，过去发生在发达国家跨国公司的伦理问题同样会出现在中国企业中。迄今为止，跨国公司受到诟病的企业伦理问题包括：问题营销、操纵价格、通过内部交易偷税漏税、实行双重质量标准、有害产业转移、行贿受贿等。由于中国企业跨国经营的产业结构不同于发达国家，面临的伦理问题也具有不同特点，但这并不意味着不存在伦理问题。事实上，近年来陆续有一些中国企业卷入国际受贿的案件中。问题的出现不能简单理解为因个别管理人员或员工道德失范引发的个案，而应该从深层次思考跨国经营中的伦理问题。

（三）公共关系风险

计划经济时期，国有企业存在严重的“企业办社会”现象。企业不仅要承担从事生产经营的责任，还承担了教育、医疗等社会保障职能，成为国有企业效率低下的原因之一。随着社会保障体系的逐步建立，以及中央企业“主辅分离”的推进，国有企业的效益得到明显提升，与当地政府、社区的关系也发生了根本性变化。换句话说，过去企业过多地参与社会事务，现在则强调主营业务，与社会的联系逐渐减少。国有企业的管理者更习惯于同政府打交道，在国内甚至不需要同社区、居民进行联系。然而，这种思维定式在跨国经营中有可能产生公共关系风险。

跨国经营中的公共关系风险涉及跨国公司与东道国政府、境外机构所在社区、媒体、居民乃至竞争对手之间的关系。只有得到上述相关群体的理解，企业的跨国生产经营活动才能够顺利开展。因此，国有企业有必要加强公共关系管理，加大在东道国的宣传力度，开展形式多样的联谊活动，尤其是需要加强与所在社区、行业团体的沟通，增强理解和互信，通过实际行动树立良好的社会形象。

（四）跨文化冲突风险

跨文化冲突管理是一个世界性的难题。由于历史、文化、社会制度的差异，跨国公司需要面对不同文化背景、不同价值观的群体，而中国国有企业开展跨国经营的历史不长，跨文化管理方面的人才匮乏，并有可能因此产生跨文化冲突的风险。如果企业的经营管理者不了解东道国的文化，一味地按照本国的文化传统和习俗要求所在地员工，结果只能是适得其反，甚至引起对方的不满。

跨文化冲突更多地体现在企业内部管理，尤其是并购后的人力资源整合上。比如中国的组织中常常以职位来称呼管理者，如果在部分国家提出同样的要求，可能引起对方的不快；中国的国有企业中非常重视职位高低，开会的座次、发言次序都会严格指定，这在西方一些国家可能难以令人接受；包括中国在内的东方文化强调“以和为贵”，签订协议时喜欢采用模糊处理（如“未尽事宜，由双方通过友好协商解决”），但西方文化更强调协议的严密性和具体性，这种文化的差异轻者会影响彼此情绪，重者可能产生巨大的风险和损失。

（五）知识产权风险

虽然从现状看，中国企业开展跨国经营的行业集中在资源、能源和流通领域，制造业中科技含量不高，但这种局面正在逐步改变。其背景是国家调整产业结构，加大对具有自主知识产权的技术创新的投入。2008 年以来北京—天津城际铁路，武汉—广州、郑州—西安高速铁路相继通车，最高时速达到 350 公里以上，该技术处于世界领先水平。目前，中国政府已经与俄罗斯等国在高速铁路建设领域达成合作意向。由此可见，在不远的将来，高科技领域的跨国经营将成为中国企业国际化的重要趋势。在这种背景下，知识产权保护成为潜在的风险之一。

与重视高新科技投入形成鲜明对照的是，中国企业在知识产权保护方面的立法和经验相对滞后。因此，中国企业有必要借鉴发达国家在知识产权保护方面的成功经验，在未来的国际技术合作中既要避免被贴上“技术封锁”的标签，又要维护知识产权方面的核心利益。

五、中国企业跨国经营中的风险防范

基于以上对中国跨国经营中风险的分析，不难理解风险防范的必要性和紧迫性。从理论上讲，增强风险预测能力、建立风险预警和防范机制能够有效地降低风险。然而，国有企业跨国经营的风险防范不仅涉及风险管理领域，还与公司治理、跨国经营支持体系有着密切的关系。具体而言，国有企业跨国经营中的风险防范可以从以下 5 个方面作为切入点。

（一）完善国有企业公司治理

一项针对国有企业海外资产流失的研究表明，由于境外企业缺乏科学的公司治理机制，导致内部人控制（Insider Control）现象频发是造成国有资产流失的重要原因之一（魏益华，2004）。从名义上看，国有企业的所有者是国家，由国有资产监督管理委员会行使股东的权力，但实际上部分国有企业存在不同程度的“所有者缺位”和内部人控制现象，导致企业自主权过分膨胀，重大决策由少数内部人控制，合谋寻租现象仍未绝迹。由于部分东道国不允许外资以国家名义注册，一些企业的国有资产以个人名义注册，给国有资产管理留下巨大的隐患。

此外，公司治理结构不完善、信息披露程度不高是造成国有企业在东道国难以得到理解、酿成政治风险的重要原因。一些境外企业过于依赖总部的指示，董事会、监事会形同虚设，加上信息披露机制的不完善，容易给人以不透明感。因此，国有企业开展跨国经营有必要完善公司治理。

完善公司治理可以从两方面入手。一是借鉴国外跨国公司的经验完善公司治理结构，使股东大会、董事会和监事会真正发挥作用，及时披露相关信息；二是可以在公司治理中从国际上引进资深职业经理人参与重大决策。2002年，日本帝人株式会社为了进一步开展国际经营，分别聘请了杜邦公司前总经理、英国皇家石油公司前总经理担任报酬委员会主席和顾问委员会主席，同时还聘请前日本驻华大使等知名人士出任独立董事或监事，有效地降低了跨国经营的风险。这一做法值得中国企业借鉴。

（二）强化全球化的社会责任意识

20世纪90年代以来，企业社会责任（CSR）在全球范围内得到了空前的重视。SA8000、OECD社会责任指南、联合国全球合约（Global Compact）等国际性认证体系相继进入中国。虽然学界对上述认证体系的性质存在争议，中国政府和部分行业协会（如纺织工业协会）也推出了独自的认证体系，但并不影响国内企业对企业社会责任的认同。国有企业履行社会责任不仅是国内经济社会发展的必然，也是降低跨国经营中的伦理风险的重要途径。

近年来针对中央企业和国有企业的研究逐渐增多，也积累了一定的研究成果。黄速建等（2006）结合国有企业的性质与目标对国有企业的社会责任进行了较为系统的分析，认为国有企业与一般企业不同，“一般企业是天生逐利的，而国有企业的逐利动机是其非逐利的天性的衍生物”，国有企业的社会责任就是“作为国家代表公众利益参与经济和干预经济的有效手段而存在”“包含经济目标和非经济目标，但以非经济目标为主”；王敏等（2008）指出，中央企业社会责任的内容包括中央企业作为整体承担的社会责任、作为个体承担的社会责任、以及领导班子承担的社会责任等3个部分构成。从实践层面看，2007年12月国有资产监督管理委员会颁布了《关于中央企业履行社会责任的指导意见》，2008年就有20余家中央企业发布了《企业社会责任报告》。目前，中央企业发布社会责任报告已经制度化。

2008年3月，国有资产监督管理委员会还在其网站上发布了《中央企业社会责任研究报告》。报告称[①]："中央企业作为关系国家安全和国民经济命脉的国有重要骨干企业，要立足全面贯彻落实科学发展观、构建社会主义和谐社会的高度，自觉做全面履行社会责任的表率，促进企业与社会的和谐发展……树立全球视野，服务和谐世界建设"。"全球视野""和谐世界"的提法具有划时代的意义，标志着全球化社会责任意识的觉醒。尽管践行这种社会责任意识还有很长的路要走，但可以肯定的是，《关于中央企业履行社会责任的指导意见》代表了国有企业在全球化背景下履行社会责任的方向。

（三）发挥民间智库的作用

从发达国家跨国公司的演进不难看出，民间智库发挥了重要作用。在日本，大型企业集团几乎无一例外地设有综合研究所，研究领域涉及文化，宏观经济预测、投资风险评估、国际会计准则、税务制度等，为企业在海外开拓市场提供咨询服务。

中国的智库过去一直由政府主导，民间智库在近10年中开始形成，但无论是规模还是业务内容与国外相比仍有较大的距离。由于跨国经营涉及的领域较广，民间智库与政府相比具有明显的优势：如针对某一领域开展更为深入的专题研究；在促进产学研合作研究方面更加灵活；由于属于民间团体性质，在国外开展调查研究更加方便；能够根据企业需求提供有针对性的有偿服务等。

因此，在中国企业国际化的进程中，政府可以考虑采取倾斜性政策，扶持民间智库的发展，对政府系列的研究机构形成有效的补充。这样能够为包括国有企业在内的中国企业开展跨国经营提供更多、更具针对性、更为具体的咨询服务。

---

① 资料来源：国有资产监督管理委员会网站 http：//www. sasac. gov. cn，2010年3月28日浏览。

（四）培育跨国银行，创造良好的融资环境

丁忠智（2005）认为，西方跨国公司的发展离不开本国跨国银行的支持。20世纪60—80年代，美国商业银行的跨国业务为本国跨国公司在欧洲筹集了大量资金，满足了本国跨国公司对外投资的融资需求，推动了跨国公司的发展，扩展了美国银行的跨国业务，形成了新的国际金融资本。同样，日本大型跨国公司的背后都包括主银行、被称作“商社”的大型贸易公司的支持。尤其是商社，不仅在海外拥有数十年的跨国经营经验，业务领域更是涵盖“从拉面到导弹”。因此，日本制造企业在选择新兴市场进行投资时，一般都有商社参与前期投资，投资比例在10%～40%不等，等到业务逐渐成熟时再择机退出。商社参与的优点在于：能够利用商社在海外的信息资源、人脉资源和商品调配功能，降低日本企业的风险。

中国国有企业开展跨国经营缺少本国跨国银行和大型贸易公司的支持，不得不选择外国投资银行或境外企业结成战略联盟。这种方式虽然能够在短期内在一定程度上解决融资渠道不足，降低投资风险，但从长远来看发展跨国银行势在必行。原因主要有两点：一是随着中国经济的高速发展，国有商业银行的规模不断扩大，已经具备了开拓海外业务的能力；二是跨国银行的发展能够为国有企业的跨国经营提供境外融资、保险、咨询、租赁等金融服务，是国家利用国内外两个市场、两类资本、两种资源支持国有企业跨国经营的重要举措。

（五）加强人才队伍建设，降低道德风险

缺乏管理人才是国有企业开展跨国经营的重要瓶颈。转型期的国有企业经营者和高层管理人员大多为政府官员出身，虽然具有较高的政治素质，在相关领域的从业经验也比较丰富，但缺乏国际视野和国际资本运作经验、跨文化沟通能力不足是一个不争的事实。近年来，国有资产

监督管理委员会多次在全球范围内选拔国有企业高层管理人员，甚至包括大型国有企业的副总经理职位。但是，跨国经营需要的不仅仅是一两个领军人物，更需要覆盖各个管理层的人才队伍。因此，国有企业需要立足长远，从企业经营国际化的需求出发，通过招聘、海外培训等手段培养大批优秀人才尤其是青年人才。

同时，人才队伍建设中需要从选拔标准入手，重视管理道德建设。委托—代理理论认为，由于信息的不对称性，代理人的道德失范（Moral Harzard）风险增加。因此，改进国有企业人才选拔标准需要与公司治理相结合，在制度上做到防患于未然，从而降低国有企业跨国经营的人事风险。

六、结论

经济的全球化已经成为不可逆转的趋势，而中国企业的跨国经营刚刚起步，国有企业在中国企业国际化进程中的作用与日俱增。与此同时，国有企业的跨国经营又面临政治、伦理、公共管理、跨文化冲突、知识产权保护等方面的风险，有必要从完善公司治理、强化全球化的社会责任意识、发展民间智库、培育跨国银行和加强人才队伍建设等方面入手，建立风险预警和防范机制。

本论文结合国有企业的特点从理论上对跨国经营的风险与防范进行了框架性的论述。但是，国有企业跨国经营的风险与防范涉及的领域众多，而且需要规范的实证研究和案例研究的支持，这是今后的研究中需要进一步解决的课题。

参考文献

[1] Bartlett C. A., Ghoshal S.. Managing across Borders: The Transnation-

al Solution [M]. Harvard Business School Press, Boston, MA. 1989.

[2] Porter Michael. Changing patterns of international competition [J]. California Management Review, 1986, 28.

[3] Perlmutter H. V. The tortuous evolution of the multinational corporation [J]. Columbia Journal of World Business, 1969, 1.

[4] Robock, S., Political Risk: Identification and Assessment [J]. Columbia Journal of World Business, 1971, July – August.

[5] 諸上茂登，根本孝. グローバル企業の調整メカニズム [M]. 文真堂，1996.

[6] 安室憲一. グロバール経営論 [M]. 千倉書房，1992.

[7] 曹文钊. 跨国公司在华 R&D 项目风险管理研究 [D]. 国防科学技术大学博士学位论文，2007.

[8] 丁刚. 中国企业跨国投资和经营的现状、问题及策略 [J]. 宏观经济研究，2007，(4).

[9] 丁忠智. 国有企业的国际化经营战略思考 [J]. 华北电力大学学报（社会科学版），2005，(4).

[10] 黄速建，余菁. 国有企业的性质、目标与社会责任 [J]. 中国工业经济，2006，(2).

[11] 李琛. 跨国经营政治风险及其管理研究 [D]. 复旦大学博士学位论文，2005.

[12] 李俊江，石本叶. 国有企业跨国经营中的公司治理问题 [J]. 当代经济研究，2004，(3).

[13] 罗良忠. 企业跨国经营的文化风险及防范对策 [J]. 学术论坛，2007，(5).

[14] 卢阳春，吴凡. 中国企业集团跨国经营的风险及其防范机制 [J]. 社会科学研究，2009，(6).

[15] 王志乐. 走向世界的中国跨国公司 [M]. 中国商业出版

社，2004.

[16] 王敏，李伟阳．中央企业社会责任内容的三层次研究［J］．财政监督，2008，(3)．

[17] 魏益华．从国有企业跨国经营中的资产流失看国有资产管理方式的改进［J］．社会科学战线，2004，(2)．

[18] 吴显英．企业国际化的文化风险管理研究［D］．哈尔滨工程大学博士学位论文，2003.

企业经营全球化中的海外扩张战略过程及全球化类型

高千穗大学　藤井耐

摘　要：本文结合跨国公司的产生与发展回顾了其海外扩张战略过程，即从国际化到跨国化，进而演变到全球化。跨国公司的海外扩张过程中的协调机制包括“正规化”“社会化”和“集权化”三种类型，它们在美国、欧洲和日本的企业中存在。笔者认为，中国的大多数企业对本土化和全球整合的重要性认识处于中等程度，可以归为“协调型联合体”。

关键词：跨国经营　海外成长战略　协调机制　全球化类型

一、问题的提出

20世纪初企业组织进入大商业化时代，与此同时在美国兴起了对以企业经营为分析对象的管理学学术研究及实践性课题。然而，从美国企业经营以及美国经营学的历史看，到20世纪60年代初期约半个世纪之间，人们普遍关注的是组织的内部构造或内部管理。探究“多元化的企业战略（多元化）”以及遵循“国际化、跨国化、全球化”过程的海外扩张战略，在20世纪六七十年代后逐渐显现。将上述两种现象作为研究对象的学术历史虽然只有短短的三四十年，但可以说这两种现象无论在实际经营，还是学术研究领域，都已成为当今最重要的现象之一。

从20世纪初期开始的企业大型化至今，企业组织成长战略的发展过程经历了三个阶段：一是单一企业战略（1903年杜邦公司）；二是多元化企业战略（1918年杜邦公司）；三是海外扩张战略（国际化→跨国化→全球化，20世纪50年代以后）。其中，关于第三步即海外扩张战略的代表性研究有1985年查克维奇和帕尔玛特的《海外扩张战略的发展过程》以及1986年波特①的《全球化战略类型及模式》。

本论文以上述两个学说为主要参考对象，分别以“经营全球化中的海外扩张战略过程及全球化类型”和“经营全球化中的课题与挑战”为题进行分析。在第二部分的研究中，将从经营战略、经营管理、人力资源管理以及母公司与子公司间的组织网络管理等四个角度进行分析。

二、海外扩张战略过程与全球化类型

（一）海外扩张战略过程

纵观理论研究领域，与海外扩张战略尤其是全球化战略相关的代表性学说最早发表于20世纪80年代后半期，主要以研究美国经营学为主。

学术界普遍认为关于海外扩张战略的研究大致可分为以下四个领域：一是海外扩张战略的发展过程；二是海外扩张战略（尤其是全球化战略）的类型；三是全球化（全球战略联盟）；四是母公司与子公司间的组织管理网络论。本部分，笔者将简要评述研究海外扩张战略必须了解的海外扩张战略的发展过程。

① 迈克尔·波特是哈佛大学商学研究院著名教授，当今世界上最有影响的管理学专家之一。已有十余本著作，其中最有影响的有《竞争战略》（1980）、《竞争优势》（1985）、《国家竞争力》（1990）等。

表1是参考查克维奇和帕尔玛特的海外扩张战略的发展过程模型（1985、1986）重新整合的过程模型。依据他们的观点，海外扩张战略的发展过程必须划分成国际化、跨国化、全球化三个阶段。正确认识三个阶段的概念，明确区分发展过程的基准，五个要素起着至关重要的作用。这五个要素分别为：经营方向、最重要的经营资源、经营资源的转移、活动的分散程度、活动的整合程度。

表1　以美国企业为中心的海外扩张战略发展过程

（国际化→跨国化→全球化）

	1950—1960年（国际化）	1960后半期—1970年（多国籍化）	1970后半期—1990年以后（全球化）
①经营方向（经营理念）	以国内业务为中心（本国或国内方向）	在多个国家设置海外据点（以公司总部为经营方向）	以全世界为经营方向（全球化）和（全球范围内的本土化）的一体化
②最重要的经营资源	物质资源	财务资源（多）	人力资源、信息资源（多）
③经营资源的转移	总公司向子公司进行产品的转移	总公司经营资源（多）（集中）总公司向海外子公司单方向的转移	总公司与子公司之间的“相互转移”
④活动的分散程度—海外据点、海外子公司数量	海外据点、海外子公司数量少	中等程度	全球性规模、高度分散的投资、当地生产比重高
⑤活动的整合程度 活动的协调度—海外据点、海外子公司的调整和统一	海外子公司为销售活动中心、经营资源和据点由本国总公司进行调整和统一（协调度较低）	高	中或高（依据海外子公司的独立性和主体性而做出的调整，海外子公司的经营资源、组织能力和对总公司的要求提高）

同时，由于国家的不同，海外扩张战略三个阶段的时间划分也有所不同。对于美国，人们普遍认为20世纪50—60年代为国际化，20世纪60—70年代为跨国化，20世纪70—90年代以来为全球化阶段。对于日本，1985年《广场协议》[①] 签订后，以日元兑美元的浮动汇率制度转变为契机，跨国化阶段发展趋势显著增强。对中国而言，以1978年的“改革开放”为契机，20世纪80—90年代的近20年间，引进海外企业（尤其是生产工厂、销售据点）的势头显著增强。2000年以来，在国内市场成长的同时，海外扩张企业也迎来了快速发展的时代。需要说明的是，个别产业或企业的海外扩张战略的发展过程也许不尽相同，但如果从宏观上定位如今中国企业的海外扩张战略的过程，应是处于从第二阶段的“跨国化”向第三阶段的“全球化”过渡的时期。

（二）全球化的类型

本部分，笔者将就“全球化类型”进行简要概括，同时对该学说的特征以及其学术和实践意义进行考察。在前文中提到的波特的全球化战略理论是对全球战略的类型化、模型化进行过整理的先驱研究。

众所周知，波特早在1980年就已经对“竞争战略的类型化（3种类型）”展开过理论研究。笔者认为，与该竞争战略相关的类型化研究，是为之后构筑“竞争的国际优势”理论而展开的基础研究，同时两者之间又具有很强的关联。换言之，因为对该组织中的“成本领先”“产品差别化”以及“集中化”三种竞争战略的选择和由“活动的分散度”和“活动的协调度”这两个维度构成的本国母公司与海外子公司之间关系模式的选择，将决定海外拓展据点即子公司的国际优势，所以能够把握到它们之间所具有的共同联动、密不可分的关系是至为重要的。

① 签订于20世纪80年代初期。当时美国财政赤字剧增，对外贸易逆差大幅增长，希望通过美元贬值来增加产品的出口竞争力，以改善美国国际收支的不平衡。协议打击了美国最大的债权国——日本。

在对以下四个方面进行综合分析的基础上，企业能够对由“活动的分散程度”和“活动的整合程度”这两个维度构成的四种战略模式（以国家为中心的战略、纯粹的全球战略、单一国际化战略、多国战略）以及该海外拓展企业的竞争战略模式做出选择。

需要综合分析以下四个方面：

①跨国公司所在国的收入水平、国民生产总值（GNP）。

②其他海外竞争企业的竞争战略模式。

③跨国公司所在国中该产品的市场成长特征及自身企业的市场占有率。

④由自身企业的经营资源所构成的组织能力。

另外，在人们普遍尝试波特的“协调—配置”模型下的全球化战略类型研究的同时，关于海外扩张战略或对于海外据点、当地子公司的“调整与一体化管理理论”的研究也在进行，其中最具代表性的当属巴特利特和葛谢尔在1989年的研究。开展全球化是指增加海外据点与海外子公司的数量，进一步提高业务的分散度。其焦点是如何调整与统筹高度分散的海外据点与海外子公司。研究中他们尝试着将较为分散的母公司对海外子公司的协调机制进行分类。第一类为“正规化”或“程序化”，即将决策或行动的规则与手册化的协调机制；第二类为“社会化”或“规范化”，即追求经营者的经营哲学和理念的共有化，培养组织机构成员的一体化，以协调与一体化为目标的协调机制；而第三类是指“集权化”，即权力集中于本国母公司的机制。

学界普遍认为，“正规化”“社会化”和“集权化”这三种协调机制分别在美国、欧洲和日本的企业中存在。与此同时，他们也根据“对本土化重要性的认识”和“对全球整合重要性的认识”这两个因素，深化了对全球化企业组织结构的类型化与相关特征的研究。对企业做了如下分类：实行正规化管理的美国企业对于本土化与全球整合的重要性的认识都在中等程度，属于“协调型联合体（国际化企业）”；实行社会化管理的欧洲企业，对本土化的重要性认识较强，对全球整合的重要性认识较弱，属于“分散型联合体（多国化企业）”；集权化管理程度高的日本企业，对于本土化的重要性认识较低，而对全球整合的重要性认识较高，属于“中央集合体（全球企业）”。笔者认为，中国的大多数企业对本土化和全球整合的重要性认识也都为中等，可以归为“协调型联合体（国际化企业）”。今后，有必要结合中国的政治体制、民族文化、价值观念以及与海外竞争企业的竞争优势等进行实证性、理论性的分析验证。

三、企业经营全球化带来的课题与挑战

（一）经营战略与管理

全球化战略属于经营战略统筹功能中的企业战略及地理战略领域。经营战略功能由企业战略、竞争战略（按事业部划分）、职能战略（按部门划分）和地理战略四部分战略构成。其中，企业战略具有决定该组织具体活动领域的功能。而企业的具体活动领域由产业、产品的确定、统筹功能的确定以及经营地点的确定三个要素组成。考虑到这三个要素，我们能够认识到全球化战略正是与企业战略功能的第三个方面相关的统筹功能。并且，与第三个要素相联系，地理战略也能够被考虑到并加以确定。

如果以该理论为前提，从经营战略的视角来研究经营全球化的话，首先需要考察各组织的动机、战略决策的过程（决定海外拓展、确定海外拓展国（地域）、实行向国际化、跨国化、全球化的战略转换）。然而，遗憾的是，虽然与海外拓展战略或全球化战略相关的研究如“海外拓展战略的发展过程论”“全球化战略类型（模式）论”“全球联合论”“本国母公司与海外子公司之间的组织网络论，或本国母公司对海

外子公司的统一、调整管理论”等理论研究已较为丰富，但是从产生海外拓展动机到确定海外拓展据点（海外拓展国）的决策过程、以及向国际化、跨国化、全球化的战略转换过程的影响因素等，目前综合性的且成体系的理论研究相对较少。

如前所述，如果认为海外拓展战略或全球化战略属于企业战略的第三个方面，同时，地理战略也作为经营战略统筹功能的一个组成部分的话，那么就要求从经营战略的视角出发，重新对上述三个问题进行理论性探讨。

以下，笔者将整理从经营管理角度来看海外扩张战略或经营全球化的相关课题。

从经营管理的视角看，海外扩张战略或经营全球化主要包括两个课题：一是本国母公司与当地海外子公司之间的冲突管理或整合协调管理；二是对当地海外子公司职员的知识创造管理。

关于第一个课题，巴特利特、葛谢尔及巴尼等人对于海外据点和当地海外子公司的“协调与一体化管理理论”可以作为参考。但分析冲突，尤其是组织间（包括母公司与子公司之间）冲突发生的要因和解决办法，基本的理论应是马奇和西蒙的相关研究。根据他们的研究，个人之间、部门之间以及组织间发生冲突的主要原因是由于在目标或实现目标的手段的认识上产生了分歧。换言之，无论采用“正规化、社会化、集权化”中的哪一种协调机制，或无论是选择国际化、全球化、多国化中的哪种公司形态，都不得不承认如果不按照马奇和西蒙的研究对冲突的原因进行分析的话，开展组织间的冲突管理将会十分困难。本国母公司与海外子公司之间无论是平等的水平位置关系的组织网络，还是垂直位置关系的组织网络，维持组织之间长久联系都不能忽视四个主要条件：一是“规范化”——签订协议或契约形成规范化的协作；二是“强度”——即资源投资量和组织之间相互作用的强度；三是“互惠性”——资源的相互利用；四是“标准化”——两个组织之间相互关联的特定部门的标准化或手续的标准化。如上所述，由于本国母公司与当地海外子公司之间的冲突管理或两者间建立了能够形成并维持长久的网络，最为适宜的组织间网络管理才得以展开。

针对第二个课题，即“对当地海外子公司职员的知识创造管理”，笔者提出如下见解。

随着全球化战略从国际化到跨国化再到全球化的展开，最重要的资源也由物质资源（国际化阶段）向财务资源（跨国化阶段）再向人才资源或信息资源转移。同时，也普遍要求本国母公司对海外子公司的活动协调整合度，并实现尊重海外当地法人自主性的“权限转让——分权化”及本国母公司的“权限集中——集权化”。尤其是，能够充分承认海外当地法人的自主性的必要条件有两个：一是当地法人的专业知识与技能完全达到组织的要求；二是他们是否具备创造性地打破已有知识从而开发新知识的技能。换言之，要实现本国母公司的“集权化（人力资源管理权及财务权）”与海外子公司的“分权化（以采购、生产、营销等为中心的指挥系统）”同时并行，对海外当地子公司的员工进行知识创造管理是必不可少的。如“共同化→表象化→整合→内部化”的由四个步骤组成的螺旋式知识变化结构的构筑。此外，对于目标的认识、组织内部混乱的制造、对个人自主性的重视、长久性以及最小有效多样性等主要因素是促进组织知识创造的必备条件。这些条件连同处于全球化阶段的本国母公司对当地子公司的知识创造管理为中心的管理实践正逐渐成为重要的课题。

（二）人力资源管理

如果以人力资源管理的视角来探讨经营全球化中的经营课题的话，那么必须关注的问题是对海外当地员工的所实施的薪酬管理、培训、晋升以及劳动关系管理四个方面。

以下，笔者将以薪酬管理为中心进行考察。目前，多数日本企业所采取的薪酬管理制度是由薪酬（水平）管理与薪酬制度管理这两种体系所构成的。

在薪酬（水平）管理中，薪酬总额管理方式与个人薪酬管理方式被并行采用。并且，企业在该年度应支付的薪酬总额与向组织员工支付的个人薪酬额都以这两种方式计算出来。薪酬总额管理方式由三种要素决定，分别是：①生活水平——由平均年龄在40岁的劳动者，且家中有一对夫妻两个孩子的这种所谓的标准家庭的每个月生活费所计算出的平均月薪；②社会水平——同一产业且同一规模中的其他组织的月薪或年薪；③组织的支付能力。而个人薪酬管理方式则是一种通过对由组织所采用的的薪酬体系（基本工资类型）所确定出的标准工资进行合计而决定的薪酬管理方式。

此外，薪酬制度管理则是由薪酬体系管理及薪酬方式管理所构成的。其中，薪酬体系管理是指在推行上述个人薪酬管理方式过程中决定工资体系，即基本工资类型的管理制度。薪酬形式管理是指决定薪酬支付单位，即以业绩为基准还是以时间为基准进行薪酬支付的管理制度。

然而，虽然根据组织的支付能力（薪酬额决定因素的第三点）和个人能力的差别，最终领取到的薪金会有所不同，但现在日本的民间组织和官方组织一般共同采用的薪酬体系是综合确定基本工资制，薪酬形式则是以时间为支付基准的月薪形式。下面要讨论的综合确定基本工资制是在欧美组织中用于决定职务工资时，以被活用的分类法为模型经修改后应用到日本的日式薪酬体系。换言之，将组织内的所有职务按一定的等级进行分类（例如，第一等级、第二等级、第三等级……），同时，给各个等级设定比较宽泛的定义。并且，全体组织员工在从下级向上级晋升时，都要接受上司（包括高层管理）的人事考核。即使有的人具备往更高等级晋升的能力，也有义务在之前的各个等级停留一定的年数（被称作滞留年数）。另外，在各个等级中全都设立了被称作“号俸”（薪俸等级）的制度。它是每年自动按一个号俸升薪到上一号俸升薪（又被称作定期升薪，采用连续工作年数基准—以人为中心要素中的一种）的薪酬体系。

以上是日本国内企业中的薪酬管理的概况。那么，海外当地子公司中的薪酬管理又是如何进行的？是否存在一种理想的方式呢？

海外法人子公司中的薪酬管理制度标准与本国国内企业制度标准相同，由海外子公司所在国的生活水平——薪酬额决定要素的第一点，以及社会水平——薪酬额决定要素的第二点，即该海外子公司所在国中的同一产业同一规模组织中采用的薪酬额构成。因此，这两点也是组织支付的薪酬总额和向员工个人支付的薪酬额的测算基础。

薪酬制度管理准则是将以下两个视角结合起来，通过考察其各自的利弊来为海外当地法人员工提供参考。这两个视角分别是：海外子公司所在国的各企业和本国国内的各企业一般采用的薪酬体系（基本工资类型）、薪酬形式的视角以及组织员工的视角。

根据与海外拓展企业中劳动关系有关的研究来看，在海外进行经营活动的日本企业基本不能采用终身雇用惯例、年功序列薪酬（体系）①，或按企业区分的工会组织制度。协调劳动关系的主要原因已经转变为企业对经营的非正规方面或软性管理的功能性的重视。如，管理者与当地员工之间的人际关系；通过参与经营策划来培养集体感；在工厂中开设劳资恳谈会的基础上就经营者与工会执行部门的生产率的提高和产品品质管理问题展开交流；为避免临时解聘而实行雇用保障等关爱行动等。研究表明，对海外子公司员工的薪酬管理具备以劳资平等的信息共享为前提的制度特征。

四、母公司与海外子公司的组织网络

粗略估算，日本约有 4844000 家企业。其中，规模较大的企业有

① 日本的传统企业工资制度，具有简单，传统等特性，即工资随着工龄的增长而不断增长。

14000 家（占总数的 0.3%），中小规模的企业有 483 万家（占总数的 99.7%）。2008 年《东洋经济》的调查结果显示，日本企业出资比例合计在 10% 以上的海外子公司在全球有近 30900 家。其中，亚洲地区近 19400 家，欧洲地区近 6500 家，中东地区 228 家，中南美地区近 2060 家，非洲地区近 410 家，大洋洲地区近 1260 家，北美地区近 8050 家。

如果将海外子公司限定在制造业领域，在全世界范围内约有 14400 家。其中亚洲地区约有 9730 家，欧洲地区约有 1380 家，中东地区约有 40 家，中南美地区约有 570 家，非洲地区约有 70 家，大洋洲地区约有 200 家，北美地区约有 2400 家。同时，将海外子公司限定于商业领域，在全世界范围内约有 1030 家。

日本海外企业的分布情况如表 2 所示。

表 2　日本海外企业分布现状

	海外企业（所有）	制造业	商业
第一位	美国（7470 家）	中国（4010 家）	美国（2290 家）
第二位	中国（6450 家）	美国（2220 家）	中国（1210 家）
第三位	泰国（2210 家）	泰国（1200 家）	中国香港（1030 家）
第四位	中国香港（2120 家）	中国台湾（790 家）	新加坡（770 家）
第五位	新加坡（1880 家）	马来西亚（710 家）	德国（700 家）
第六位	英国（1650 家）	印度尼西亚（640 家）	英国（560 家）
第七位		韩国（630 家）	泰国（520 家）
第八位		新加坡（430 家）	中国台湾（510 家）
第九位		中国香港（400 家）	法国（350 家）
第十位		英国（350 家）	韩国（320 家）

以 2008 年的数据为基础，拥有海外子公司数量位居前 10 名的日本制造企业和非制造企业的排名情况如表 3、表 4 所示。

同时，日本制造业领域拥有海外子公司数量超过 30 家的约有 60 家企业，非制造业领域拥有海外子公司数量超过 100 家的有 7 家公司，而这 7 家公司都是“商社”，即综合性贸易公司。从这 7 家企业海外子公司的国家分布来看，除了三菱商事（在中国的海外子公司有 34 家，仅次于美国）以外，其余 6 家企业的海外子公司最大的海外扩张对象国都是中国。

通过以上数据不难看出，对于日本企业的海外扩张对象国、产业与产品的领域以及个别中小企业而言，无论正处于国际化、跨国化、全球化的哪个阶段，都能清晰地看出以中国和美国为中心向世界规模扩展的海外扩张战略形态。在此基础上，本国母公司与海外子公司之间的组织网络管理或协调整合机制便尤为重要。

表 3　海外子公司数量排名（制造业）

公司名称	第一位	第二位	第三位
1. 松下（203 家）	中国（53 家）	马来西亚（18 家）	美国（18 家）
2. 本田（144 家）	美国（29 家）	泰国（15 家）	中国（13 家）
3. 索尼（99 家）	美国（37 家）	中国（7 家）	泰国/韩国（4 家）
4. 奥林帕斯（97 家）	美国（17 家）	德国（12 家）	中国（7 家）
5. 东芝（97 家）	中国（26 家）	美国（12 家）	中国台湾/英国（6 家）
6. 日本电装（94 家）	中国（19 家）	美国（14 家）	泰国（6 家）
7. 欧姆龙（89 家）	美国（13 家）	中国（11 家）	荷兰（7 家）
8. 丰田（88 家）	中国（17 家）	美国（13 家）	加拿大/英国（4 家）
9. 三菱电机（86 家）	中国（19 家）	泰国（9 家）	美国（9 家）
10. YKK（83 家）	中国（9 家）	美国（6 家）	新加坡/中国香港（6 家）

表 4　海外子公司数量排名（非制造业）

公司名称	第一位
1. 丰田通商（335 家）	中国
2. 住友商事（322 家）	中国
3. 三菱商事（281 家）	美国（中国第二）
4. 丸红（266 家）	中国
5. 伊藤忠商事（263 家）	中国
6. 三井物产（220 家）	中国
7. 双日（170 家）	中国

随着海外扩张战略进行到全球化阶段，本国母公司与海外子公司之间的关系从“垂直的支配/从属关系”向“水平的相互依存的关系”转变，即向对企业而言最重要的人才资源与信息资源转变，从而迎来了尊重海外当地子公司的自主性发展阶段。以下将重点对处于本阶段的海外子公司的职能与作用进行讨论。母公司对于海外子公司的职能与作用的明确化，即采购、生产、销售为中心的统筹功能的分权化，是“母—子”公司间的组织管理的重要课题之一。

以海外子公司的统筹功能为中心的分权化，或尊重海外子公司的自主性、独立性的过程中，分权化下的产业运营相关的责任意识变得尤为重要。很显然，这种责任意识不仅涉及到培养统筹功能为中心的职能部门专业知识，还涵盖海外扩张对象国的地区差异化战略的制定、对其他竞争企业的竞争战略的制定，以及对当地员工的能动性管理等方面。基于巴特利特和葛谢尔的研究，将海外当地子公司按照“对本土化重要性的认识”和“当地子公司组织能力水平”两个维度进行分类，其中可以称之为理想型的模式当属“战略领导型”。

随着海外扩张对象国家或地区产品市场的逐渐成熟，对产品附加值的需求也开始提高。这就要求处于此阶段的产业组织在本国母公司与海外当地子公司之间建立使海外子公司发挥战略领导或战略中心作用的组织网络。

结束语

本论文是高千穗大学（日本）与中央财经大学（中国）开展的为期三年（2007—2009 年）的合作项目“企业经营国际化的日中比较研究的阶段性研究成果。两校学者从自身的研究领域出发，对该共同研究题目进行了理论研究与实证研究，笔者尝试进行了概括性的总结。

笔者对中央财经大学领导、老师为构建和维护与日本高千穗大学的长期合作伙伴关系所做的努力表示敬意和感谢，希望本论文能够为两国青年学生理解企业经营国际化提供一定的借鉴。

外资零售业进入中国的双重效应分析

中央财经大学　孙国辉　于楠

摘　要： 随着中国加入 WTO，越来越多的外资零售企业进入中国这个 21 世纪最具消费潜力的市场。外资的进入像一把双刃剑，既有正面影响也有负面影响。这种影响体现于消费者、零售企业、零售行业以及整个中国宏观经济。

关键词： 外资　零售业　双重效应

一、文献综述

中国很多学者对于跨国企业进入中国对于零售产业的影响进行了很多的研究。

韩耀提出跨国零售企业的进入有助于改变中国目前零售布局结构和业态结构不合理的状况，使中国零售商业布局过于集中、业态形式过于单一的局面得到改善。王巾英认为通过与跨国零售集团合作跨国采购，可以改善中国零售业的业态结构，使其与中国经济结构调整和产业升级相适应。王俊研究了跨国零售企业进入中国零售领域后对进入壁垒、市场集中度和一体化的影响，认为跨国零售企业的进入将提高中国零售业的规模经济壁垒，短期内会提高国内零售业的过度竞争程度，而长期将提高中国整个零售领域的市场集中度和资源配置效率，并将提高中国零售业纵向一体化的程度。

同时，也有学者认为跨国零售集团对中国零售产业有着负面消极的影响，赵洪斌认为由于跨国零售企业的进入打破了消费者的民族主义，可能危机国家的产业安全。此外，跨国零售企业通过垄断市场实现对批发商和制造商的控制，可能会对中国零售商造成直接的排斥。苏梅梅分析了外资进入零售领域对中国市场竞争程度的影响，认为外资进入带来了零售业的过度竞争。由于一些地区的地方政府为了短期利益而放任外资零售商的进入，造成商业网点分布不合理，恶性竞争加剧，使中国零售企业的利润下降。李飞认为跨国零售企业在经营管理、规模、营销方式、价格和品牌等方面所占有的优势对中国企业产生巨大的冲击，而中国企业为应对竞争而盲目扩张进一步恶化了中国零售业态的结构。长此以往，中国小、散、乱、差的竞争格局将导致零售市场中的过度竞争和无序竞争，严重影响中国零售企业的平均利润水平，无益于企业的发展和效益的提高，也无益于整个零售行业的发展。

二、外资零售业的发展历程

自 20 世纪 90 年代以来，不断有大量的发达国家的商业资本流向海外，足迹几乎遍布全世界。其中特别引人注目的是，中国经济的高速增长以及我国沿海大中城市消费水平的提高吸引了来自美、日、欧等众多的跨国商业集团的巨额投资。据统计，从 1992—2003 年，全国累计实际利用零售外资约 40 亿美元，批准设立外资商业企业 362 家，分店 3200 多个。外资已逐渐成为我国零售市场上不可忽视的一股力量，对我国零售市场的发展有着越来越深远的影响。

外资零售企业进入的速度和规模，实际上是与我国服务业开放的政策紧密相连的。自 1992 年我国对零售业开放以来，根据我国对商业零售业的开放顺序，可以把外资零售企业进入中国市场的过程划分为如下几个阶段：

第一阶段（1992 年 7 月以前）：在中国境内不允许设立商业零售行业的独资或合资企业，但外商投资的生产企业可在中国市场上销售部分产品。因此，部分外资生产商就自行或委托中国的商业机构代销产品，主要以在中国地区授权开办新店、在百货商店设立专柜、以厂家直接开办直营店等方式来进行商品销售，因此这一阶段可称为专卖店阶段。

第二阶段（1992 年 7 月—1995 年 9 月）：随着我国经济发展速度的加快和改革力度的加大，1992 年 7 月，国务院发布的《关于商业零售领域利用外资问题的批复》规定，允许先在北京、上海、天津、广州、大连、青岛 6 个城市和深圳、珠海、汕头、厦门、海南 5 个经济特区试办 1 ~ 2 家中外合资或合作经营的零售企业。1992 年我国零售业的第一个“混血儿”——中外合资的北京燕莎友谊商城有限公司诞生；同年，在上海浦东新区与日本八佰伴公司兴办了中日合资百货商店。由此，外资零售业进入中国市场的序幕徐徐拉开了，同时外资百货业在这一阶段取得了一定的发展。

第三阶段（1995 年 10 月—1999 年 5 月）：1995 年 10 月，国务院批准在北京试办两家中外合资连锁商业企业，并做出了必须由中方控股 51% 以上，经营年限不超过 30 年的规定。以家乐福等为代表的连锁经营模式大规模进入我国，同时“无序开放”成为一大特点。这也表明我国零售企业的对外开放由零售环节延伸至了批发环节，由百货品经营扩展至包括生鲜食品在内的日常生活一切必需品。

第四阶段（1999 年 6 月—2001 年 11 月）：1999 年发布的《外商投资商业企业试点办法》，代表了我国零售业的进一步开放，它规定商业领域的开放试点扩大到所有的省会城市、自治区首府、直辖市、计划单列城市和经济特区。此时，许多国际大型超市、仓储俱乐部集团的进入带动了零售业在中国以惊人的速度发展。截至 2001 年年底，我国正式批准了 40 多个外资零售的项目，加之许多外资零售集团采取各种变通手法，绕开种种政策约束，使得不少地方政府越权批准的项目就达到 286 个。

第五阶段（2001 年 11 月—2004 年 12 月）：2001 年 11 月我国成功地加入了世界贸易组织，并承诺在三年之内全面开放零售业，这就使得更多的外资零售集团将眼球投向了中国市场。在这三年的“过渡期”内，世界前 50 家大型零售商已有 80% 进入中国，而一些知名的外资零售巨头如美国的沃尔玛、法国的家乐福、德国的麦德龙、日本的伊藤洋华堂，早已在我国零售市场上形成了一定的营销网络规模。

事实上，众多外资零售业早已领先了“入世”时承诺的开放时间表，进入中国并形成了一定的规模。不难想象，外资的进入将给中国经济发展以及中国零售业带来巨大的冲击。

三、外资零售企业在中国的发展现状

据中国商业联合会统计，1996 年外资零售企业的销售额只有 89 亿元，市场占有率仅为 0.4%；而“入世”一年后的 2002 年，外资零售企业在中国的销售收入合计 1010 亿元，年平均增长 42.7%，占我国社会消费品的 1.54%，市场占有率达到了 28.3%。外资零售企业在华的分店达 3000 多个，分布在国内的 20 多个省市。由此可见，外资已在中国零售业的竞争格局中扮演了重要角色。

另据统计，截至 2004 年 4 月，在全球零售企业 200 强中，已有 25% 的企业进入中国，还有 12.5% 的企业已经进入亚洲，并拟订了庞大的“中国发展计划”，随时准备进入中国市场。从上述外资零售企业在华的发展情况可以看出，从单店到连锁，从中方控股到外方控股，从沿海到内地，从东部到中西部，对我国零售业形成合围之势，这意味着对中国零售业将是一场严峻而持久的挑战。

从目前情况看，外资零售业基本呈现以下特征。

（1）以新型业态形式投资进入。新型零售业态主要指超级市场、便利店、仓储式超市、专业店、品牌专卖店等业态形式。新型业态具有吸引力强、成长性好、市场切入快等优点，成为零售商国际化扩张的首选业态。而最主要的是，我国零售业长期以来，以百货店为主的单一业态占据大部分市场份额，现正处于后成熟期和衰退期，经营状况普遍不好。而各种新型业态在我国刚刚起步，处于其生命周期的创新发展阶段，市场空间巨大。因而国际著名零售商大都采用新型业态投资进入，如开办大型综合超市（家乐福、沃尔玛）、仓储式会员店（万客隆、麦德龙）、便利店（日本罗森）、标准化食品超市（日本西友）等。

（2）以连锁经营进行低成本快速扩张。连锁经营以产权或契约为纽带，将分散的、独立的店铺组织起来形成整体，从而使企业经营实现规模化和集约化。由于成本低，扩张效果好，连锁经营在欧美国家已成为最具生命力的经营方式，成为现代商业和服务业的普遍选择，并随着经济全球化和资本的国际流动，向欠发达地区和国家输出。目前，绝大多数进入中国的外资零售企业都采取了连锁经营方式，如超市连锁、便利店连锁、专卖店连锁等，以扩大分店数量来分摊相对固定的投入，使平均成本随着销售规模的扩大呈不断下降趋势，而规模报酬递增效应却十分显著。

（3）先进的经营管理模式是拓展成功的根本保证。外资零售企业在经营中突出以人为本的服务理念，及时了解和研究消费者需求变动情况，妥善处理顾客投诉，努力维持顾客对商店的信任度；实行垂直一体化集权型管理，保证营销决策的快速有效，保证企业内部资源的最优配置；采用先进的物流、商流和信息流技术，建立 POS 计算机系统和商品供应链，集中采购和配货；重视对人力资源的开发与管理，通过对东道国文化和市场环境的学习和适应，获取经营经验，定期培训员工，并向各分店选派业务骨干，逐步推进和扩张。

(4) 强调本土化转换，树立优质低价的品牌形象，赢得消费者认同。零售商在国际扩张过程中，需要适应东道国的文化和市场环境，进行本土化转换，实施本土化战略。如家乐福在中国的投资选择以大卖场为主，采取“一站式购全”的经营方式；麦德龙走的是小批发的路子，采用“送货上门服务”的经营理念，以便入乡随俗，迅速占领中国市场。

经营商品的本土化，一是可以更好地满足当地消费者的消费习惯，保证拥有相对稳定的消费者群。二是可以节约采购运输成本，从而降低商品售价。从普遍情况看，外资零售企业中销售中国商品的比例平均在95%左右。此外，外商还凭借其在全球拥有的庞大采购分销系统，以及良好的结算信誉，从中国制造商那里赢得了更多的进价优惠，故他们的平均价格比一般百货店要低5%左右。在坚持低价的同时注重商品质量，所经营商品绝大部分是国内知名品牌，质量好、信誉高，其优质低价的品牌形象在消费者群体中形成了良好的口碑效应。

(5) 实施经营差异化战略。1996年，世界前三强零售巨头沃尔玛、家乐福和麦德龙虽然都同时进入我国大型超市业态，但都有着不同的经营理念和零售模式，给予消费者不同的体验，充分显示出跨国零售企业经营上的特色。如，沃尔玛1996年登陆深圳后，针对不同的消费群体开设了沃尔玛购物广场、山姆会员店，沃尔玛认准的目标市场是面向中低收入的大众阶层，经营低价位、多而全的商品。10年来，家乐福在中国一直致力于推广“大卖场（hypermarket）”的概念，即“一次购足、超低售价、免费停车、自助服务和新鲜优质”。这是家乐福多年来形成的经营特色，特别适合追求价廉物美、方便快捷方式的普通中国消费者，同时，经营鲜活食品也是家乐福的一大特色。麦德龙在目标市场定位上采取的是有限客户战略，强调“现付自运”的经营理念，其专业客户主要是面向酒店、餐饮业、中小型零售商、工厂、企事业单位、政府和团体等，这样的业态定位使得麦德龙避开竞争锋芒，在中国市场上与其他零售巨头展开错位竞争。

（6）着眼于长期利益。外资零售企业对我国市场的进入战略是以占领市场为主要目标，不计较短期亏损，重点在提高市场占有率，扩大知名度。

四、外资零售业进入的双重效应

外资零售业进入中国十几年来及零售业全面开放后，无论给中国的宏观经济、零售业，还是中国的企业和消费者，都带来了双重影响，既有积极的，也有消极的，可以说是机遇与挑战并存。下面就从以下四个方面来论述外资零售业进入中国产生的双重效应。

（一）对我国宏观经济的影响

（1）正面的效应。

①有利于促进我国服务业的发展，扩大服务业在国民经济中的比重。我国零售业开放后，引进国外先进的零售理念、零售业态、零售技术将加速我国传统零售业向现代零售业的转变，带动诸如信贷、物流、地产、信息服务等相关服务业的发展，从而有利于扩大服务业在我国经济中的比重，提升其功能。

②有利于扩大我国产品的外贸出口。开放零售业导致跨国零售业增加了在我国的采购，这些外资零售企业通过其在母国和其他国家的零售店铺将中国商品输入这些国家，这无疑增加了中国产品出口的新途径，从而有利于扩大我国商品的对外出口。美国的媒体曾指出，在中美两国间1000亿美元的贸易逆差中，由沃尔玛造成的就占10%。这清楚地表明跨国零售企业在促进我国出口中发挥的作用是何等重要。

③外资注入增加了资金来源，成为银行的优质客户。尽管外资进入零售业的总体数量不是很大，但是单个外商企业在华的投资量还是在逐

年提高的。迄今为止，仅沃尔玛一家企业在华的总投资额达到了16亿元人民币。另外，由于外资企业的资信较高，内部风险控制能力较强，同时，具有较大的现金流，从而成为我国商业银行的优质客户和争夺对象。

④改善了城市形象，增加了我国的税收收入。许多城市的外资商店成为当地的重要购物场所，成为了城市一景。至于税收收入，以沃尔玛为例，自从1996年进入中国，在华的8年中累计纳税超过了10亿元人民币。当然，问题在于，外资企业的进入，如果导致大量的中小企业破产，那么，这些倒闭企业也会减少当地的税收。

（2）负面的效应。

零售业全面开放对我国经济也有一定的负面影响，其中最大的负面影响是外资零售企业的大规模进入，将对我国内资零售企业的生存和成长造成极大的威胁。

李金轩在《零售业化冲击为机会》一文中指出：外商对零售业的冲击主要表现在以下几个方面：①依靠品牌优势，进行商品竞争；②依靠规模优势，进行价格竞争；③依靠经营技术、设备优势，进行技术竞争；④依靠高质量的优质服务，进行服务竞争；⑤依靠高薪吸引人才优势，进行智力竞争；⑥依靠奖金优势，进行扩张竞争；⑦依靠经营方式、方法优势，进行客户竞争；⑧依靠进出口业务优势，进行渠道竞争；⑨依靠经商思想优势，进行观念竞争；⑩依靠高水平的管理和企业形象，进行全方位竞争。

①外国直接投资（FDI）对本国就业创造的影响。

蔡昉和王德文认为随着经济的发展，经济增长对就业的拉动作用逐步减少，而FDI日益成为吸纳中国庞大劳动力的一个重要力量。但与FDI在中国资本积累中的地位相比，FDI在创造就业方面并不十分理想。外资既有增加就业的创造效应，又有摧毁效应。众所周知，大多数的跨国巨头都号称“三公里之内无对手”或者“五公里之内无竞争”。在美国沃尔玛开店开到那里，那里的中小型门店就会遭遇严重打击，比如爱荷华州 1995 年的一项调查表明：自从沃尔玛落户该州之后，50% 的服装店关闭，30% 的五金商店关闭，25% 的建筑材料商店关闭，42% 的杂货店关闭，29% 的鞋店关闭，17% 的珠宝商店关闭，26% 的百货商店关闭。同时，调查发现沃尔玛每创造一个就业机会就会带来 1.5 个人的失业，沃尔玛每一千万美元的销售额所需要雇佣的员工总数在 65 至 70 人左右，而其他小商家完成这个销售额所需要雇佣的人数是 106 个。

②跨国公司在华投资的技术溢出效应。

大型跨国公司在华投资促进了我国产业结构的调整，绝大多数跨国公司提供了母公司先进和比较先进的技术，相当一部分跨国公司提供了填补国内空白的技术。但跨国公司对本土技术创新发展同时具有抑制作用，表现在：外资利用技术垄断和技术壁垒对东道国企业的排挤，例如专利技术、优先技术标准、认证制度等；东道国对外资技术的依赖和外资研发机构对东道国研发机构的排挤，使得东道国的研发能力降低。

③外资在中国享受“超国民待遇”。

外资企业获得的“超国民待遇”，不仅仅体现在政府对它们违规问题上的“网开一面”，而且体现在税收、工商、异地贷款等待遇上的优惠。国内企业与外资企业的不平等待遇，所导致的结果必然是国内企业要承担过多的税负、履行繁杂的政府管理程序甚至包括各种歧视性限制。

（二）对中国零售业行业的影响

（1）正面效应。

①提高中国零售业的国际竞争力。中国零售业面临更多的是国际著名零售企业的竞争，唯有在竞争中求生存和发展。这种外部的发展动力对中国零售业的国际竞争力的提高作用。从而也有利于带动中国商品走向国际市场。国际零售商在世界范围内采购，是按照同质商品价格最优

原则进行的。中国的优质日用品，得益于国内廉价的劳动力而具有较强的价格竞争优势，外资进入中国零售市场，必然会将中国商品纳入其全球采购分销系统。

②推动中国零售革命的深化。外资在“入世”后以连锁方式，规模化地进入中国，国内传统的零售业必须进行战略调整和业态转型，积极探索适合中国国情的、可与世界零售企业抗衡的新的业态组合与创新形式。同时在中国企业机制的转换中，零售企业的变化速度很慢，一是竞争或是使其尽快转换机制，或是使其濒临倒闭的边缘并进而被新机制企业兼并或合并；二是通过中外合资的方式进行企业改组和机制转换。

③促进中国零售业营管理水平和服务理念的改善。外资零售业带来与世界同步发展的最先进的营销与管理技术，这将对中国零售业的营销与管理产生重要影响。外资零售商大都有明确的目标市场，如沃尔玛和家乐福选择中低收入阶层为目标顾客，在经营中注重降低成本，坚持微利原则，赢得了最广大的消费者。外资零售商的定位经营策略，为国内零售业系统学习现代营销技术提供了机会，促使他们重视市场细分化研究，在确定目标市场的基础上正确定位，通过营销技术的综合应用，突出特色，提高商店在目标顾客中的知名度和信任感，巩固和扩大市场份额。

④提高国内零售业的技术含量。外资零售企业之所以能够对如此众多的连锁店实行有效管理，正是得益于现代科技的广泛应用，如沃尔玛公司总部拥有庞大的计算机系统和商业卫星频道，时刻传送和处理来自世界各地市场和连锁店的信息，各分店也拥有包括客户管理、配送中心管理、财务管理、商品管理的计算机系统，从而大大提高了管理效率，降低了经营成本。现代管理技术在零售业中广泛运用，使零售业的技术含量陡增，它不仅体现在拥有尖端的科技设备，更包括对专业人才的吸纳和使用。迫于外资零售企业的竞争压力，近年来国内零售业加大了技术投入和人才引进，如一些大型零售连锁企业已相继建立了计算机网

络，采用条码技术和POS系统，对商品的购、销、存实行单品管理，自动补货，大大降低了库存水平；强化了对商业专门人才的培养和重用，如广泛招收大专院校毕业生，送管理人员进修MBA课程等。

⑤创造良好的零售业环境。外资进入中国零售业的同时，有更多更好的商品进入中国，有更温馨、更特色化的商店出现在城市的大街上。这样，一方面会推动国内厂家生产更吸引人的商品，并使其标准化、优质化和条码化；另一方面会带动消费者成为高水平的顾客，使其在全球范围内选购商品，提高商品的鉴赏水平和文明购物的风尚，增加购买与消费能力；再一方面，外国资本的大量涌入，有利于促进对城市的旧商业区和传统城市街区的改造。这一切都促进了中国零售业的健康发展。

⑥促进国内零售业的规模整合。20世纪90年代中后期出现的世界兼并浪潮，加快了零售业的整合步伐。国际上一些实力强大的零售商通过同行业兼并和在海外市场增设分店，来进一步增强企业实力，这种兼并和扩张浪潮已波及中国零售市场。相比较而言，我国零售业长期以来市场集中度低，大型零售企业少，而中小型零售企业众多。以单店经营为主，小型化、分散化是国内零售业的基本特征。大量的外资进入，有利于促进国内零售业的规模整合。一方面可以促进国内零售业横向一体化发展，以连锁经营的形式重新改造商业组织形式，将分散弱小的商店组织起来实现规模经营，冲破单店销售增长的极限，提高组织化程度。另一方面可以促进纵向一体化进程，零售商凭借自有品牌经营和市场网络优势，直接进入生产领域，通过收购、兼并、控股重组部分消费品生产企业，形成以商业为主导的产销一体化经营组织，加快集团化发展。

（2）负面的效应。

①外国零售企业分割中国市场份额，使中国零售业绝对利润和相对利润下降。外资进入中国零售业，由于资金的优势和中国各地方政府和国内零售企业与之合作、合资的持续热情，会使外国零售企业占据城市商业街区的黄金地段，分割中国零售企业的市场利润，导致部分利润流

向外方，中国零售业的绝对利润额可能会减少。同时，外国零售企业的大量涌入，如果没有相应的市场规则，价格大战不可避免，这样会使中国零售业利润率进一步下滑，进入到微利和零利时代。以深圳沃尔玛为例，由于采取“天天平价”的策略，每天报出的特价商品要便宜几十元甚至上百元，这样使当地商场平均销售额下降，利润率也有明显下降。

②促使中国零售业市场竞争空前激烈，部分弱势企业将被迫退出市场。一方面，由于中国零售业发展的总体水平不高，产业的整体竞争力不强，在自有资金、经营成本、进口商品能力、经营规模等方面基本处于劣势，很难与实力雄厚、技术先进的外资零售企业相抗衡。另一方面，外商在中国开办零售企业，享有许多优惠政策，如自营出口权等，国内大多数零售企业不具有这一权力，这就大大限制了国内零售商直接进入世界消费市场并与之融合的进程，削弱了国内商业了解国际市场行情并与之竞争的能力。外资零售商凭借他们雄厚的资金、完善的经营设施、现代化的管理模式和“超国民待遇”，就会对国内零售业形成较大冲击：迫使国内零售业收缩战线，减让市场份额，最终导致经济效益大滑坡，部分弱势企业因亏损而破产倒闭。目前国内一些地区的零售商已感到了这种压力。如南京的麦德龙和家乐福开业时，当地最大的百货公司南京新百在第一个双休日，客流量就减少10%，当月销售额下降了6000万元。

③严重影响了中小企业生存环境，影响商业就业人数和充分就业政策。由于外资零售企业劳动生产率高，雇员少，费用水平低，商品质优价廉，与我国中小零售企业相比，处于绝对优势。从目前情况看，外资已对局部地区的中小零售企业构成严重威胁。如上海普沱区家乐福武宁路店（大卖场）开张营业后，武宁路及周边地区的小超市、小百货店销售额大幅下降，纷纷倒闭或转向经营他业；深圳甚至出现外资超市开一家，周围小商店倒一片的现象。如果外资所占市场份额进一步扩大，

势必导致中小企业生存环境恶化，大批企业亏损倒闭，失业人数增加。

④导致国内零售业地区分布进一步失衡，结构调整将更加困难。由于各地区经济发展水平的差异，我国零售业的发展水平和结构布局本来就在不同地区存在着非均衡状态，商业结构不合理，长期向城市和东部地区倾斜的局面没有很好解决，东部地区零售商业的发展超出全国平均水平，而中部和西部明显落后。外资的进入加剧了这一结构性矛盾，目前外资投向中国零售业的地区基本上是大城市和经济发达地区，西部和广大农村由于投资环境较差，居民购买力偏弱，一般不被外商看好。2000年统计资料显示：全国305家外资零售企业和876家分店，大多集中在东部沿海经济发达地区和大中城市，其中东部地区有253家，占全部的83%；中部地区有25家，占全部的8.2%；西部地区有27家，占全部的8.8%。这就使东部地区和大城市商业网点更加密集，竞争更趋激烈，在竞争中，外资零售商将有可能进一步扩大市场份额，进而形成对东部特别是大城市商品流通网络的控制权。而西部和农村地区零售商业依然发展缓慢，商业网点稀少，商品流通效率低。外资进入导致中国零售业地区分化加剧，零售业结构调整将更加困难，这也不利于中国国民经济的综合平衡和协调发展。

（三）对国内零售企业的冲击

（1）经营理念的冲击。进入中国的外资零售企业，无论是数百年的老店还是新兴之秀，基本上都是世界顶尖的优秀企业，他们关注消费者需求偏好、消费心理、消费习惯和文化。而我国大部分零售商把销售看成是简单的商品买卖过程，不了解顾客的真正需求，在销售过程中，服务不热情，与消费者沟通不够，没有意识到服务质量的重要性；在市场定位上，“千店一面”的情况严重，造成同地域、同档次、同类型的多家企业之间的竞争，偏重于眼前利益，缺乏长期性的考虑，没有寻求自己有利的竞争优势，建立经营特色。理念是一种无形资产，先进的经营理念必然会在市场反应、市场渗透、市场竞争等方面产生巨大的能量，直接或间接地冲击我国零售业。

（2）零售业态多样化，传统经营方式将受到冲击。20 世纪 50 年代至 20 世纪 70 年代末，反映计划经济要求的大中型百货商场加小型零售专业商店一统天下，业态结构相对单一。20 世纪 80 年代初至 20 世纪 90 年代中期，大型百货商场在数量及规模上进入鼎盛时期，但由于缺乏统一规划与管理，商场盲目建设、重复建设，且绝大多数大型商场的经营范围、品种档次、经营方式趋同。结果导致恶性竞争，造成大量资源浪费，效益滑坡，大商场时代由早熟期迅速进入衰退期。也就是在这一阶段，在外资零售业的影响下，超级市场、大卖场、专卖店、购物中心、连锁超市、便利店等新业态竞相出现、相互角逐，不断蚕食传统百货业的原有阵地，使传统百货商场效益滑坡，举步维艰。入世之后，中国全面开放零售市场，零售业态迅速同国际接轨，无论在业态种类，还是在某一业态的总量规模上，传统经营方式面临了更大程度的冲击。

（3）经营规模的冲击。进入我国零售市场的外资企业基本上以大规模、高集中度、连锁化、高技术的形式出现，不仅单个商店营业面积大、经营品种全、营销方式灵活，也能够做到统一采购、物流分销、仓店合一，因而在最大程度上节约了人力和物力，降低了采购成本。我国零售企业由于先天不足，规模小，零散度高，多属于单店经营。在连锁经营上，国内零售企业与跨国集团相比，更是无法抗衡。在这种格局下，国内零售业面临着极大的压力，保护期满后，国内零售企业受到的挤压将更为惨烈。

（4）营销战略的冲击。国外大型零售业已发展到社会营销的阶段，营销的目的是确定目标市场需求欲望和兴趣，比竞争者更有效地提供满足顾客的商品和服务。他们所考虑的营销方式是在企业利益、消费者需求和社会之间求得平衡。相比之下，国内许多零售企业的竞争手段仍停留在价格竞争中。价格是一把双刃剑，短期的价格争夺也许确实能够刺激零售业的发展、提高商场的销量、让消费者得到实惠，但从长远来看，无节制的价格战只会破坏正常的市场游戏规则，最终陷入营销困境。

（5）技术优势和成本优势的冲击。与国际化大公司相比，我国零售商在管理技术、采购技术、物流配送技术、信息技术等方面存在很大差距。以沃尔玛为例，现在沃尔玛已形成了“四个一”，即：“天上一颗星”，通过卫星传输市场信息；“地上一张网”，利用计算机网络进行管理的采购供销网络；“送货一条龙”，通过与供应商进行计算机连接，供货商可直接对沃尔玛的货架进行补货；“管理一棵树”，利用计算机网络把顾客、分店或山姆会员店和供货商有机联系在一起。先进的技术使外资企业的成本大大降低，如沃尔玛以相同价格销售同样商品时，可比竞争对手多获得至少 2.2% 的利润。反观我国的零售企业，网络基础设备建设不完善，财务管理、价格管理、库存管理等仍依赖于人的手工操作，极少建立系统的采购中心。据统计现有 30 多万个商业网点，使用计算机、收款机的商业企业不足 20%。中国销售前 10 名的超市和中国连锁百强的毛利润率，分别是 12.8% 及 11.95%，而国外平均是 20.56%；前 10 名超市和连锁百强的净利润率，分别是 1.77% 及 1.32%，而国外平均是 2.22%。

（6）商品优势的冲击。随着收入水平的提高，人们的消费观念、消费结构和消费行为也发生了很大变化。由于外资企业长期重视对目标顾客和消费结构的研究，所以其商品适销程度较高，在同等经营规模下，洋店能组合到更多更好的商品；在同样多的商品品种中，洋店能组合更多的适合居民消费的商品。此外，外资零售企业在品牌、服务等方面也有着国内零售业不可比拟的优势。

（7）资金实力的冲击。外资企业一般都是跨国公司，无一不具备强大的资金实力，我国零售企业目前处于低偿债能力、高债务成本阶段，大多负债经营。从 3 家国外著名零售商——沃尔玛、家乐福、麦德龙和3家排名前列的中国零售企业联华超市、华联超市、北京华联的长短期借款对比中可以发现，中国企业长短期负债总数明显高于国外企业。这种情况下，外资企业可通过多种融资渠道获得充裕的资金，而我国零售企业则很难融到资金，即使能融到资金，规模也非常有限。在外资企业采取先予后取、先亏后盈的市场战略下，我国企业很难与其抗衡。

（8）零售商业人才需求加大，流动加快。随着外资、外企的进入，零售业总量的增加，将对商业专门人才，特别是高级管理人才产生大量需求，而这些需求不可能完全依靠外聘人员和应届大学毕业生来满足。外企、合资企业优越的工作环境和薪金待遇，对国内企业高层次管理人才形成很大的吸引力，这必然会加速专业人才的流动。高级管理人员、营销人员、商用电脑和电子商务等专业人才将有更大的用武之地。

（四）对消费者的影响

（1）极大地丰富了人民的生活，满足了消费者多样化的需要。外资进入以后零售市场将变得更加丰富多彩，可以说最大的赢家是消费者。在有跨国零售企业的城市，居民节假日到这些商店购物成为大家一种消遣的方式。总体而言，跨国零售企业的购物环境较好，服务质量比较高，消费者对它们的信任程度也较高，可以满足顾客多样化的选择需要。

（2）过去国家利用配额限制了部分境外产品进入我国市场。入世之后，随着这一保护屏障的逐步消失，将会有更多的境外产品和服务参与市场竞争，买方市场的格局将更加稳固。竞争带来的直接后果，必将是商品品种更加丰富，商品及服务质量更加优良，商品价格更加优惠，而这一切都是消费者所渴求的，因而，最大的得益者当是消费者。

（3）有利于提高我国消费者福利。从消费者福利来看，零售业开放后，外资零售企业为了争夺我国市场必然对商品实行低价策略，而国内零售企业为了不被挤出市场也将不得不把商品价格定得较低，这样必将降低我国市场上商品的总价格水平，从而有利于提高消费者生活福利水平。

（4）有研究认为像沃尔玛这样的大型零售企业影响了每个美国人每天的生活。随着外资零售业在中国的进一步开放和深入人心，必将影响中国消费者的消费习惯、消费理念和消费模式。

进入20世纪90年代以来，我国消费者的消费理念、消费偏好均呈明显的个性化、多元化、异质化等特征，消费已进入消费选择时代。在这一时代，消费者已从过去单纯重视使用价值演变为既重视使用价值又重视消费价值，即开始追求消费者福利剩余最大化。客观地说，国内零售业还没有积极主动地迎合当前消费需求的变化，还没有把优质服务与企业生存联系起来认识，虽然也强调顾客至上，但在实践中总是有意无意的与之相悖，与外资零售业的真正以“顾客为中心”、处处注重实效、着眼于长远的现代营销观念相比，还差之甚远。外资零售商的规范性服务和竞争压力，将最终迫使零售业彻底转变服务观念和服务方式，克服短视行为和过分功利化倾向，树立诚信经商、礼遇顾客的良好服务模式，使顾客在购物过程中得到最大限度的尊重与满足，扩大消费者福利剩余，从而赢得商店自身的生存和发展空间。

参考文献

[1] 查尔斯·费什曼．沃尔玛效应［M］．中信出版社，2007.

[2] 尼尔·胡德，斯蒂芬·扬．跨国企业的全球化经营与经济发展［M］．中国社会科学出版社，2006.

[3] 朱甫．沃尔玛与家乐福——全球两大零售帝国的超级零售方法［M］．中国经济出版社，2006.

[4] 理查·哈默尔．沃尔玛王朝——从优秀到卓越的经营之道［M］．

天津科学技术出版社，2004.

[5] 黄敏. 外资进入对中国零售业的影响和对策 [J]. 江苏商论，2001.6.

[6] 龙玲. 外资零售业在中国的发展状况及其影响分析 [J]. 财贸经济，2001.

[7] 冯国珍. 跨国零售企业在华的业态战略及其启示 [J]. 企业经济.

[8] 荆林波. 外资进入流通领域对我国经济的影响 [J]. 商业时代·理论，2005.

[9] 徐印州. 新型零售业态的发展对中国商业格局的影响 [J]. 经济管理，1998.

[10] 傅肖岩. 外资对中国企业核心竞争力影响分析 [J]. 商场现代化，2007.10.

[11] 陈宏付. 论跨国零售业本土化战略及其影响 [J]. 企业经济，2006 (1).

[12] 王瑞丰，唐少清. 跨国零售企业中国市场营运模式比较及启示 [J]. 商业经济与管理，2005.6.

后金融危机时代日本企业的复苏和可持续发展战略

高千穗大学　新津重幸

摘　要： 2008年由雷曼兄弟公司破产引发的金融危机波及全球，日本企业对后金融危机时代的企业经营普遍担忧。本文通过对2009年日本畅销商品的分析，提出了后金融危机时代日本企业实现复苏和可持续发展的建议，即在国际、国内两个市场密切把握消费者需求，结合消费者的消费特点进行产品、渠道的创新。论文总结了后金融危机时代企业可持续发展的十个关键词。

关键词： 后金融危机时代　国际消费市场　消费意识　可持续发展　价值创造

一、日本企业的全球化战略

由雷曼兄弟公司破产引发的金融危机波及全球，许多日本企业家表示"后金融危机时代的经营状况令人担忧"。与之形成鲜明对照的是，以中国为首的新兴经济体仍然保持了持续性增长市场体系发展的前途光明、令人瞩目。

然而，日本企业的潜力也多次被证实。从中我们也可以看出，包括中型企业在内的日本企业在开拓国内市场，进入全新的全球市场方面，也许能遇到再次挖掘潜力的机会。

（一）国际消费市场的变化

自 2008 年秋的雷曼事件以来，商品的需求发生了变化。但是，有些企业仍然坚守之前的固定的商品结构，保持原有的市场开拓战略，导致营业额同比去年下降 50%，进入低迷状态。同时，中型企业的原材料产业业绩下滑，负面的连锁反应在不断持续。通过对 2009 年的畅销商品的研究不难发现，畅销商品与原有的商品结构呈现出较大差异，这种变化为未来的可持续发展指明了方向。之所以会出现这种现象，是因为日本人的消费心理发生了变化，不断向国际标准靠近。通过对发达国家的商品新结构的研究，我们发现这一变化趋势非常明显。

如今，不仅是中国，发展中国家的消费市场开始与国际接轨。包括中国、印度在内的这些国家为什么经历了雷曼事件之后还能如此飞跃式地发展呢？其中一个原因是这些国家迅速出台了相关政策。例如，日本一直以环保积分的形式向买入新环保家电的消费者提供补助，而中国在雷曼事件之后就与日本一样，向购买家电的农村消费者发放补贴，这样，低收入层改变了家电商品的消费行为，增加了耐用品的购买数量。

虽然日本的环保积分政策略有成效，但实际效果远不如中国明显。迄今为止，世界各大名企均以中国高收入阶层为市场战略目标，推动商品本地化，提高市场效率。在中国，能随心所欲购买商品的高收入阶层，目前大约有 1 亿人，与日本相比，已经是一个庞大的市场。而且自雷曼事件以来，中国政府向拥有大约 8 亿人口、贫富差距较大的农村地区发放补贴，扩大了消费市场。更重要的是，通过该政策，中国农村市场在巨大的变革中逐渐成长起来。

20世纪50年代，日本也曾推出过鼓励民众购买新家电商品的政策。当时，日本提出了“收入倍增计划”，试图通过鼓励民众购买洗衣机、冰箱等家电产品来扩大内需。中国的“家电下乡”政策稍有不同，即以世界经济衰退为契机，通过适当的补贴政策改善资金流动以此适应本国经济发展的需要。

消费市场的形成与完善并不仅仅局限于政府政策的支持，企业的努力同样不可缺少。大阪的一家男性化妆品公司Mandom在印度尼西亚和孟加拉国的创新就是一个典型的案例。该公司自2005年以来一直致力于东南亚低收入阶层市场的开拓。这些地区的消费市场完全不同于日本。比如，在印度尼西亚，低收入者的洗澡用水质量差，导致沐浴后身上会有异味。但是，一瓶Mandom对低收入者来说有些昂贵。因此，一般只有在和女性见面的时候，他们才会想到使用Mandom商品。针对这种情况，Mandom开发了能够装入口袋的一次性商品，成功地开拓出面向低收入者的市场。

中国政府实行的“家电下乡”政策有效地扩大了农村市场，其关键在于支撑这一政策的大型国有企业、民营企业的技术创新是否能够和农民的需求结合起来，涉及生产线、商品自身的改进等问题。对于企业而言，挑战在于：面对地域性需求结构的变化，企业的生产技术能否创新？生产能力能否能够得到强化？

（二）日本企业开拓海外市场的战略方向

近年，中国经济同日本高度经济成长期一样在不断发展，资金顺利流入市场，收益不断上升。许多中国经济问题专家认为，至少在五六年内中国经济不会低迷。然而，值得关注的是，在这种形势下，中国的经济存在着两方面的问题：一是房地产市场出现了泡沫经济的倾向；二是面对资金需求，应采取怎样的政策？为了抑制房地产投资，中国政府将购房首付由之前的20%提升到40%，可以说很好地协调了拉动内需与抑制房地产投资的政策。反观日本，面对全球市场，尤其是中国、东南亚市场采取了怎样的措施？目前，可以观察到三种方向性战略。

第一种以空调生产企业大金公司为代表，在国外开设工厂，进行当地市场的开拓。海外生产不仅能够利用当地廉价劳动力来提高生产效率，企业也希望通过推进高技术生产的本土化，用先进技术改变市场结构，开拓当地市场。同时，在国内研发更加先进的技术，试图用世界领先的技术扩大全球市场。

第二种方向性战略以夏普为代表。夏普的"第十代"是2009年的热销商品，使用了高端的LED技术。"次世代型"则是在南京的合作工厂生产，采取本地化战略，夏普后来卖掉了该商品的所有权，因为一台液晶电视在日本的售价已经低于10万日元了。然而，凝聚了"第十代"LED液晶技术的商品仍然在日本国内生产。夏普采取的战略是，在日本国内生产高品质商品，以相对地低廉的价格销往全世界。日本企业的全球化进程经历了四个不同阶段：先是购买原材料之后的廉价加工与日本国内市场的开发同时进行；为了提高日本国内市场的生产效率和价格竞争力，日本企业逐渐开始向海外市场扩张；之后，很多企业进一步在海外建设工厂，实现商品生产的本地化；随着所在国经济的发展和消费能力的提升，一些日本企业开始面向当地市场进行研发和生产，甚至销售。夏普代表另一种模式，即全球化领先的技术型商品在国内生产，以比较低廉的价格推向世界市场。

第三种是海外生产基地的转移。这个问题不仅在中国存在，在其他国家同样存在。转移的目的是降低技术含量相对较低的商品的成本。在中国，为了追求更低的成本、提高生产效率，企业将沿海地区的生产设备转移到内地。但是，在中国国内进行生产基地的转移，会面临手续复杂等诸多难题。其结果是，日本企业的一些生产基地从中国转移到了东南亚各国（越南、印度尼西亚、孟加拉国、马来西亚等）。当然，也有一些东南亚的生产基地转移到中国国内。这种战略以本土化为前提，通过生产基地的有效转移，实现本土化的市场战略。

（三）本土化战略的多样性

上述三个案例对日本企业全球化战略的趋势有一些启示，即战略都应面向市场进行商品结构变革，但是形式不是单一的而是多元化的。可以说，在中国的市场经济环境下，日本企业多元化的本土化战略呈现出不同于以往的特点。

虽然有一些经营者敏锐地察觉到了市场潮流的变化，并采取了新的战略。但是，日本企业仍然普遍存在这样的幻想：只要质量好，价格即使高一些也不影响销售。雷曼事件之后，以发达国家为中心，出现了世界性的商品供给过剩现象，加上原料价格上涨，导致商品销售越来越困难。面对这样的状况，日本企业必须改变商品结构、提升生产效率、开拓有效的本土市场。此外，世界范围内出现的流动性不足倾向造成发达国家的消费意愿的持续低迷，即使是日常必需品也呈现出价格走低的趋势。日本超市的自有品牌也从“一分钱一分货，便宜没好货”的思路向“优质低价”的战略过渡。根据市场状况改变营销战略模式的努力不仅适用于商品供给过剩的发达国家，也适用于中国等发展中国家。

由于这种战略转变洞悉了消费者的心理变化，率先改变了现有消费结构，有望再次抓住了成长的机遇。因此，后金融危机时代，企业有必要再度审视本企业的产品结构和所处环境。

二、日本消费者的意识变化和商品结构变革

通过对日本2009年热销商品排行榜的分析，不难看出后金融危机时代日本消费者的意识变化和商品结构变革的必要性。

（一）2009年日本热销商品排行榜

《日经MJ》刊登了《2009年的热销商品》的报告，如表1所示。

表 1　2009 年热销商品排行榜

	商品名	短评	商品名	短评
①	环保车	丰田汽车的混合动力车普锐斯连续六个月在新车销量榜排名第一。10 月为止已销售 15 万台。因为环保车减税、低燃费，所以车销量情况好	超低价牛仔裤	由快速零售商 GU 推出。990 日元的商品席卷市场，永旺和西友争先模仿。以医疗价格急降为特征的商品
②	自由(麒麟啤酒)	没有酒精的特色饮料。11 月为止已卖出 340 万罐。其他企业也在 9 月底加入	LED	与白炽灯球和荧光灯相比，照明时更省电，更耐用。同时用于液晶电视中。
③	不合规格的蔬菜	农业界的新型产品。因为形状不整齐而以相对便宜的价格售出的野菜销量激增。直销所内排成长队，小型耕耘机也变得热销	饺子王	在餐饮业不景气的大潮流中，顾客量高，保持一家独胜的状态。4 月到 9 月，现有店的顾客数增加了 19%
④	以旧换新	从百货店，超市到成衣店，家电卖场都在推广。在西武百货店则被常规化	推特	最多可输入 140 字的微博。名人和企业也开始使用。使用者在一月之间就超过了 250 万人。
⑤	新洁霸（花王）	能够缩短洗衣时间，也能减少水电的消耗。满足了环保和节约的要求，销量增加了 20%	勇者斗恶龙 9（史克威尔艾尼克斯公司）	销售量已超过 400 万，位居同系列销售量榜首。社会中出现了通过通信系统交换道具的现象。
⑥	快速时尚	继去年的 H&M，四月份进入日本的美国 Forever21 的一号店在半年内便聚集了 300 万人。场面盛大。	Fit's（LOTTE 公司）	口感柔软的口香糖。3 月底至 10 月底已卖出 5000 万个。由于生产赶不上销售，一度停销。
⑦	韩国旅行	韩元贬值使背包旅行在 10—12 月之间上升了 3～7 成。旅行社的酒店确保业务发展迅速。	佛像	端庄的阿修罗像展览会吸引了 190 万人前往参观。全国的古寺附近有女性佛像粉丝出现。
⑧	应对新型流感的商品	在 Seven - eleven 便利店，口罩的销量翻了 3 到 7 倍。Nanoe 空气净化器等清洁家电也得到支持。	UNO FOG BAR（资生堂）	不会凝固的雾状喷射式男性护发用品。“无石蜡”的概念和崭新的广告也成为话题

资料来源：2009 年 12 月 2 日（三）日经 MJ「2009 年热销商品排行榜」摘录。

排名第一的为混合动力车。在日本国内，环保汽车产量持续攀升。以汽油为燃料的汽车市场则持续低迷。追求实用和维护的经济性，还能享受政府补贴的环保汽车改变了日本社会的生态结构。虽然消费者可以从购买环保车能够为社会做贡献的想法中获得满足，但是如果使用不便也会影响购买意愿。包括混合动力车在内的环保汽车经济性很高，使用也很方便。这些因素促使消费者做出购买环保车的选择。不仅是日本，全球汽车产业都朝着“比起汽油，电动更好”的方向发展。可以说，消费者心理的变革是市场结构变化的主要原因。环保车与混合动力车的结构变化在今后必将带来全球消费结构的变革。像优衣库的发热面料“Heat Tec”那样具备高性能、高质量的商品在2009年同样受到消费者的青睐，也取得了理想的经济效益。

（二）消费者心理感知的变化

20世纪90年代开始，包括中小型企业在内的日本企业就以全球竞争为前提，开发高品质的原料、先进的生产工程和生产技术。如今这种技术开发已被商品化，成功转变成环保车、快速时尚之类的独立商品。这些成果绝不是在短期内能完成的，需要长时间的技术研究和开发。从中也能够看出日本企业的潜在能力还很大。

从全球范围看，时尚潮流随着消费者心理感知的变化而变化。因此，金融危机之后企业需要在保持高质量的同时，追求价格优势。虽然现在电动汽车的价格仍然相对较高，但是如果所有汽车都是电动车，汽车消费市场将发生翻天覆地的变化。

实际上，消费者、市场专家对现有汽车形态和结构的讨论从来就没有停止过。一些专家认为，短距离移动时需要一种介于自行车与汽车之间的新交通工具。在中国，已经出现了填补这种空缺的简易汽车，这种商品的推出对于保护环境有着积极的意义，因此可以称为绿色环保产品。后金融危机时代，顾客的消费心理发生了巨大的变化，也逐渐变得成熟。因此，2009年的热销商品如果能在保持技术领先的同时，在全球市场中还能保持价格竞争力，那么就有可能创造出世界范围内的需求。

如今，中国、印度、东南亚国家飞速成长，低收入者逐渐变成中收入者，这样就构建了一个巨大的市场需求量。以环保家电为例，要在注重提高质量、延长使用时间的同时，还要追求使用的经济性（使用的经济性即耗能与经济负担的减少）。家用能源的经济化（用太阳能发电）也是同样的目标。这些例子中的企业都已经认识到了消费者心理的变化。

（三）后金融危机时代的市场必然性

麒麟啤酒充分意识到政府对醉酒驾驶的法律管制，进而研发了酒精含量0%的无醇啤酒“free”。“free”最先出现在郊外公路边的饭店中，如今已成为所有餐饮店必备的商品。换句话说，麒麟啤酒公司成功地构建了市场的必然性。事实上，20世纪80年代，札幌啤酒也推出过酒精含量接近0的商品，但是由于当时对醉酒驾驶的舆论和认识不够，所以市场必然性的作用也很弱。

市场必然性的变化也同样出现在不合规格的蔬菜和衣料上。一些企业能够捕捉到社会的必然性，探索市场的需求，并将这种必然性变成了热销商品。2010年以后的市场开拓中，如何抓住需求的必然性变化是极为重要的。以超低价牛仔裤、优衣库、Forever21、H&M为代表的低价衣服的席卷已成为潮流。热销的根本原因在于改变了生活价值的品质优越性。例如，优衣库的Heat Tec不仅解决了面料不防寒的问题，还具有休闲时尚的风格。

“时尚的喜好”是一种非常模糊的说法。比如“质量”“风格”“适合自己的感觉”等说法就具有非常感性的因素。为了追求“时尚的喜好”，优衣库设计的周期逐渐变短。有人认为，优衣库的低价格策略阻碍了经济的发展，这种观点是错误的。优衣库的时尚建立在解决生活困难的技能和感性上，具有使用方便的品质优越性，而且这种低价的商品价值结构正在不断完善。

超低价牛仔裤也同样体现出市场的必然性。当然，对牛仔裤有执着追求的消费者会购入著名制造商的名牌牛仔裤。然而，对于只是将牛仔裤当作休闲裤的消费者，往往更愿意追求在穿着质量与低价之间的平衡。在快速时尚的潮流中，对于是否已拥有高品质、时尚以及低价的商品是非常必要的。消费者的“时尚的喜好”发生了变革，这是符合全球化市场战略的。

（四）消费概念的变化

20 世纪 90 年代，购物中心的成长主要依靠服装。但是，从 20 世纪 90 年代后半期开始，消费者希望出现生活馆，可以在这里进行时间消费。“时间消费”与“购物”不是一个概念。为了提高购物中心的价值，引进知名品牌、增加相应店铺的努力是必需的。但是，消费者在不断追求既可以购买商品、又可以进行时间消费的场所。因此，企业应该明确顾客来店的目的，提供相应的服务，如文化、健康、医疗方面的服务。餐饮消费也同样存在消费趋势的变化，即由之前的以购买为主逐渐转变为时间消费。这些都可以视为日本购物中心发展的原因。

在提供时间消费场所的同时，开发必需品、支持生活空间也能满足消费者的心理。热销商品排行榜中，使用了 LED 的夏普液晶电视 AQUOS实现了最先进技术和经济性的结合。LED 使耗电量显著下降，在保证高画质和高品质的同时，增强了电视的耐用性。

笔者曾经听到一位中国朋友对日本电器质量的评价。这位朋友介绍，家里使用的洗衣机是日立牌，多年使用而从来不需要维修，而其他电器在购入不到三年都进行了或大或小的维修。因此，在中国经济成长的过程中，以大型企业为中心的生产技术和产品质量将成为左右改革成功与否的重要命题。

为了解决这个命题，企业应去除生产过程中冗余的部分，精简工程，削减成本。另外，企业有必要重新思考这样一个问题：当地消费者实际所追求的品质与商品性能是什么？换句话说，不能一味地照搬日本国内的品质、商品性能和构造，而是应该结合当地市场特点力求改善。

（五）受金融危机冲击较小的畅销商品共性

《日经流通新闻》将2009年畅销商品的特点概括为四个方面，同时形象地用四句话说明了其含义。

一是“姜是老的辣”，指深得好评的拳头产品、老牌畅销商品如果能够不断地开拓，有望形成长寿商品，从而实现由畅销商品向长寿商品的大突破；二是“衣食足而知价廉”，意为消费者正在变得更加精明，呈现出同时追求生活质量及性价比的倾向；三是“抛故而知新”，过去的经验法则及常识到了今天已经行不通，为了应对消费者的诉求，企业有必要抛弃至今为止的固定观念，推出不拘一格的新商品；四是“有甘无苦”，指消费者对安乐、对生态的关注日益重视，希望能够得到除去“环境破坏”“亚健康”等“苦”的商品和服务。在一些行业，已经出现商品以旧换新的尝试。

（六）东急热门商品的经验数据

同样是对消费品趋势的研究，著名百货企业东急公司内设研究机构的结论与日经流通新闻略有差异。东急公司每年都发布“热门商品大奖”，依据为“QPRTM数据，即随机抽取个别消费者，用便携扫描仪将其购买的商品逐一扫描后得出的购买数据，从而分析出热门商品、受关注商品和消费倾向。

东急的数据表明，“有益于……”或“有益无害”成为热销商品的关键词，如“有益环境”“有益健康”“有益情绪”等。事实上，以食品、杂货为中心的健康保护、食品保护、个人保护等生活保护型商品的销量也有所增加。

例如：“有益环境”的商品中，以“简单地改变世界的水”为卖点，日本可口可乐公司的I Lohas矿泉水因在拥有高度的生态意识的同时，使用低树脂含量的瓶子而备受关注。此外，花王也推出了只需洗一次的环保洗涤剂“新洁霸”。作为环保商品，这些商品被反复购买，销量不断增长。

而作为“有益健康”的商品，“零卡路里、零糖分、零防腐剂”一直是热门话题，这些商品正在席卷市场。以“促进新陈代谢的饮料”为卖点的花王的碳酸饮料Healthya，以“助消化的乳饮品”为卖点的森永乳业的“牧场天空”也在继续成长。

表2　2009年热销商品的试用与复购率

	品牌	制造商	试用		复购率	
			13周	26周	13周	26周
有益环境	I Lohas	日本可口可乐	7.48	13.00	40.15	44.91
	新洁霸	花王	5.33	－－	35.24	－－
有益身体	三矢零卡汽水	ASAHI饮料	10.72	16.58	37.74	44.21
	SPARKLING	花王	6.23	7.61	35.63	40.20
	ASAHI OFF	朝日啤酒	7.22	9.38	43.30	45.72
	杯面	日清食品	4.39	6.25	22.78	30.67
	牧场天空	森永乳业	13.53	19.37	29.84	45.19
	Fit’s	LOTTE	5.15	7.08	24.19	28.91
	轻脆小土豆	江崎格力高	5.22	7.21	24.72	30.94
	松松软软小面包	山崎面包	2.02	8.26	12.68	38.28
	唤醒身体的早餐咖喱	HOUSE食品	1.94	2.94	18.57	21.70

续表

	品牌	制造商	试用		复购率	
			13 周	26 周	13 周	26 周
有益情绪	Dororich	格力高乳业	4.68	－－	21.79	－－
	TEAS' TEA	伊藤园	6.78	－－	30.13	－－
	麒麟 FREE 啤酒	麒麟啤酒	4.70	7.72	30.00	33.69
	The Straight	三得利酒业	6.69	8.49	37.15	42.29
	Chipchop	明治制药	4.89	－－	18.95	－－
	顶级洁净洗衣液	LION	2.83	4.96	27.45	39.66

注：数据时间：2008 年 12 月—2009 年 11 月

对象商品：推出 13 周以上的新产品（是 11 周）

试用：买该商品超过一次的人的比例

复购：试用的人中购买过两次以上的人的比例

资料来源：http://www.tokyo-agc.co.jp/qpr/091214hit2009detail.pdf.

软绵绵的口香糖（LOTTE 公司的 Fit's）、轻薄爽脆的小零食（江崎格力高的轻脆土豆条）、松松软软、口感新鲜的面包（山崎面包公司的“松松软软小面包”）等将消费者的体验、使用价值、使用实际效用与经济效益结合起来，大受消费者的欢迎。另外，坚持不贱卖，不屈从于流通压力，坚守自身价值的商品也不在少数。

多福公司是一家生产中高端调味品的企业，虽然其产品是调味品中最贵的，但消费者都把多福调料当成大阪烧、铁板烧等料理的必需品。为了创造价值结构，该公司还开展了商品销售、商品生产的启蒙活动。例如，让全体员工考取大阪烧的指导师资格、参与策划店面或地区的贩卖演示和地区活动、通过提出改进菜单建议等务实技巧来研究市场动态等。

如果将热销商品概括为一句话，就是“从商品销售的世界中创造概念的社会观”。虽然这种说法从 20 世纪 80 年代起就有了，但对于指导今天的市场营销活动仍然具有重要的意义。如果停止对概念创造的研究，不以它来构建市场战略体系的话，企业在市场中的价值就很难维持，维持商品的必然性、必要性也会变得困难。

“Healthya”系列产品可以说是在创造概念的经典案例，该产品通过一系列的广告宣传，灌输给消费者对新陈代谢这一概念的认识和价值意识。

作为另一个关键词，“有益情绪”的含义是，重视能使人放心、安心、心情愉悦等心理价值的新感觉商品。能使人舒缓下来的红茶、安心饮用的啤酒风味饮料等就是其中的例子。

表3　热销商品中的保护倾向

倾向		商品群
健康保护	新型流感对策	口罩、湿纸巾、咳嗽药、体温计、洗手液
食品保护	自制	点心、蜂蜜
	家庭意式料理	橄榄油、通心粉
	一人简单料理	面包、杯面
	碳酸饮料	碳酸口味、苏打水
	家用经济酒	烧酒（甲类）、烈酒、甜酒
个人保护	礼仪	漱口水、口气清新剂、护齿用品、止汗剂、香水
	美容（男性）	男士洗面奶、男士乳液、男士生发液、男士头发喷雾、男士口红、男士染发剂

资料来源：http：//www. tokyo - agc. co. jp/qpr/091214hit2009detail. pdf.

通过上表可以发现，三个“有益……”倾向与健康、食品和个人的保护密切相关。也就是说，后金融危机时代消费者的生活防卫倾向很强烈。虽然该说法很抽象，但在消费观念中，除生活防卫之外，经济效益的防卫同样存在。因此，商品的使用价值，即消费者能否从商品中感受到这种经济效益的价值是十分关键的购买因素。

价格低廉确实是商品流行的重要原因，但其本质是维持绝对的品质竞争力，同时要使产品与消费者所处环境相符，追求与消费大环境的融合。

食品保护也包含了家庭就餐的趋势，与经济形势密切有关。据称，金融危机之后的2009年，按惯例举办年终联欢会（即“妄年会”）的日本企业总体减少。其直接结果是，以连锁居酒屋为代表的餐饮业业绩低迷。居酒屋为了应对消费低迷，探索菜单方面的改革，如将菜品的平均价格降低到200～380日元的范围。然而，终端售价的降低不能影响原材料配送等环节的安全性。因此，相对成本提高了。为了解决这类问题，一些企业开始尝试开发新的运营模式，如在农田以外（说大厦）种植蔬菜。从结果上看，餐饮企业中，努力追求优质菜单与经济效益之间的平衡的企业正在成长。

此外，“创新”也是企业所追求的关键词。创新与食品和流行时尚一样，经常追求其新鲜感。“与他人不同、与往常不同、还是新鲜的”可以说是“永远新鲜”的关键词。

三、服务于可持续发展战略的企业价值创造

通过对2009年日本热销商品的分析，不难发现：后金融危机时代，企业制订战略的10个关键词，在此一一列出，但受篇幅所限不做进一步的展开说明。

（1）企业的品牌价值和社会事业价值的联动。包括：①企业的社会必然性和生活价值间的联动；②生活创造和实现必需的生活价值的途径及企业价值的再生；③经济支援、生活创造支援、社会支援及企业价值的再生；④数字网络社会中企业价值的再生；⑤直接接触机会的创造和企业价值的再生。

（2）健康品质、生活改善消费和生活必需品的创造。包括：①生

活习惯改善途径与生活必需品的创造；②提高简易性的途径与生活必需品的创造；③提高舒适感的途径与生活必需品的创造；④健康品质价值的创造与生活必需品的创造。

（3）生活方式的变化与商品范畴价值的变革。包括：①在家就餐倾向对策与商品范畴价值的变革；②健康对策与商品范畴价值的变革；③生活构造变革的技术价值、折扣价格价值的对策与商品范畴价值的变革；④舒适度对策与商品范畴价值的变革；⑤消除不方便、不愉悦感觉的对策与商品范畴价值的变革；⑥有益环境、有益身体、有益情绪等健康品质的范畴价值的变革。

（4）企业间协作与附加价值提升途径。包括：①生活建议与商品种类的协作，如餐饮企业的菜单与饮食教育之间的合作；②制造商、批发商、零售商的协作，如销售问题的解决方法、人才培养等领域的合作；③与卖场协作建立区域性的社区，如建设生活参与型的卖场；④产品线及产品组的协作中的生活方式创新计划；⑤技术协作中的事业创造；⑥IT 网络运用中的合作事业创造等。

（5）面向客户资产化的人力资源管理。具体包括：①面向客户资产价值创造的职能技术及人才培养，如通过培养营养师、导购师、IT 咨询师等途径为消费者提供生活支持，同时实现价值创造；②以提升客户满意度为目标，进行人力资源管理的价值创造；③灵活运用 IT 网络，进行客户资源创造；④从卖商品到卖概念的专业人才培养；⑤积分制的有效利用和客户资源化；⑥专业人才价值的评估与人事制度及工作满意度的形成。

（6）营业方式价值变革与运营范式变革。具体表现在：①对生活集聚性营业方式的深化和对特卖型营业方式的深化的分层运作；②在店铺饱和情况下对现存店铺的营业价值的复苏；③直销、预约销售的价值再生与店铺营业方式运作的创新；④跨越性的组织活动框架和创造顾客共鸣的营业方式；⑤专业人才培养和评价合作伙伴建议的营业方式；⑥实现地域社区化的创造性营业方式；⑥购物中心的复苏与社区业态化。

（7）对全球市场创造的范式变革。可以考虑到的努力包括：①从单个产品的生产和单独销售，转变到产品组合的销售和采购模式；②当地人才的培养、灵活运用技术和日本的职能人才的品质标准与成本控制的范式变革；③从单一的本土化到团队协作的本土化中实现价值创造；④对环境商业化的探索与对再生资源商业化的探索；⑤全球价格价值的创造和当地化的商业框架的确立。

（8）技术开发、技术创新的持续与企业价值创造。包括：①充分认识到非连续技术开发和技术创新的重要性；②推进包含原材料在内的整个供应链的持续创新；③直接采购和直接市场开拓中的产品、商品的增值化；④中小企业的技术能力发掘和协作体系的确立；⑤技术开发和商品、产品市场化体制的确立。

（9）社会事业最优化中必需的企业价值创造。具体包括：①对顾客、老客户抱怨的解决和最优化处理；②剩余价值中概念创造和商品的必需性创造；③在培养专业人才中顾客、忠实客户问题的商业化解决；④企业协作中附加价值的商业化；⑤剩余价值社会里的商品附加价值化和必需性创造。

（10）社会性企业品牌价值、商品品牌价值的创造。包括：①可持续的经济效益；②技术保证的品质和生活构造的创新；③价格的实惠感与市场战略创新；④品牌定位的价值构建与再创造；⑤对创造公司价值、拥有社会意识的人才的培养。

值得说明的是，“企业品牌价值与企业社会价值的联动”并不是停留在“本公司致力于推动二氧化碳减排”等抽象宣言的层面上，而是意味着必须用实际行动展示作为企业如何助力于解决环境问题、推动生活质量提升的变革。实际行动不仅包括销售商品或服务，还包括创造理念并进一步固化为企业文化。不仅如此，还需要努力使消费者通过不同的购买时点、购买网络的触点实际感受到这种文化。

从这个意义上讲，“生活合作社”有着新的含义。随着网络购物的普及，送货上门成为常态。企业尤其是食品企业正在努力构建高度关心社区成员、结合饮食教育的先进消费者社区。与那些店铺改革进行不下去的零售业巨头相比，生活合作社为零售企业的范式变革提供了新的可能。

四、研究结论与讨论

本论文在分析金融危机对消费心理、消费市场影响的基础上，结合对2009年日本热销商品的分析，提出了后金融危机时代企业战略制订的10个方向。由于时间、篇幅的限制，未能对10个关键词进行更详细的说明。事实上，企业间的合作已经成为市场营销战略的重要内容之一，如零售企业相互进入对方的渠道、创造性地向消费者提供生活建议、创造概念是企业间合作的关键，这一点在餐饮行业已经得到证明。

附加价值销售作为策划和制度是否会被采纳对于构建行之有效的市场战略体系和人才体系至关重要。比如，在跨国经营中，日本企业拥有先进的技术和销售体系，如果能够再商品开发、市场构建方面与所在地企业合作，势必能够创造更大的价值。

人力资源管理方面，日本企业已经做出十分有益的尝试，如多福公司推出的大阪烧指导资格证、明治乳业推出的营养师资格、UCC上岛咖啡推出的咖啡顾问、NTT Docomo的IT顾问等。目前，不少日本企业投入人力物力，鼓励员工取得各类执业资格证。然而，这些技术运用到哪里？怎么运用？仍然有待解决。人力资源价值与客户价值的形成密切相关，必须要引起关注。此外，企业需要努力促进社会事业的最优化，即企业必须形成稀有价值。换句话说，对顾客而言，企业及其所提供的商品、服务都是不可缺少的。

中国天生国际化企业的关系网络

中央财经大学　葛建新

摘　要： 天生国际化企业（Born Globals）是指那些在建立之初就以拓展海外市场为目标的企业。这样的企业之所以在建立之初就能进入海外市场的原因之一，就是拥有发达的企业关系网络。本文通过回顾天生国际化企业关系网络的相关文献，概括出企业关系网络在天生国际化企业进入海外市场方面有较强的推动作用，并且有助于企业克服资源不足等限制。青岛金王集团的案例刚好验证了这个观点。

关键词： 天生国际化　企业关系网络　案例研究

一、天生国际化企业的界定

20 世纪 70 年代中期，一些北欧学者以企业行为理论研究方法为基础，提出了企业国际化阶段理论。这一理论被称为“U－M 国际化模型（Uppsala Internationalization Model）”。在对“ U－M 国际化模型”质疑的著述中，引用了一些并没有遵循国际化过程的案例，这些案例企业在成立之初就积极进行国际市场的拓展并实现国际化经营，即所谓的天生国际化企业（Born Globals）。

目前对于天生国际化企业的定义尚无统一的界定，在国外存在多种与天生国际化企业类似的命名，如国际新企业（International New Ventures）（Oviatt 等，1994）、高科技化小企业（High Technology Start - ups）（Jolly 等，1992）、早期国际化企业（Early Internationalizing Firms）（Rialp 等，2005）和即时国际化企业（Instant Internationals）（Preece 等，1999）等。这些命名所指的都是快速国际化的中小企业。

Oviatt 和 McDougall（1994）将天生国际化企业定义为“从成立的初始阶段就使用多个国家的资源以及在多个国家的市场中销售产品并从中获得竞争优势的企业组织”。这一概念的提出引起学术界对天生国际化现象的关注，对中小企业国际化的理论是重要的补充和发展，但不足之处是未对成立时间、销售额等指标做出定量分析。

Knight 和 Cavusgil（1996）则增加了员工人数、年销售额等方面的衡量，认为天生国际化企业指的是“那些从成立的早期阶段就在国际市场范围内经营的小型技术导向型公司”，这些公司的员工规模小于 500 人，年销售额低于 1 亿美元并且使用边缘领先技术，这些公司生产的高技术产品能够满足特殊利基市场的需求。

目前，企业成立时间与企业初次参与国际化的时间之差是对天生国际化企业做定量分析时常用的标准，尽管尚未形成统一的认识，但多数学者的观点是在 2—6 年之间。

天生国际化现象并不完全是新现象，Knight 等人（1996）研究发现此类企业的大量出现是在 20 世纪 80 年代末。天生国际化企业并不遵循传统的国际化进程，而是在成立后很短的时间内就进入国际市场，甚至是在成立之初就瞄准国际市场，仅仅把母国看作对其国际经营的支撑。

澳大利亚、丹麦、加拿大、挪威、以色列、瑞典、挪威、芬兰的天生国际化现象出现较早，为此学者们认为这是由于这些国家内部市场容量小而导致。随着美国、英国、德国、法国等学者也发现了本国的天生国际化企业现象，学者们逐步渐认识到天生国际化企业的成因并不能仅从市场容量来解释。从行业来看，天生国际化企业的行业范围日益广泛，尽管最初学者的研究假设都是基于高新技术行业，但越来越多的研究发现在服务行业、水产行业等传统行业同样存在天生国际化企业。从产品特性上看，天生国际化企业通常立足于国际利基市场（niche market）生产技术领先的产品，比如科学仪器或者机床等，它们凭借过硬的质量、工艺和技术创新等独特优势参与国际竞争。

二、天生国际化企业的关系网络

目前学术界关于天生国际化企业的研究主要集中在形成条件及企业特征两个方面，从指导实践的角度看，形成条件的研究具有很高的价值，学者的研究角度主要包括企业家能力、组织学习及关系网络三个方面。实际上这三个方面的研究相互影响，企业家精神、组织学习能力与网络的构建在本质上是密不可分的，尤其是组织学习能力与关系网络的联系更为密切。而关系网络对天生国际化企业的起步具有至关重要的意义，能够为企业创造进入海外新市场的机会或者是由于信任关系的存在降低运营的成本；直至天生国际化企业的发展阶段，由于市场范围具有国际化的特性，且企业规模较小、经验少，关系网络依然是天生国际化企业发展的重要推动力。因此，本文着重研究天生国际化企业如何借助企业关系网络快速实现国际化经营的目标。

（一）企业国际化的网络模型

Johanson 和 Mattsson（1988）提出了企业国际化的网络模型，该模型在社会交换和资源依赖的基础上分析产业内企业的跨国经营活动。它将产业系统看作一个企业间的关系网络，网络中的各企业互相依赖、互相补充，企业在产业中的活动是企业建立、维持、发展网络关系的一种不断积累的过程，这种网络积累决定了企业的市场地位，而企业的市场地位体现了企业对其他企业所扮演的角色、对其他企业的重要性以及与其他企业关系的紧密程度。因此，网络模型的核心观点是：单个企业的生存依赖于其他企业所控制的资源，企业是通过其在网络中的地位来得到这些外部资源。根据网络模型，国际化依赖于组织的一系列的网络联系而不是企业特质的优势，企业国际化是一个网络联系不断的建立、发展、维持和当企业目标达到时分解的过程。

这一模型体现了网络具有动态演化特征，企业在逐步投入的市场活动中不断建立新关系、维持和发展现有关系的同时，而另一些旧关系也可能因为某种原因而破坏或断裂。这种改变和发展过程是渐进的，往往需要一个时间过程。在不同时间点上，企业有着不同市场位置（market position），这个市场位置源自之前企业自身或其他企业市场活动的结果，同时也构成了企业后续发展的网络机会和某些约束可能。他们认为，企业国际化实际上就是企业在国际市场网络中建立、发展网络关系、调整自身网络位置的过程，

（二）天生国际化企业的关系网络

McDougall 等人（1994）指出，天生国际化企业与其他企业最显著的区别就是成立开始就具有全球视野，它们需要动用资源来开展国际化经营，但是这些被使用的资源不一定是企业自己所拥有的资源。这一观点使得许多对天生国际化现象的研究将焦点放在企业的无形资产方面，Zahra（2005）研究发现关系网络就属于无形资产。Andersen（1996）认为网络关系可以触发商业机会并促使企业进入国际市场。Coviello 和 Munro（1995）发现所研究的企业均倾向于利用它们网络伙伴的市场和分销能力来促成自身业务的国际化，因此他们认为，网络内部存在的正式和非正式关系不仅扩大了企业国际化战略和进入模式选择的范围，同时也扩大了可供利用的资源的范围。Welch（1992）认为，由于采用了战略联盟或者合资等制度安排，中小企业获得了额外的关系从而提高了对国外市场的渗透能力。Vida（2000）研究认为，网络对获得企业缺乏的知识和经验至关重要，小企业可以通过网络获得更多的有关国际化的

默会性知识与能力。Coviello 和 McAuley 的研究表明，对于创业型高科技企业的国际市场发展，其外国市场的选择、最初进入机会的创造以及在国外市场从事与营销相关联的活动是通过正式和非正式的网络联系实现的，这些网络联系促进了企业的快速成长，并影响其国际化过程。他们认为通过网络进行扩张的原动力来自企业内群体的网络联系的构建以及开发和利用。这些网络联系可以通过两个层面获得，一是在新的国外市场建立新的网络联系，二是从现有网络中寻找与目标国的联系。此外网络关系可以帮助企业与当地的分销商、供应商、代理商等企业建立联系，并提供网络关系中的最初的信任和信用，这些都为中小企业快速进入国际市场创造了条件。

从上述研究中我们可以得出如下推论：第一，关系网络对天生国际化企业进入海外市场有很大的推动作用；第二，天生国际化企业通过一种特殊的网络管理它们的销售和市场活动，通过网络它们寻找与自己能力、资源相互补充的合作伙伴，尤其针对它们有限的资源。

三、青岛金王集团案例

青岛金王成立于 1993 年，主要从事家居用品、洗浴用品、石油开采、蜡烛产品及零售业。2006 年 12 月，青岛金王在深圳证券交易所成功上市。金王集团已经与 56 家进入全球 500 强商业企业中的 17 家建立了贸易伙伴关系。其中，位于前 10 位的有 8 家，包括美国的 Wal - Mart、Sears、德国的 Metro、法国的 Carrefour 等世界著名跨国连锁经营集团。其销售网络已经覆盖欧美、东南亚、南美等 42 个国家和地区。在美国、欧洲、越南等地设立了 24 家分支机构，全球拥有员工 5000 余人。

青岛金王的创始人陈索斌从北大经济系毕业后，到美国读工商管理硕士。回国后，和几个伙伴办起了企业。他认为，金王集团较好地把握住了三次大的发展机遇，实现了三次大的跨越。第一次是从踏入国际市场、开阔视野到主动出击进军国际市场，实现了从被动应付国际市场到主动开拓、抢占国际市场的跨越；第二次是从“拷贝”外国品牌产品，到开发欧美玻璃、蜡烛系列产品市场，最终到开发自主知识产权产品的跨越；第三次是从委托外商代理间接销售，到把握国际商业流行趋势，实现国际连锁经营的跨越。金王集团正是凭借这些跨越式的发展取得了竞争优势

概括而言，金王集团作为中国天生国际化企业的典型代表，从企业关系网络而言，其成功之处体现在以下三个方面。

第一，及时把握国际市场机会。天生国际化企业的显著特征是关注客户需求并能做出灵活的反应，主动寻求市场机会。青岛金王集团是一个完全依靠国际市场的隐形冠军，它逐步确立了一系列明确的经营思想和理念：瞄准国际市场，产品100%出口；瞄准发达国家的消费需求，重点开拓欧美市场；瞄准国际连锁经营，重点加盟世界500强连锁店。

第二，金王集团拓展海外销售渠道的具体方式有参加具有影响力的国际展销会、与跨国集团建立直接贸易伙伴关系、设立海外销售基地、建立具有销售功能的网站等，将企业关系网络资本的效益发挥到了最大化，这些网络关系的综合运用为青岛金王在全球市场树立了良好的企业形象。目前，金王已在美国、欧洲和韩国设立集设计、销售、生产于一体的子公司，一个不断满足客户个性化需求和服务的国际化网络正越来越快的贴近客户。

第三，企业关系网络的学习效应是金王集团的强项。沃尔玛对金王的产品和工厂提出了要符合“六西格玛”的要求，包括原材料的采购、生产制造工艺、物流、财务等方面。沃尔玛给金王制订了一个三年的提升计划方案，目的使金王全面地达到其“六西格玛”要求。沃尔玛还帮助金王建立高效的运作管理系统和产品质量控制系统，使之成为自己持续发展的战略合作伙伴。金王不仅仅是卖货给沃尔玛，而且获得了价

值远高于“有形资产”的“无形资产”。金王通过与沃尔玛合作，快速地实现和沃尔玛的运作接轨，储备了丰富的海外市场知识，使其产品和业务流程的设计更加符合海外市场环境。

金王集团在国际化经营中的许多做法值得借鉴，对天生国际化企业的发展具有特殊意义，比如：金王集团具有清晰的经营理念和战略规划，它坚持自主创新、注重研发设计，并与高校、科研机构合作提升创新效率，在发展关系网络时注重合作者的示范效应，为打造良好的企业形象和品牌形象提供了有利条件。这些理念和措施是金王发展关系网络、实现国际化经营的关键因素。

四、进一步研究方向

一般而言，天生国际化企业一开始都是中小企业，在规模经济、财务资源等资源方面相对匮乏，但是它们大多在成立初期充分利用关系网络将劣势转化为优势。在进入国际市场的初期，这些企业利用关系网络源于哪些驱动因素？企业应如何构建网络以获取竞争优势？在以后的研究中，我们将进一步构建天生国际化企业关系网络模型，拟从关系网络的驱动因素、关系网络的形成因素、天生国际化企业的发展三个方面进行研究。关系网络的驱动因素表示为关系网络形成的驱动力，它说明了关系网络的发展对于提升天生国际化企业全球竞争力的必要性和重要性；关系网络的形成要素主要描述了天生国际化企业关系网络的行为主体；天生国际化企业的发展则结合天生国际化企业的特征，突出该模型适用于天生国际化企业的特点。

参考文献

[1] Oviatt, McDougall. Toward a theory of international new ventures [J].

Journal of International Business Studies, 1994 (1): 45 - 64.

[2] Jolly, V., Alahuhta, M. & Jeannet, J. P. Challenging the incumbents: How high - technology start - ups compete globally [J]. Journal of Strategic Change, 1992, 1: 71 - 82.

[3] Rialp, A., Rialp, J. & Knight, GA. The Phenomenon of early internationalizing firms: What do we know after a decade (1993—2003) of scientific inquiry [J]. International Business Review, 2005, 14: 147 - 166.

[4] Preece, S. B., Miles, G., Baetz, M. C.. Explaining the international intensity and global diversity of early - stage technology - based firms [J]. Journal of Business Venturing, 1999, 14 (03): 259 - 281.

[5] Knight, G. A. & Cavusgil, T. S. The Born Global Firm: A challenge to traditional Internationalization theory [J]. Advances in International Marketing, 1996 (08).

[6] Johanson, J. & L. G. Mattsson. Internationalization in Industrial Systems: A Network Approach in strategies in global competition [M]. Neil Hood and Jan - Erik Vahlne. London: Croom Helm. 1988: 287 - 314.

[7] McDougall, P. P., Shane, S. & Oviatt, B. M. Explaining the formation of international new ventures: The limits of theories from international business research [J]. Journal of Business Venturing, 1994, 9 (6): 469 - 487.

[8] Zahra, S. A theory of international new ventures: a decade of research [J]. Journal of International Business Studies, 2005 (36) 20 - 28.

[9] Andersen, O. The International Market Selection: A Relationship Marketing Approach [C]. Paper presented at the AIB Conference, Banff, 1996, 26 - 29.

[10] Coviello, N. E. and Munro, H. J. Growing the Entrepreneurial Firm:

Networking for International Market Development [J] . European Journal of Marketing, 1995, 29 (7): 49 -61.

[11] Welch, L. S. The Use of Alliances by Small Firms in Achieving Internationalization [J] . Scandinavian International Business Review, 1992, 1 (2): 21 -37.

[12] Vida, I. An Empirical Inquiry into International Expansion of US Retailers [J] . International Marketing Review, 2000, 7 (4/5): 454 - 475.

日本零售企业在华发展战略：以永旺为例

高千穗大学　竹内庆司

摘　要：本文以永旺超市进入中国零售业市场的海外发展战略为例，构建了零售企业海外发展战略的理论框架，同时考察了中国零售市场的变迁以及外资零售企业在中国的发展状况。

关键词：外资零售企业　海外发展战略　中国零售市场

永旺综合超市的前身是佳世客超市。1970 年 4 月佳世客超市由冈田屋、二木以及位于关西的西罗连锁超市合并成立。20 世纪 70 年代中期，佳世客在超市业界销售额位居第三，仅次于大荣超市和西友超市，最终确立了永旺全国连锁综合超市的市场地位。2001 年 8 月“佳世客”正式更名为“永旺”，2002 年永旺单体销售收入达到 17012 亿日元，成为超市业界内仅次于大荣的市场领先者，2003 年总销售额达到了 35462 亿日元，超越了伊藤洋华堂，成为日本零售行业的领头羊。

但是由于近几年日本国内消费需求大幅下降，很多零售商面临销售额和利润额同时下降的局面，永旺也不例外。从 2009 年当期决算的亏损情况来看，永旺净损失为 27.6 亿日元，只能做赤字决算。从财务数据来看，虽然销售额为52307亿日元（与前年同期相比增加了1.2%），但营业利润却只有1243亿日元（与前年同期相比减少了20.3%），毛利润为1260亿日元（与前年同期相比减少了24.2%），当期净亏损为27.6亿日元，虽然收入增加但利润却减少了。从损益汇总来看，由于个人品牌“top value”开始向集团公司大荣、丸悦等销售，因此销售额与前期相比增加了139%，即增加了3687亿日元的销售利润。但是由于经济大幅度衰退，利润率较高的服装类商品的销售额降低，因此拉低了总业绩。

鉴于这种情况，永旺对日本国内的开店计划进行了大幅度调整，大型综合超市的分店数量只限于3家；加快小型超市“my basket”的连锁步伐，从现有的29家分店增加到100家分店。2009年2月，永旺宣布停止或延缓全国7处本已确立的购物中心店计划。具体情况如下：2009年春天永旺在千叶县野田市发表声明将重议购物中心的开店计划。虽然千叶县木更津市、福冈县大牟田市等5个地方的设施已经配备，但由于分店的承租人数不够等原因，开店时间延期到2010年以后。并且决定取消2010年在茨城县笠间市开设购物中心分店的计划，且永旺超市已将此消息告知对方。

目前，永旺在国内市场的发展情况如上所述。作为开拓新市场的发展战略，永旺很早就开始着手推进开拓中国市场的计划。2008年11月7日北京国际商城购物中心正式开业。这是永旺在中国市场发展史上最大的项目。从一系列的发展措施来看，今后中国很有可能成为永旺最大的市场。但是中国经济发展过程中也包含着众多风险因素，因此2009年之后，永旺提出了减少对中国进行投资的计划。本文以永旺在中国的发展为例，构建了零售企业向海外发展的理论框架，考察外企零售商在中国的发展状况以及中国零售市场的变迁。

一、永旺在中国的发展状况

1985 年在中国香港成立的“佳世客香港分店”标志着永旺正式进军中国市场。1995 年，作为中国内地的第一家分店，永旺在广州设立了“佳世客天河城店”。之后又在中国的不同地区陆续开设了分店。自 1995 年在中国内地成立第一家分店以来，永旺一直积极促进在中国的投资，目前运营着包含 5 个购物中心在内的 25 家分店。而北京国际商城购物中心是决定永旺未来在中国发展方向的最重要的战略据点如表 1 所示。

表 1　永旺在中国的发展状况

1985 年 12 月	在中国香港设立佳世客专卖店（现永旺专卖店），1987 年 11 月开店
1990 年 7 月	永旺信用卡服务在中国香港设立当地法人永旺信用卡服务（亚洲）
1995 年 12 月	佳世客专卖店（中国香港）与位于中国广东省广州市的广东天贸百货有限公司合并，成立了广东吉之岛天贸百货有限公司，1996 年 7 月在广州市中心开设 1 号店。
1995 年 12 月	与嘉里百货商场等合并成立上海佳世客有限公司、1996 年 9 月在上海站附近的开发区开设上海第一家店（2000 年 7 月停业）
1996 年 3 月	与位于山东省青岛市的供销合作社联合社合并，成立青岛东泰佳世客有限公司。1998 年 1 月在开发区开设郊外型购物中心。
2002 年 5 月	佳世客专卖店（中国香港）与深圳现代友谊有限公司、深圳中州城市广场有限公司合并，成立了深圳吉之岛现代友谊百货有限公司，2003 年 9 月在深圳市市中心开设 1 号店。
2004 年 9 月	在广东省深圳市设立了香港佳世客专卖店的子公司，旨在中国本土强化开设店铺、发展物流，商品流通方面的功能。
2006 年 3 月	新设中国事务负责人（执行官），由现任亚洲事务负责人来负责中国事务，于 4 月开设北京事务所。
2008 年 11 月	作为北京的第一家店，永旺国际商城购物中心开业。该店除了有中国最大规模的 SC 直营超市佳世客外，还有 104 家专卖店。

北京国际商城购物中心作为中国华北地区的第一家分店，是一家大规模的购物中心。2008 年 11 月 7 日在北京正式开业。新开的购物中心位于北京的新型住宅区，离市中心大约 30 分钟的车程。商业设施面积为 91700 平方米，除了直接经营佳世客超市以外，还承包 104 家专卖店，配备了能够停放约 3000 辆车的停车场。主要目标人群为拥有私家车且生活方式比较保守的 30～40 岁的家庭成员、以及对时尚潮流比较敏感的 20 岁左右的年轻人。租户构成包括：以佳世客超市作为核心店铺，并设置 104 家专柜。如“宜家”“塔尔博特日本”“罗兰爱思日本”“蓝草音乐”“百万体育”等。

由于在市中心区域要与“沃尔玛”“家乐福”等大型外企零售商展开激烈竞争，永旺必须在商品货源组织以及服务方面谋求差异化，否则很难在激烈的竞争环境中胜出。因此，佳世客致力于研发食品的安全放心政策。比如，经营当地的有机蔬菜，将生产者的信息呈现给消费者等。此外，永旺还致力于在卖场整体范围内实现细致周到的服务。如：一层以时尚为主题，让人在衣食家居方面感受度较高；二层是家庭全员都能享受的家庭娱乐层。此外，永旺在中国市场上还采用了与生活方式或场景相结合的提案，也就是被称为“永旺生活馆”的咨询服务。

2008 年，永旺制订了在中国的长期发展规划：预计在天津等中国华北地区开设 10 家连锁店，2010 年前在中国的连锁店数量由现在的 25 家增加到 100 家，将年销售额从现在的 1500 亿日元增加两倍以上，达到 3500 亿日元以上。

永旺开发中国市场的背景包含了日本国内经济不景气以及对国内分店销路不畅的担忧，这两方面的原因使得在 2008 年 2 月的总核算中，利润与前年同期相比减少了 13.4%，因此永旺决定关闭不需要核算的 60 个分店。在北京郊区设立的大型购物中心作为永旺减少国内投资，增加对中国市场投资的新战略，成为永旺今后在中国发展的试金石。在 2008 年 3 月的核算中，永旺在国内需求低迷的情况下，仍然实现了

46500亿日元的销售额，但是由于国内市场的激烈竞争、市场萎缩等严峻环境一直在持续，而且这几年在进军中国市场的战略中投入巨大，使得在2009年2月产生了27.6亿日元的净损失。然而令人不甚满意的是，由于中国市场发展缓慢，永旺不得不缩小当前在中国市场的扩张规模。

二、永旺海外发展的中长期战略

永旺作为零售商企业，很早就把目光投放在中国及亚洲市场。《成为全球前十的构想》这份方案表明了永旺的发展方向。在2001年1月举办的经营政策发表会上，当时的佳世客社长冈田元作了如下发言："我们的目标是满足顾客需求，并在2010年成为世界10强企业。因此，我们2000年度的主题是：变革或死亡。现在有很多企业越来越偏离世界平均水平，而我们的目标是为了更接近世界平均水平而努力奋斗。"

1997年6月，46岁的冈田社长阐明了在世界性大型零售企业进军日本市场的潮流中变身为世界企业的重要性。即在2010年前总销售额达到7万亿日元，净营业利润增加5%，跻身于世界零售商前十位。即"全球前十"的构想。成为全球十大零售类企业的关键步骤是对亚洲市场的开拓。从市场开拓时间来看永旺进军亚洲的过程主要分为两个阶段：第一阶段，1985—1994年开始开拓马来西亚、泰国和东南亚等国家及中国香港市场。第二阶段，在1995年进军中国大陆以后，在广州、青岛、深圳相继成立中日合资企业。2000年以来，中国市场在永旺的进军亚洲战略中所占的比重逐渐增加。中国成为《成为全球前十构想》中的一个重要环节，为此永旺设立了两个目标：一是在2010年以前以广东省为中心，在中国开设100家连锁店；二是在华南地区成为首屈一指的零售商。为了实现其目标，第一步是在广东省设立50家分店，拥有包括中国香港、青岛在内的中国本土的70家连锁店。因此，永旺的亚洲进军战略虽然分为前期东南亚、后期中国这两个阶段，但可以说主要还是拓展中国市场。

三、永旺在中国的未来发展方向

2009 年后半年，永旺不得不重新评估在中国的开店政策。由于全球金融危机的影响，中国个人消费也变得不景气。根据永旺所做的统计，往年能在中国实现 15% 的销售增长率，但 2008 年销售增长率大幅下滑。如前所述，2008 年 11 月 7 日开业的北京国际商城购物中心作为永旺在中国华北地区的第一家分店，是一家大规模的购物中心，该分店的销售额对于永旺今后在中国的发展战略有着重要作用。但是该分店在这一年间的经营结果对于永旺来说却是始料不及的极大的打击。因此，2009 年 9 月，综合考虑到本身业绩恶化、中国经济衰退以及个人消费持续低迷的状况，永旺提出了减少在中国投资的方案。具体来说，原先计划今后永旺将自筹资金建设 3 成以上的购物中心，现在下降为两成。并且为了降低成本，永旺增加了由其他公司运营的购物中心的承包店的数量，曾经计划的在 2011 年前增加 100 家分店的计划也降低到 50 家左右。

当初的开店计划如下：第一，投标购买土地的使用权，自己出钱建设购物中心；第二，与当地的自治集团等合资开店；第三，把开发商开发的购物中心作为核心店铺开店。原计划采取这三种方式相结合的开店方式。但是，在最新修改的方案中，由于方式一投资金额太大，因此决定出店形态的 80% 都采用方式二和方式三。除此之外，永旺对开店数量也做了大幅度的下调计划，这一期（到 2010 年 2 月底为止）只保留 7 家，下一期（2011 年 2 月底为止）保留 10 到 15 家。

四、零售企业进军海外类型的确定

零售企业向海外市场扩张，主要是由什么因素决定的？本节试图以先前的研究为基础，对零售企业的进军海外类型加以确定。首先，明确生产地向他国转移的制造业的海外进军情况。其次，明确为扩大销售市场而扩张的零售企业的海外进军情况。

（一）制造企业进军海外的类型

迄今为止，关于制造业国际化的分析，已经有很多评论。在此，试列举产品生命周期论、推拉理论、折衷（OLI）理论。

（1）产品生命周期论。

在产品从市场成熟并逐渐走向衰退的背景下，不只是处于领先地位的制造商，大多追随制造商也可能利用生产经验来大幅削减成本。然而，在市场中如果不考虑新的需求，是无法在技术上占据优势地位的。也就是说，大幅削减成本在很多情况下只是无奈之举。因此，许多制造商便开始追求将生产地转向劳动力成本较低的发展中国家，以降低成本。在日本国内，从高度成长期后的白色家电、黑白电视、1980 年后的收录机、文字处理机，还有大多的 AV 机器、OA 机器来看，就能明白大多数制造商已经将产地转移了。

（2）推拉理论。

一般进军海外的本土企业，对本国的需求规模、市场动向、商务法规、制度框架、商业惯例等都很精通。因此想要进军海外，并在当地经营业务的企业，首先便处于很多不利情况。但也正因如此，想要进军的企业也有了一些优势地位，比如，拥有使产品差别化的品牌，保持技术专利化的优势地位，可以利用广阔覆盖市场的流通网，或者说可以充分发挥规模经济等的一些差别化的优越性。

（3）折衷（OLI）理论。

进军海外的企业必须要具有以下三个竞争优势中的一个或全部优势。一是企业品牌或产品拥有所有权特定优势；二是从地价、租金、人工成本等差异和因市场结果的地域带来的优势；三是内部化优势。

（二）零售企业进军海外的类型

大多情况下，制造商的顾客就是其他的制造商，也就是说制造商的顾客是辐射在各处的批发商和零售商。相比之下，零售商的顾客，一般是限定在选定商区的消费者。另外，零售业是所选地企业，是适应所选国、所选地域生活文化的重要典型国内企业。如果不遵循所选国或是地区消费者的需求、购买行为，企业是无法发展成长的。必须详细调查该国的经济、社会、文化环境，竞争条件，商业惯例，法律制度，以寻求合适的应对方法。本文通过两种分析方法证明这个结论。

（1）驱动因素分析。

这是在 OXIRM 上的评论分析。对欧美零售商进驻亚洲市场的动机是从市场环境、法律规定、经营战略、及其他因素这四点来分类的。从分析来看，欧美各国强化的开店规定和市场成熟化这种生产推动因素，同亚洲地区放宽、废除的外商投资规则及高速经济成长需求拉动因素相契合，使欧美有实力的零售商能进驻东亚如表 2 所示。

表 2　从欧美零售业看亚洲零售业国际化的驱动因素

进入动机	推动因素	拉动因素
市场环境	人口增长缓慢 经济增长缓慢、停滞 零售市场的成熟化 竞争激烈	人口增加 经济持续增长、扩大 零售市场的成长力 经营规模的经济性 竞争不激烈 基础设施不断完善

续表

进入动机	推动因素	拉动因素
法律规定	开店限制强化 税率高	关税、资本自由化 放宽开店、经营限制 放宽外国就业者的限制 优惠税率
经营战略	国际化重要性的认识 追随其他公司	因地理上的多边化分散风险 吸引人的不动产投资机会 （地价下降）
其他	股东给予的持续增长压力	有利于投资的汇率

资料来源：OXIRM，1997.

（1）零售商国际化类型的分析。

Alexander认为，从国内市场成熟度及该企业国际化的发展程度来看，零售业的国际化类型可分为“土著型”“被动型”“能动型”“发展型”四个类型。根据这种分类，在国内市场成熟化和强化的开店限制的背景下，向接受开店请求的东南亚市场进军的永旺，以及早期进驻中国的“伊藤洋华堂”都属于“被动型”，与之相对的“家乐福”“乐购”“沃尔玛”早期就已经进入到“发展型”如图1所示。

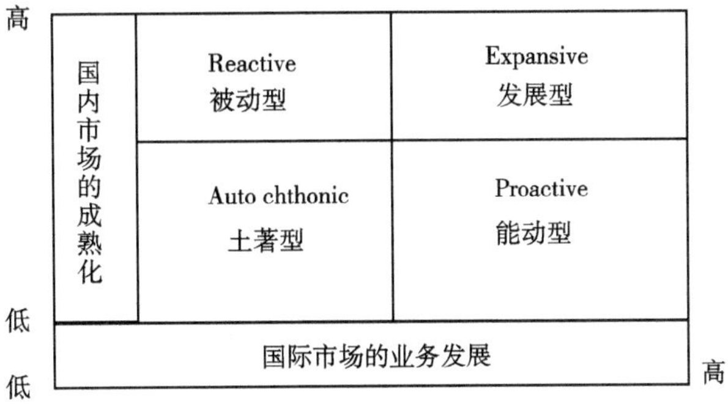

图1　零售商国际化类型的分析

资料来源：Alexander, International Retailing, Blackwell Business, Oxford: 1997, p. 130.

如图 1 所示说明了某个零售商向海外进军的步骤。任何零售商尝试进军海外时，除了各个企业的战略之外，还受到进驻国的拉动因素和国内的推动因素这种宏观环境变化的影响。具体来说，中国需求增加的主要原因是：随着经济的增长人们的收入增加；因限制放宽使得进驻变容易；因大量日企进驻中国，在海外的工作人员及他们的家属组成了一定规模的市场。外资零售商的国内推动因素包括：因经济低迷导致消费需求不足；因市场的成熟化和竞争激烈化导致国内开店余地缩减；人工费、开店成本、电煤费等居高不下。

五、外资零售企业在中国零售市场的发展状况

（一）中国零售市场的变迁

中国的零售市场中混杂了各种各样的零售商，这显示了其正快速成长，但与日本和欧美各国相比，生命周期较短。中国零售市场的概念包含以下几点：1950 年前后，由几家大型百货店和大量的小规模商店组成的零售市场形成。之后的中国，在很长一段时间内大多数的消费品都是在国家计划经济体制下被商务部和供销社高度集中管理的。但是 1978 年实施改革开放政策后，流通环境大大改善。中国的经济改革，从打破僵硬的供给体制开始，向农作物流通的自由化、非国有企业自由进入市场转变。1992 年，在“社会主义市场经济”环境下，进行了国有企业所有制及政府职能改革。在这种大环境下，零售市场也开始了流通渠道缩短化、零售业变革的进程，并且引入了外资主导的零售业的发展，1990 年左右像超市、便利店这种以前在中国零售市场没有出现过的零售业经营方式，开始在大城市陆续出现。

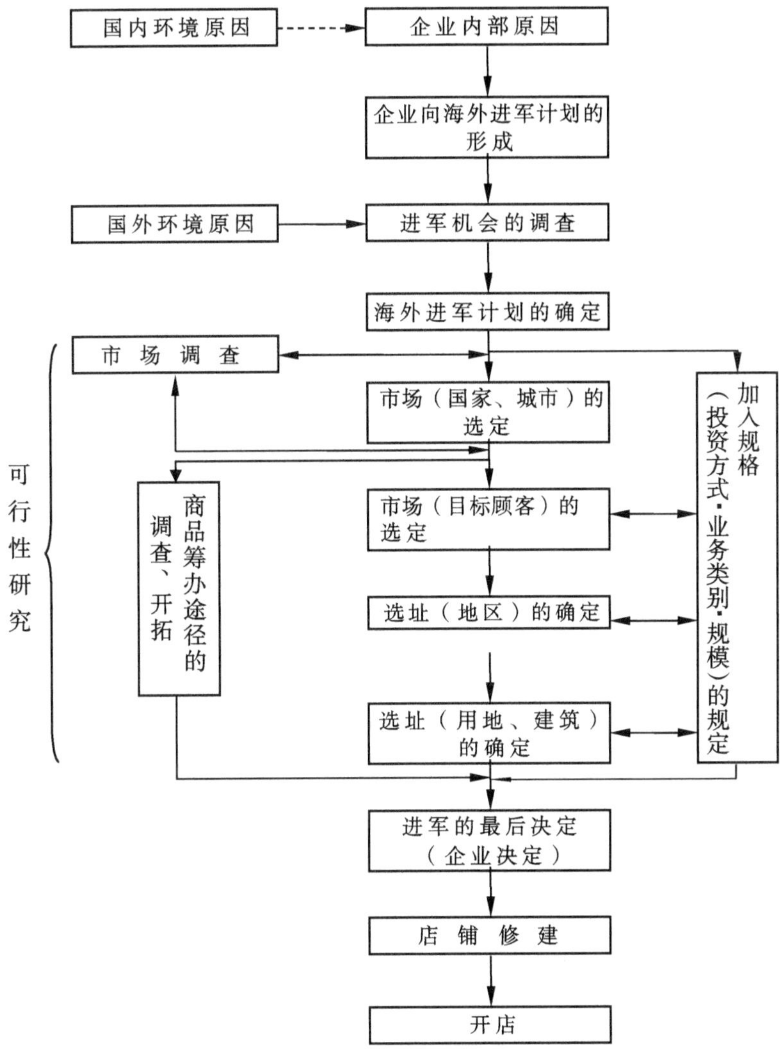

图 2　零售商进军海外的流程

资料来源：川端基夫《零售商的海外进军及战略》新评论，2000 年：p. 101.

表3　中国零售业的基本分类

营业方式	定义	店铺面积等	经营方式	其他
百货店（百货店）	大型建筑内分部门卖商品，采购、管理、运营等活动也按每个店铺自己实行	$5000m^2$ 以上	按定价卖，可以退货	以店员的服务态度为首，提供综合服务
SM（超市）	采用自助方式，主要经营生鲜食品和日用杂货等生活必需品的营业方式	$1000m^2$ 左右	自我服务的方式。在出口处的收银台一起结算	一天营业时间在 11 小时以上。有停车场
大型综合 SM（大型综合超市）	采用自助方式，以生活实用品为中心，·站式购物机制完善的营业方式	$2500\ m^2$ 以上	自助的方式	设有和店铺面积相匹配的停车场
CVS（便利店）	以顾客便利性需求为主要目的的营业方式	$100\ m^2$ 左右	自助的方式。统一结算	营业时间为 16 ~ 24 小时，全年无休
专柜（专业店）	以某种同类商品为中心，销售人员具备专业知识，并且提供一定的售后服务的营业方式	根据卖的品牌不同而不同	按定价销售	店员有丰富的专业知识
直营店（专卖店）	拥有某种品牌商品的直营贩卖和制造贩卖权，为满足消费者品牌消费的需求的营业方式	根据卖的商品不同不一样	销售数量少，品质高毛利率高，按定价销售	店员有丰富的专业知识

续表

营业方式	定义	店铺面积等	经营方式	其他
SC（购买中心）	计划开发各种营业方式和娱乐设施，拥有运营企业的集合体	以百货店和 sm 为核心店铺的各种专卖店，直营店，入住饭店	各店独立经营	服务机能是全面，零售、食品。餐饮一体化，有大停车场
仓库型SM（仓库贮存式商店）	以消费品为主体，仓库和店铺兼用，以低价格贩卖，提供会员制等限定服务的营业方式	10000 m^2 左右	低成本的小型中型零售商，面向食品店主、企业大量销售	以开车来购物为前提，有很大的停车场

资料来源：柯丽华，现代中国的零售业，2007，90。

该分类标准发表于 1998 年。2004 年发表的“零售业分类”中又分为以下十二种商铺经营方式和五种无实体店经营方式。商铺经营方式包括：食品杂货店、便利店、折扣店、超市、大型综合超市、仓库型超市、百货店、专柜、直营店、家庭购物中心、购物中心、厂商直营店；无实体店经营方式包括：电话购物、邮购、网店、自动贩卖机、电视购物。

（二）外资零售企业进入中国零售市场的情况

当然，并不是所有进入中国的外资零售企业都能成功。相当一部分企业面临各种各样的经营难题，并被迫以各种形式撤出。日本企业中，20 世纪 90 年代开店的也因日本国内的店铺经营不善被迫倒闭，并在变卖所有店铺的过程中，最初荷兰皇家阿霍德集团买下了八佰伴超市的22家店面，但也于1999年撤出上海市场，最终“八佰伴”将1号店百货公司股份转让给了中方出资人。西友也将在上海开设的4家超市转让给了中方出资者，2000年，中国的大型店铺最终倒闭。

现在的中国零售业市场，大型外资零售企业正激烈交锋。来自欧美、日本各国的有竞争力的零售企业，以及中国香港、中国台湾和其他亚洲资本也掺杂其中，展开了庞大的中国零售市场争夺战。入境的零售业者基本上具备以下条件：丰富的现代化的经营技术；店铺品牌的国际竞争力强；具备获得全球商品配置和规模经营这样有利条件的竞争优势。

中国零售市场中的主要外资零售企业的入境情况如表4所示。中国零售企业（包含了销售额排名前10的企业和主要外资零售业企业）如表5所示，其中外资企业中进入销售榜前十位的只有家乐福，永旺则排在第54位。

六、永旺在中国市场的发展战略展望

（一）日本主要零售企业对中国市场的海外发展战略

如前所述，截至到2011年，永旺已经增加到100家店铺，超出了之前预想的50家。此外，开店的形式也有了新变化：一是通过投标取得土地的使用权，然后自己出资建造购物中心；二是与当地自治体合组开店；三是将开发商开发的购物中心作为核心店铺开店，并明确了采用这3种方式的分别构建三分之一的店铺的想法。

Seven－Eleven已经开始进入北京、成都市场。2010年伊藤洋华堂（综合超市）在北京已经从7家店发展到12家，成都也从3家增加到5家，达到17家的规模。另外，Seven－Eleven（便利店）的直营店发展到62家的同时，为推动在中国的区域营销在当地设立了子公司。此外，在北京也开了两家食品超市。Uni2011年年末在中国设立综合超市，并计划扩大香港的食品超市。和泉屋2010年上半年在中国苏州设店，此后形成以苏州为轴的五家店铺经营模式。罗森计划扩大在2007年年底就已经达到278家的便利店规模。Family mart截至2009年2月在中国大陆、中国台湾及韩国、泰国、美国开设的便利店相比前期增加了640家，达到了7328家店铺的规模，店铺的海外开设率接近50%。虽然各公司都在为扩大中国市场的市场占有率而尽最大努力，但是考虑到中国市场的疲软情况，实现目标仍然存在困难。

（二）永旺在中国市场的发展战略

在中国市场上，永旺的主营业务收入在零售业界综合超市销售额排名第54位、处于竞争力弱、收益不理想的状况。而且为了推进今后在中国业务的开展，作为先行试金石的“北京国际商城购物中心”也面临严峻的挑战。

表4　主要外资企业进入中国的情况

（2003年3月至今）

公司名（国家·地区）	营业额（亿元）	店铺数	经营方式	开店地区
家乐福（法国）	110	35	超市	北京、上海、天津、重庆、哈尔滨、潘阳、大连、成都、武汉、长沙、南京、无锡、苏州、昆明、广州、深圳、东莞、珠海等19个城市
太平洋百货店（中国台湾）	110	8	百货店	上海、成都、重庆、北京、大连
好又多（中国台湾）	100	52	量贩店	广东省、重庆、四川省、湖北省、福建省、浙江省、云南省、陕西省

续表

公司名（国家·地区）	营业额（亿元）	店铺数	经营方式	开店地区
大润发（中国台湾）	86	35	量贩店	上海、江苏省、山东省、浙江省
华润万佳（中国香港）	86	39	大型超市，超市	北京、天津、广东省、江苏省、浙江省
百盛（马来西亚）	68	28	百货店、超市	北京、上海、重庆、大连、成都、绵阳、武汉、长沙、南京、合肥、广州、贵州、兰州、扬州、淄博、无锡、青岛、呼和浩特、汕头等
沃尔玛（美国）	60	26	超市中心，邻近商店	生活用品、衣服类超市：深圳、东莞、汕头、福州、昆明、大连、潘阳大型俱乐部：深圳、福州、昆明、长春、北京等 邻近商店：深圳
麦德龙（德国）	53	16	现购自运批发	上海、南京、无锡、宁波、福州、武汉、重庆、长沙
乐购（中国台湾）	50	22	超级商场	上海、杭州、大连、沈阳、丹东、石家庄、天津
卜蜂莲花（泰国）	33	12	超级商场	上海、杭州
普尔斯马特（美国）	30（40）	30＊	大型廉价商店超市中心	北京、昆明、天津、成都 、青岛、沈阳、中山、重庆、绵阳
百佳（中国香港）	18	19	大型商场、超市	广东省、北京
伊藤洋华堂（日本）	17	3	综合超市	北京、成都

续表

公司名（国家·地区）	营业额（亿元）	店铺数	经营方式	开店地区
Macro（荷兰）	16	6	现购自运批发	北京、广州（2003 年撤出广州）
百安居（英国）	16	8	专营店	上海
欧尚（法国）	8	2	超市	上海、无锡、苏州、杭州
欧倍德（德国）	7	4	专营店	上海
宜家（瑞典）	7	2	专营店	北京、上海
7 – ELEVEN（中国香港）	6	132（614）＊＊	便利店	广州、深圳
吉之岛（日本）	2.2	7	综合超市	广州、青岛、深圳、珠海、东莞等＊＊＊

资料来源：矢作敏行《中国和亚洲的零售业革新（2003）》p. 38.

注：①＊据公司官方网站公布，C&C 和 warehouse 店只有 11 店铺经营。

②＊＊括号内是 7 – Eleven Japan 公布的店铺数。

③＊＊＊进入广东的店由香港佳世客管辖，青岛店由总公司直接进入。

表 5　中国销售榜前十的外资零售企业销售额统计

分类	排名	企业	营业状况	外资方	销售额（万元）	较前年增长率（%）	店铺数	较前年增长率（%）
前中方独资或合资零售企业	①	国美电器集团	家电专营店		8693000	74	820	92
	②	百联集团			7709457	8	6280	2
	③	苏宁电器集团	家电专营店		6095237	53	520	43
	④	华润万家	GMS、SM、CVS	中国香港	3785344	26	2250	11
	⑤	大连大商集团			361500	20	182	13
	⑥	家乐福（中国管理咨询中心）	GMS	法国	2480000	53	95	53
	⑦	物美控股集团			2311869	22	728	12
	⑧	北美华联集团投资控股			2120000	2	76	3
	⑨	农工商超市（集团）			1962600	12	1857	18
	⑩	上海大润发	GMS	中国台湾	1958720	25	69	15
重外资零售企业	①	沃尔玛(中国)投资	GMS、SM、会员制批发	美国	1503181	30	71	27
	②	锦江麦德龙现购自运	会员制批发	德国	936733	24	33	22
	③	上海康诚仓储	GMS	英国	930000	17	47	21
	④	永旺（中国）商社	GMS	日本	321955	23	11	0
	⑤	伊藤洋华堂商社	GMS	日本	210000	18	6	20

资料来源：商务部商业改革发展司、中国连锁经营协会“2006年中国连锁店百强”。

根据白贞壬氏（2003）提出的“不同阶段差别战略行为”，重新审视一下永旺在中国市场上已采取的战略行动。如图3所示是“不同阶段差别战略行为”的概念图。该图根据零售企业海外战略的计划和行动分为加入时和加入后两个阶段。换言之，随着时间推移，进入市场的环境会发生变化，相应的零售业的战略也会改变。特别是零售业，无论在国内还是国外，把连锁化原理作为基础是很重要的。

总之不同阶段差别战略行为与当地零售业的标准化、适应化相关联，分为进入期和稳固期两个阶段。首先，进入当地时的标准化、适应化是以新进入企业相对已进入企业的经营状况是否有创新为依据的。如果有创新，作为第一位的标准化战略，完全有可能开设和本国一样规格的店铺。其次，当地市场稳定期的标准化、适应化是以处理与先进入企业竞争关系为依据的。根据进入时的标准化战略，若向当地市场转移的模式已经成功，效仿者的出现可能会引起竞争。如此一来，进入时所称的革新性差异化优势就会丧失，而进入的企业为了挽回这种局面，被迫采取从标准化到本土化的战略转型。然后根据竞争关系和外部环境的变化反复调整部分战略行动。

在这样的情况下，制定适合当地市场的标准。通过不断修正试行标准的错误，很多店铺都采用了适合当地的模型，再一次确定标准化的战略。换言之，无论在国内还是国外，零售业的成长轨迹都必须经过基于连锁化的本土化下开设多家店铺的过程。这里所指的进入时追求的第一标准是在开设与先进入国及本国相同布局的商店，制订相同的商品供应计划，以及实行相同的组织形态和经营方式等方面进行转变，这意味着国际水平的标准化。综合大型超市永旺的经营形态就是在第一标准下的形态。但是，随着越来越多的效仿者加入，竞争环境发生了变化，那么综合商社永旺的差别化优势也可能会变得越来越弱。

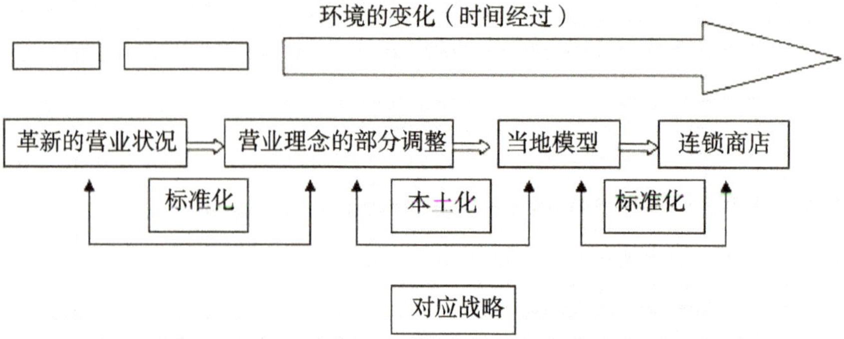

图3　“不同阶段差别战略行为”的概念图

资料来源：白贞壬，全球化下零售商本土化的过程及其阶段解析，日本商业学社《流通研究》第6卷第2号P46。

（三）永旺在中国市场的多元化设店战略

永旺进入中国市场是从2009年夏便利店的设店开始的。具体来说，永旺集团的迷你岛（mini stop）在中国的开展始于2009年夏在山东青岛设立第一家店，此后仅一年的时间，店铺数量就增加到10家，并发布了5年内在山东省扩展到200家店的计划。面向中国开店，而设立了为其直营店的开设和运营、及为当地特许加盟店的招商和指导提供服务的运营公司“青岛迷你岛”（青岛市），资本基金500万美元（约5亿日元），其中迷你岛出资占60%，永旺子公司青岛永旺出资40%。

迷你岛从2009年2月底到现在，除了日本的1939家店铺外，在韩国设店1091家，在菲律宾设店240家。到目前为止的中国扩张修正案仅限于这个方向，永旺也在考虑今后，即使限制对中国大型店铺的投资，也要根据计划，在早期多开设作为新型零售形式的“迷你岛”式小型便利店，力图扩大中国市场占有率。我们试图引入安索夫的“产品/市场矩阵”，来探讨永旺今后的发展模式如图4所示。

	现有产品	新兴产品
现有市场	市场渗透战略	产品延伸战略
新兴市场	市场开发战略	多元化战略

图 4　安索夫的“产品/市场矩阵”

安索夫根据现有市场和新兴市场组合将企业领域分为四个类型。现有市场和现有产品的组合被称为“市场渗透战略”，利用广告和宣传等扩大市场占有率；新兴市场和现有产品的组合被称为“市场开发战略”，需要开拓与现在不同的客户群和地区；现有市场与新产品的组合被称为“产品延伸战略”，应该为现有客户提供新技术指导下的新产品；新兴市场和新产品的组合被称为“多元化战略”，谋求在不同于现在的新兴市场中新产品的投入及增长机会。安索夫的“产品/市场矩阵”提出了制造业的成长战略。基于上述理论分析零售业，如图 5 所示。

	现有零售业态	新兴零售业态
现有市场	① 市场渗透战略	③业务开发战略
新兴市场	②市场开拓战略	④多元化设店战略

基于产品的零售业业态变化

图 5　业态—市场矩阵理论

①市场渗透战略是现有市场和现有业态的组合，与安索夫的理论一样。②市场开拓理论是指现有的零售企业在新地区设店。换言之，永旺在中国扩张采取的就是这种战略。③业务开发是基于现有市场，开发新的业态。以永旺为例来看，这与小型超市“My Basketball”的基本开店模式正好吻合。这样的店铺，在日本国内是一种新的业态。卖场的面积是现有便利店的规模，价格和商品构成是依据超市就近设定的。今后在日本国内的开店策略是：灵活利用便利店的退店旧址及商店街的空余店铺等现有资源，以控制初期投资和房租，并以一家店年营业额 1000 亿日元为目标，计划在到 2012 年的三年间以首都圈为中心扩大到 500 家店铺。④多元化战略是指以新的业态进入新地区的战略。

现在，日本正致力于基于国内市场的“My Basketball”业态开发，并且计划 5 年在中国市场开 500 家“迷你岛”。在国内的迷你岛也有崭新的店内用餐设施，这种方式完全可以转变为中国市场上取得差别化优势的源泉。但是不可避免地会伴随着效仿者加入而产生的激烈竞争。为了在中国市场上形成竞争优势、不断追求作为创新者的稳固地位，日本必须一方面强调迷你岛的差别化优势，另一方面也应将如“My Basketball”这样的新型业态营运技术本土化纳入视野，认同基于不同阶段差别战略行为概念的第二标准化下，一次性开设多家店铺的重要性。

参考文献

[1] 秋山宪志外．現代中国の流通［M］．同文馆出版，2005.

[2] 阿部真也，村上刚人．グローバル流通の国際比較［M］．有斐阁，2003.

[3] 言永忠康监修．流通国際化研究の現段階［M］．同友馆，2009.

[4] 川端基夫．小壳業の海外進出と戦略—国際立地の理論と実態—［M］．新评论，2000.

[5] 黄磷编著 . WTO 加盟後の中国市場［M］. 苍苍社，2002.

[6] 佐佐木信彰编 . 現代中国ビジネス論［M］. 世界思想社，2003.

[7] 田中道雄 . 中国の都市流通［M］. 税务经理协会，2003.

[8] 寺岛正尚外 . よくわかる中国流通業界［M］. 日本实业出版社，2003.

[9] 矢作敏行 . 欧州小売りイノベーション［M］. 白桃书房，2000.

[10] 矢作敏行编 . 中国? アジアの小売行革新 全球化のインパクト［M］. 日本经济新闻社，2003.

[11] 矢作敏行 . 小売国際化プロセス［M］. 有斐阁，2007.

[12] 李海峰 . 中国の大衆消費社会—市場経済化と消費者行動—［M］. ミネルヴァ書房，2004.

[13] 柯鹿华 . 現代中国の小売業—日本? アメリカとの比較研究—［M］. 创成社，2007.

[14] 罗斯・戴维斯，矢作敏行編 . アジア発? グローバル小売業［M］. 日本经济新闻社，2001.

[15] 日経ビジネス［J］. 2008，12，8.

[16] 週刊エコノミスト［J］. 2009，5，19.

中国企业跨国并购式海外市场进入模式：现状分析与风险管理

中央财经大学　庞守林

摘　要：在企业经营全球化的大背景下，海外市场进入模式研究是国际商务领域的新课题。本文在分析中国企业跨国并购的现状和风险管理的基础上，提出了加强风险管理，并从技术与业务、组织与人事、企业文化等方面加强并购后的整合建议。

关键词：中国企业　跨国并购　海外市场进入模式　风险管理

海外市场进入模式的研究是国际商务领域的新课题，主要的理论和模型是在最近 20 年形成的。对发达国家的跨国公司的经验研究表明，20 世纪 80 年代中期以来，跨国并购成为海外市场进入模式中的主流形式。如何深入理解和把握跨国并购的内在规律和发展趋势，不断总结发展中国家跨国公司的实践经验，进而借助这一工具成功进入海外市场，将成为未来很长一段时间内我国企业实施“走出去”战略的关键环节。

一、跨国并购式海外市场进入模式的一般分析

跨国并购一般是指东道国境外投资者并购东道国境内企业的股权或资产，或通过其已在东道国境内设立的企业并购其他东道国境内企业的

股权或资产，以及其他获得东道国境内企业控制权的行为。与一般意义上的并购不同，跨国并购是从“母国（投资国）”与“东道国（被投资国）”的角度研究跨越国界的企业并购行为，是外国直接投资（FDI）在各国间流动的一种重要表现形式。

就企业跨国并购行为动机而言，国际贸易理论、产业组织理论、企业国际化理论、企业战略管理、企业并购理论、外国直接投资理论等，从多个角度给出了各自的解释。在综合各种观点的基础上，本文认为，企业跨国并购的主要动机是以下十个方面的因素或其组合：追求规模经济、追求协同效应、获得价值被低估的目标公司或资产、解决股东与经理人之间的激励相容问题、追求市场势力、报复竞争对手、管理者过于自负的结果、增强企业能力、在全球范围内整合战略资源、突破产业壁垒。

根据联合国贸发会议（UNCATD）历年出版的《世界投资报告》整理：1987—2003 年，除个别年份外，各年跨国并购占外国直接投资的比重均超过了 50%，其中有 7 个年份超过了 70%，在达到峰值的 2000 年，这一比率超过了 80%。

此外，并购双方所在行业的发展状况影响并购的发生。当所在行业增长缓慢时，企业倾向于采取并购，以避免增加新的生产能力使得局面进一步恶化；处于成熟行业的公司通过收购处于成长行业的公司可以提高前者的收益增长率；而销售增长率或总资产增长率高的公司具有更多的获利投资机会和增长潜力，更容易成为被收购的对象。

二、中国企业跨国并购的现状及趋势分析

（一）当前中国企业跨国并购的主要特点

（1）并购活动日趋活跃。迄今为止，中国企业的并购规模扩展大

体上可分为三个阶段：①1997 年之前为零星探索阶段，1988~1996 年，跨国并购年均投资仅有 3000 多万美元；②1997 年之后为探索性扩展阶段，1997—2002 年间，年均并购投资额达到 1 亿美元左右；③2002 年以来，可视为并购迅速发展的阶段。企业跨国并购案例与投资规模迅速增加，据商务部统计，2002 年，我国企业境外并购投资额为 2 亿美元，2003 年为 8.34 亿美元，2004 年为 11.81 亿美元（未包括中国香港上市公司联想集团收购 IBM 全球个人电脑业务 12.5 亿美元），2005 年境外收购兼并投资 23 亿美元，占中国非金融类对外直接投资 56.5%。跨国并购活动的兴起，使中国企业作为外国直接投资的一支重要力量出现在世界经济舞台上，引起了广泛关注。

（2）并购主体多数是我国的龙头企业，且以国有企业为主，但民营企业开始崭露头脚。迄今为止，我国企业跨国并购的主角还是大型国企，如电子信息行业的海尔、TCL、京东方、联想；汽车行业的上汽；石油行业的中石油、中海油、中石化等。但是，随着民营经济的迅速发展，近年来民营企业的跨国并购开始活跃，并产生了一些有较大影响的案例，如万向集团收购美国 UAI 公司，华立集团收购菲利普半导体公司之 CDMA 手机分部等。

（3）并购类型基本为水平并购和垂直并购，产业和行业分布比较集中。中国企业跨国并购涵盖了所有二次产业，但就并购金额来看，第一产业最多，该产业的石油、矿产等资源开发型行业的并购，涉及金额动辄达上亿美元。著名的如“中海油”2002 年的 3 次跨国并购，涉及金额都在 3 亿美元以上，最大的一次近 10 亿美元；其次是第二产业，该产业的石油冶炼、化工、电气、网络、汽车制造以及家电等行业，都发生过几起较大规模的并购，著名的案例如 TCL 收购德国施奈德公司；第三产业最少。

（4）跨国并购的主要动因来自企业内部，区位选择呈现明显的资源、技术导向和市场导向。在 20 世纪 70 年代末至 90 年代初，外部宏观因素如政策变化、政府指令等，一直是中国企业海外扩张的主要动因，而当前大部分中国企业认为，企业内部因素是海外扩张的最主要动因，其次是外部宏观环境的变化，而外部竞争压力位居末位。也就是说，中国领先企业最关注企业内部的变化，而对外部竞争格局的变化最不敏感。这一点与同属东方文化圈的日本、韩国企业类似。

具体而言，中国企业进行跨国并购的内部动因主要有三种：一是确保资源供应。原因在于中国的自然资源占有量虽然非常丰富，但人均占有量比较低，同时分布不均匀，一些基础能源已形成了瓶颈效应，为摆脱供应短缺的局面并降低采购成本，中国自然资源依赖型的企业已开始通过跨国并购确保能源和原材料的供应，如：宝钢、中石油、中海油等；二是获取核心技术、国际品牌和国际市场渠道。与分批购买设备或许可证的形式引进国外先进技术相比，一次性收购相关技术尽管可能需要大量投资，但同时也确保公司能够获得知名的品牌价值、知识产权和完善的分销渠道；三是避免贸易摩擦和关税壁垒。在国内产能过剩的情况下，通过跨国并购开拓海外市场，谋求公司进一步发展。与之相对应，中国企业跨国并购活动的全球区域分布呈现明显的资源、技术导向和市场导向。第一产业主要集中在资源丰裕的国家和地区，如石油行业的跨国并购主要发生在东南亚、俄罗斯等地，矿产行业主要发生在拉美、澳大利亚等地区。第二产业主要集中在贸易壁垒较高的区域。第三产业主要集中在发达市场经济国家以及新兴市场经济实体。

（5）并购融资模式从单一支付向境外融资方向发展。前些年，我国企业由于并购规模小、资本市场尚不完善等原因，企业并购的交易主要以现金方式为主，而国外通行的并购支付大多采取现金加股权方式，以降低对企业的资金占用。近年来，我国企业通过国际证券市场进行了间接并购，部分并购案的融资技巧达到了较高水准。例如，2004 年年底联想在收购 IBM 个人电脑业务中，也引入了美国三家私人投资公司的战略投资。虽然实际交易额高达 17.5 亿美元，但现金支付的部分仅为三分之一，其余三分之二都是通过股票和债务收购。我国企业在并购活动中，还普遍采用了国际著名会计、财务、投行、法律顾问和公关公司，反映出企业成熟度有所提高。

（二）中国企业跨国并购趋势分析

（1）未来一段时期内，中国企业跨国并购总规模将迅速扩大，“国家领军型”企业将成为跨国并购的主角。之所以会出现这样的局面，主要有三方面的原因：一是当前的世界经济、政治形势强劲推动中国企业进行跨国并购。20 世纪 80 年代以来，中国经济保持了 20 多年的高速增长，到 2000 年，中国首次取代日本成为对美贸易第一大顺差国，从此美国由打压日本转向了打压中国，威胁要对中国进行贸易制裁并要求人民币升值。在 2005 年 7 月份中国放弃固定汇率机制之前，中国至少已感受了这一压力达 4 年之久。2005 年 7 月 21 日，中国人民银行宣布放弃固定汇率机制，人民币对美元升值 2%，目前已突破 1∶8 的心理关口。人民币的持续升值对企业产品的出口短期内虽然会造成一定的影响，但同时也为中国企业走出去创造了条件。

可以预见，今后几年，随着中国经济的持续增长，人民币升值的压力将长期存在，而通过收购外国企业可以减轻汇率压力，中国的对外直接投资也必将随之进入高速发展时期；二是中国通过跨国并购取得海外能源资产的压力长期存在。有关研究表明，由于中国经济的每单位 GDP 能耗一直居高不下，中国经济发展带来的能源缺口（主要指石油）将长期存在并不断扩大。中国的总石油需求量，在 21 世纪初的 20 年内将以平均每 10 年 50% 的速度增长，到 2020 年超过 5 亿吨（国内机构的预测值低，主要是对技术进步的影响估计不同）。自 1993 年我国成为石油净进口国之后，净进口量持续增长，2000 年我国石油净进口量与国内石油总供给量之比为 30%，2010 年将达 36%，2015 年可能达 40% 以上。因此，通过各种手段完善能源储备体系，已经事关未来几十年的国家经济安全，在这个背景下，中国企业对海外能源资产的收购必将成为长期的国家战略；三是政府支持“国家领军型”企业的产生。随着中国企业的成长，许多大公司通过发行股票和自身产生的现金流积累了大量现金储备，他们急于为这些资金找到出路，同时，中国政府也希望通过进一步实施“走出去”战略，大力推动一批“国家领军型”企业的产生，让中国企业从低成本制商转化为高附加值的产品和服务的提供者，使之成为具有国际竞争力的跨国公司。跨国并购无疑是实现这一目标的最有效手段之一。

（2）短期内“纯市场”型的跨国并购不会全面爆发。本课题进行的问卷调查显示，兼并与收购在中国企业“海外市场进入方式的重要程度”方面排在最后，只有2.4%的企业认为比较重要；在对“未来5年海外经营方式的规划”方面，“从事兼并与收购”也排在最后一位，只有2.6%企业选择了这种经营方式。这些数据表明，尽管未来几年中国企业跨国并购的总体规模可能迅速增长，但是除去石油天然气、采矿、高科技、电信和部分制造业等少数几个重点行业外，其他类型的企业对于跨国并购还处于一种观望的状态，短期内不会有大的突破。罗兰·贝格公司的调查也从侧面证明这一点，48%的中国领先企业进行海外经营时主要采取新建的进入方式，其次是战略联盟方式，占39%，收购兼并排在最后，仅为13%。中国企业海外经营的最主要战略目标是“开拓海外市场”（56%），与跨国并购关系紧密的“确保资源供应”“获取核心技术、国际品牌和国际市场渠道”只占到了20%和16%。

（3）制造业跨国并购将以技术导向为主。这主要是由于两方面的原因：一是对于广大发展中国家市场，我国有大量适用的成熟技术，具有明显的比较优势，非常适合那些市场容量较少、转让成本较低、技术要求层次低、就业压力较大的发展中国家和地区；二是我国企业在技术水平上与发达国家的跨国公司存在较大差距，通过跨国并购国外企业、特别是发达国家拥有先进技术的企业，不失为获取核心技术的一条捷径。

三、中国企业跨国并购式海外市场进入模式的风险管理

（一）当前中国企业跨国并购面临的主要风险

（1）国际政治风险。由于历史原因，以美国为首的西方发达国家对中国企业的跨国并购持一种矛盾的心态：一方面，他们希望中国经济能够稳健发展，以带动整个世界经济的发展；另一方面，他们又害怕中国的迅速崛起超出了他们的掌控，会对自己的国家利益形成威胁。与其他国家的企业相比，中国企业在发达国家的跨国并购往往要经历更为复杂的程序，不仅要获得企业股东和常规监管部门的批准，要通过包括美国外国投资委员会在内的高级别政府机构的审查，还要面临某些媒体别有用心的鼓噪和压力。面对这些复杂的影响因素，中国企业还不习惯于通过建立良好的公共关系以争取所在国公众和政界支持。所以，国际政治风险是现阶段中国企业跨国并购面临的主要风险之一。

（2）企业规模风险与公司治理风险。企业规模是化解并购风险的重要保障。2005 年，中国企业 500 强的营业收入总计为 11.75 万亿元，只相当于世界 500 强企业总营业收入的 8.7%，服务业排名第一的国家电网公司的营业收入只相当于沃尔玛公司的 24.15%。中国企业的规模普遍偏小，使企业抵御风险的能力非常有限。同时，值得注意的是，名列中国企业 500 强前 100 名的，绝大多数是垄断行业的企业和国有控股企业。国有企业的公司治理结构与机制缺陷也会给企业的跨国并购行为带来种种隐患。

（3）市场风险。跨国并购存在着比新建方式更多的风险和经营障碍，没有比较丰富的海外生产经验积累是不易掌控的。比如日本企业在 20 世纪 80 年代中后期的海外并购高潮来临之前，已经有了 20 年的海外

生产经验。相比之下，目前多数中国企业的跨国并购却是其国际化战略的第一步，缺乏在国外投资建厂的经验。因此，中国企业跨国并购市场风险的一个主要来源是企业海外经营经验不足。另一个导致中国企业跨国并购市场风险较大的原因在于相关支持体系的不完善，包括审批制度僵化，缺乏有效的监管体制；主管部门以行政规定、行政法规代替国家法律，迄今尚未形成一套有利于保护与规范我国企业对外投资的法律体系；金融信贷方面的约束很多，包括受国内贷款额度与特定外汇额度的限制。一方面限制了参与跨国并购企业的国内融资能力，另一方面又使不少已经"走出去"的企业难以借助国内金融系统，对境外项目提供强有力的金融支持。缺乏成熟的中介机构尤其是非政府的中介系统，跨国并购可以利用与调动的外部资源有限，等等。这些支持体系的局限之处严重影响了中国企业抵御市场风险的能力。

（二）中国企业跨国并购的风险管理

根据本课题对"企业跨国经营需要解决的主要问题"的调查，"企业国际化经营人才的吸引和培养""企业的管理能力""提供海外市场信息和相关的服务""改善海外投资管理体制""企业的技术水平"等是企业最关心的五项指标。与此对应，中国企业跨国并购对策与风险管理也应当围绕这些重点问题展开。

(1) 积极完善支持体系。一是健全政府针对企业跨国并购的支持与服务体系。主要措施包括建立与完善有关跨国并购的法律体系，改善外汇管理体制，提供多样化的资金服务、提供完善的对外投资担保、保险服务，签订双边投资保护协定提供各种财政资助，完善国际税收制度等。还可以通过调查企业的海外投资计划，组织企业协调会等方式，从行政上进行事前的行业指导。二是培育企业跨国并购的非政府支持体系。应该鼓励和推动国内中介机构与国外有实力的中介机构合作，充分利用对方的海外信息渠道和业务网络来提高自身的业务能力，从而有效提升中国企业跨国并购的效率，降低学习成本。

（2）加强并购启动前的战略管理。一是科学制订并购方案。在审慎选择并购目标的基础上，组建专门的并购小组，对目标企业进行尽责调查，并制订详尽的并购方案，包括目标企业、备选企业、收购条件、支付方式、可能出现的意外及应对方案、计划实施的时机等。二是重视发挥战略联盟的作用。中国企业对战略联盟在跨国并购中的作用往往重视不够。通过与实力强大的跨国公司或东道国企业建立战略同盟关系，可以利用同盟方的优势，获取并购所需的信息，减少并购障碍，会极大地提高跨国并购成功的几率。对于中国企业来说，建立良好的战略联盟还可以分担风险并获得规模和范围经济，防止在特定市场中竞争过度，避免“大企业病”。因此，跨国并购的目标不一定是都追求51%的控股权。对并购中的股权安排采取宽容的态度，坚持合作精神，将重点放在建立战略联盟以及合资企业上，而不是彻底的收购接管，可能有助于中国企业避开久拖不决的海外收购战。三是提高企业知识管理水平。一般来讲，集体隐性知识是最具有战略意义的知识。在这个意义上，被并购企业的价值，尤其是高新技术企业的价值，很大程度上体现为技术开发能力、管理经验、对客户需求的理解等方面，应该积极实施对这类集体隐性知识的管理，提高并购活动成功的几率。

（3）科学实施并购后的整合工作。普华永道1992年的调查结果表明，并购失败的主要原因是后期整合不能达到预期效果。波士顿咨询公司的一份调查报告也指出：“在收购兼并之前，只有不到20%的公司考虑到并购后如何将公司整合到一起；而并购后所能够产生的成本节约、销售增长则被大大地夸大了。”

四、结语

本文认为，科学实施跨国并购后的整合工作应从以下几个方面着手：

（1）制订和完善整合计划，实施业务和技术整合。业务和技术是并购后整合的两个重要方面，需要同时做好，不可偏废。现实中不乏偏重技术而忽视业务或者偏重业务而忽视技术的案例，都会影响并购后的整合效果。

（2）实施组织和人事整合。为了从组织上保障整合工作的顺利进行，企业应该重视培育和使用整合经理。整合经理既可是职业经理人，也可是整合项目团队，他们一般具有丰富的海外企业工作经验和卓越的协调和组织能力，明确自己的角色，了解自己的职责，具有高度的情商和敏锐的文化领悟力。其职责是运用专业性的知识和技能，发现并验证整合的机会，对整合措施进行优先排序和指导，在并购双方和企业内部之间建立强有力的职能纽带，使信息和资源畅通无阻，设计并监督变革管理流程，使整合工作的进度同企业内外部环境的变化发展相适应，以期快速实现整合的既定目标。

（3）充分重视企业文化整合。企业应该成立专门的机构负责做好企业文化评估，调研、分析并购双方各自的民族文化、传统、企业的历史、风格及商业声誉，重视我国企业同被并购企业在领导者风格、素养、营运模式、商业习惯、人力资源、薪酬考评、奖罚、人际关系维系等方面的差异性，积极制定相应的对策。避免轻视任何一方的文化，更不能采取边缘化的手段，试图压制甚至消灭另一方的企业文化。

日本寿险企业在华发展战略：问题与对策

高千穗大学　恩藏三穗

摘　要：中国自从加入 WTO 之后，逐步放宽了对外资保险企业进入的管制，大批外资保险企业进入中国保险市场。本文以快速发展的中国保险市场为研究背景，通过比较日本生命保险公司和住友生命保险公司不同的海外扩张战略，对日资寿险企业海外扩张战略中存在的问题进行了深入地分析，并提出了相应的对策建议。

关键词：海外扩张战略　在华日资寿险企业　问题及对策分析

一、问题的提出

随着经济全球一体化的发展，企业经营国际化进入了一个新的阶段。以欧美企业为代表，保险业的国际化范围和规模日益扩大。保险公司海外扩张的形态较多，主要包括：在当地设置驻在员事务所、代理店、分公司，向当地企业出资、创设合资企业以及收购企业等（恩臧三穗，1999）。

保险公司进行海外扩张主要原因包括：响应扩张海外的顾客企业的保险需求；从地理上分散风险；保障跨国保险公司的规模经济效应；近

来进入海外保险事业的机会增加（以新兴发展中国家保险市场为代表）。另一方面，日本实行保险自由化以后，激烈的竞争导致国内市场逐渐饱和、低出生率和金融危机造成日本国内市场进一步缩小。

日本保险业从国际化战略中受益要晚于欧美企业。近年来，大型日本人寿保险公司开始积极推进国际化战略。海外扩张对人寿保险公司来说是有效的经营战略，但也存在有很多急需解决的问题。中国自从加入WTO之后开始对海外保险公司放松管制，本论文以快速发展的中国保险市场为研究背景，对日资人寿保险公司海外扩张中存在的问题及解决对策进行探讨。

二、日本寿险企业海外扩张的背景

（一）响应海外扩张顾客企业的需求

随着日本企业海外扩张机会的增加，日本的保险公司也开始加快推动海外扩张行动。这主要是由于扩张目标国中没有日本企业所需要的保险产品，同时，世界统一的保险服务对国际化企业十分必要（Gaunt，1998），为了响应此类需求，国外保险公司的海外扩张已经十分盛行，具有国际规模的保险集团正在形成。

（二）国内保险市场的变化

1996年《保险业法》修正以后，日本实行保险自由化。过去，为了保护脆弱的保险业，商品和费率被统一化，但进入经济增高长期后，日本保险业快速发展，日本的人寿保险业和财产保险业在世界市场上占据领先地位。但如今，日本的保险业已经不再是被保护对象，保险市场的竞争十分激烈。以此为契机，日本大型人寿保险公司设立了财产保险子公司，大型财产保险公司也设立了人寿保险子公司。另外，日本人寿保险公司和财产保险公司的规模（共20家）因外资保险公司等的进入而被打破，市场中的保险公司增至40多家。因此，激烈的市场竞争导致部分企业退出市场。

日本人寿保险业的家庭投保率曾高达96%，但在泡沫经济破灭以后业绩持续低迷，家庭投保率低于90%。由于出生率下降导致人口减少，因不支付保险金导致保险公司信誉下降，金融危机引发的经济低迷导致人寿保险公司难以获得新的投保客户，保险市场逐渐缩小。因此，此前位居世界第二的日本保险市场已经处于饱和状态，而且存在逐步缩小的倾向。目前，世界人寿保险和财产保险的保险费总额合计高达37234亿美元。1996年以来的全球保险市场规模的增长率平均每年达到6%左右，中国保险市场规模增长率居世界第一，平均每年增长率高达22%，但日本保险市场增长率只有1.2%，且有逐步缩小的倾向。

（三）从地理上分散风险

正因为日本保险市场有限，所以谋求海外收益是一个重要的战略。即使本国业绩恶化，在其他市场上表现良好也能够实现盈利，因此可以寄望于从地理上分散风险。从这个角度看，尤其是有一些有实力的大型保险公司，海外扩张被看作是“10年后的成长源泉”，并成为公司重要的经营战略之一。部分欧美保险公司，如商业广告联盟和皇家保险（北美部门）。1995年，虽然国内市场收益下降，但海外部门取得了高额收益。此后，保险公司国外活动开始多样化，这表明从地理上分散风险能让公司获益（恩臧三穗，1999）。又如，最近实行全球化的英国万金保险公司，在亚洲保险市场中的收益不断增加。2007年，由于次贷问题引发金融危机，导致很多保险公司蒙受损失，然而2008年4月17日的《金融时报》却报道了万金保险公司于2008年1月—3月在美国的损失和在亚洲的增收相抵消的信息。

（四）实现规模经济效应

同制造业一样，关于服务业中是否存在规模经济效应的争论早就有之。虽然在某些时点上也存在规模的非经济性，但大部分研究表明，保险业同样存在规模经济效应。例如对人寿保险业的研究结果表明，其中存在规模经济效应。“在人寿保险公司中存在最小、最合适的规模”，这一观点已被明确证实（井口富夫，1985；堀田一吉，1996）。

另一方面，学术界普遍认为即使在全球化市场中，规模的扩大也能够确保成本优势。保险公司向开展全球贸易的客户提供统一的商品，同时整合整个产业链中的上游部分（费率设定、保险单的签名、保险金支付、投资等），即可产生全球规模经济效应。此外，也有观点指出跨国保险公司同样存在规模经济效应（Katrishen and Scordis，1998）。

三、中国保险市场的开放

（一）中国加入WTO为外资进入中国保险市场提供了条件

（1）中国保险市场的扩大。

国民收入的增加以及对消费者需求的开拓，让中国的人寿保险市场急速扩大。如图1所示，中国人寿保险市场正在发生巨大变化：1999年人寿保险费收入为872亿元，2001年超过1000亿元达到了1424元，2008年更是上升到7000亿元的规模。截至2009年，中国人寿保险市场在10年间以26.3%的增长率急速增长。虽然2008年金融危机的影响也波及中国，但之后中国人寿保险市场仍然保持着逐年增长。人口约13亿，个人储蓄超过1万亿美元，考虑到保险渗透度的低下，中国保险市场仍有相当充分的增长空间。

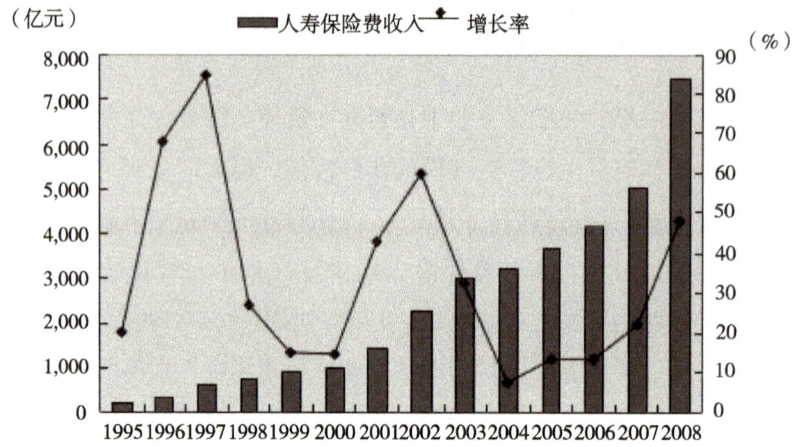

图 1　中国人寿保险市场变化

资料来源：根据《中国保监年鉴》以及中国保险监督管理委员会 HP 制作。

（2）外资人寿保险公司的进入。

2001 年 12 月加盟 WTO 后，中国实行保险市场开放政策，因为市场开放是加盟 WTO 的条件。中国加入 WTO 之初，外资人寿保险公司的业务被限定在上海、广州、大连、深圳、佛山等城市。2003 年，进入许可范围扩大至北京、天津、成都、重庆、福州、苏州、厦门、宁波、沈阳、武汉等城市，到了 2004 年地域限制被彻底废除。保险产品最初被限定于个人保险，这一条件也在 2004 年被废除，中国对外资人寿保险公司的管制进一步放宽。在这种背景下，各公司除了继续在上海、广州以及北京等先行开发的大城市的业务之外，陆续在沿海地区开设分公司以谋求规模的扩大，不断扩大区域经营的范围。

从实际情况看，中国市场原本只有国有人寿保险公司。1992 年，中国市场首次接受外资人寿保险公司，这家公司正是现在正进行经营重建的美国保险巨头 AIG 的亚洲企业——友邦人寿。加盟 WTO 时，中国外资人寿保险公司只有 8 家，由于对外国保险公司进入管制政策的放宽，在2002年达到了12家，2003年达到18家。表1对2004年废除地理限制后的保险市场发展动向进行了总结。根据表1，外资人寿保险公司在2005年超过了20家，到2009年增至28家。然而在2008年以后，尽管整体市场扩大，市场占有率的增长却一直停滞，外资人寿保险公司的全体市场占有率只有不到1%，地位不高。但是，它们当中也不乏取得稳健成长的代表。如前面提及的友邦人寿，从1999年起到2006年，以每年增长率26.9%展示了其成长姿态（沙银华，2004）。2007年，除友邦人寿外，外资人寿保险公司中还有数家公司实现单年度盈余的目标，其中有的公司相比上一年盈利增长200%，今后的成长备受期待。

表1　外资人寿保险公司的市场占有率及数量变化

（单位：万元）

	2004年	2005年	2006年	2007年	2008年	2009年
中国公司保险费用收入	31,092,470	33,218,255	38,210,195	45,531,728	69,765,688	77,179,179
外资公司保险费用收入	843,390	3,244,018	2,400,706	3,957,953	3,609,979	2,730,630
保险费用收入合计	31,935,859	36,462,273	40,610,901	49,489,681	73,375,667	81,441,830
外资市场占有率（%）	2.6	8.9	5.9	8.0	4.9	3.4
外资公司进入数	19	23	24	24	26	28

资料来源：2009年12月2日（三）日经MJ“2009年热销商品排行榜”摘录。

（二）外资进入有利于提升中国保险市场的活力

中国经济的高增长率促进了世界保险公司的进入，然而市场开放不能一味依靠引进海外企业。外资人寿保险公司的进入，在外国资本的流入以及保险产品知识和技术情报的获得方面有着重要的作用。中国国内保险市场的活性化，提高了保险公司信任度，推动着健全市场的形成，进而促进保险法以及监督体制的完善。随着优厚的社会保障制度逐渐废止，在保险渗透度低下的中国，保险制度的完善对中方来说是一个非常重要的问题。

四、日资人寿保险公司进入中国保险市场的案例

在中国人寿保险行业，外资保险公司只能以和当地公司合资的形式进入，且外国资本率不得高于50%。在这样的背景下，外资人寿保险公司被迫与掌握销售渠道和顾客基础的国有公司或原国有公司进行竞争。在华日资人寿保险公司的合资保险公司，包括2003年日本生命在上海设立的“广电日生人寿保险公司”（以下简称广电日生），2005年住友生命在北京设立的“中国人保寿保险有限公司”（以下简称人保寿险）。表2按照内资和外资的标准区分整理了2013年中国人寿保险公司的保险费收入情况。据统计，中国保险市场中人寿保险公司有69家，其中，外资人寿保险公司有28家。如前所述，内资企业占领着中国保险市场，其保险费收入所占总额比例高达95.1%，而且包括已被内资化的人保寿险（住友人寿出资）在内，前六家公司已经占8成，形成寡头垄断市场，反观外资企业的比例只占总额的4.9%。进入之初，住友生命排在第六位，尽管晚于日本生命进入中国市场，但却取得了领先地位，与先进入者日本生命的落后态势形成鲜明对比，两家公司在中国海外扩张的差异情况概述如下。

表2 人寿保险公司原保险保费收入情况表（2013年1～11月）

（单位：万元）

资本结构	公司名称	原保险保费收入	保户投资款新增交费	投连险独立账户新增交费
中资	国寿股份	31095599.15	1006190.64	
	太保寿	9043650.98	264231.88	
	平安寿	13524913.45	6789815.04	257348.89
	新华	9535005.49	998583.55	

续表

资本结构	公司名称	原保险保费收入	保户投资款新增交费	投连险独立账户新增交费
中资	泰康	5775471.85	1329154.20	143384.68
	太平人寿	4862584.96	29602.89	1106.00
	建信人寿	606298.89	397001.63	2790.29
	天安人寿	187584.04	636315.06	
	光大永明	284100.40	426696.69	692.98
	民生人寿	723817.93	219.24	
	生命人寿	2110266.55	4656574.33	
	国寿存续	1193608.63		
	平安养老	640575.86	294060.15	
	中融人寿	349866.53	37698.30	
	合众人寿	636803.97	734075.20	
	太平养老	117299.49	13736.14	
	人保健康	664071.23	507134.47	
	华夏人寿	359311.28	2964533.51	
	正德人寿	10983.92	1053492.00	
	信泰	260507.29	795204.62	
	农银人寿	648312.13	68463.96	
	长城	250556.29	26120.56	
	昆仑健康	37036.61	38237.55	
	和谐健康	13041.95	987154.90	
	人保寿险	6933228.27	1163672.71	
	国华	222211.19	824441.59	
	国寿养老	0.00		
	长江养老	0.00		
	英大人寿	102220.62	226000.54	
	泰康养老	5891.81		
	幸福人寿	382526.51	36316.67	
	阳光人寿	1452887.95	399501.80	20197.81
	百年人寿	441737.67	24096.55	
	中邮人寿	2244303.83		
	安邦人寿	37262.81	745285.09	
	利安人寿	145028.12	40570.87	
	前海人寿	37577.55	1230242.42	
	华汇人寿	22350.21		
	东吴人寿	29231.65	73969.45	
	珠江人寿	2093.55	149268.76	
	弘康人寿	75548.41	31616.66	6675.35
	吉祥人寿	13530.26	38195.00	
	小计	95078899.28	29037474.61	432196.00

续表

资本结构	公司名称	原保险保费收入	保户投资款新增交费	投连险独立账户新增交费
外资	中宏人寿	266420.25	3.63	1290.98
	中德安联	164534.42	10460.01	62651.75
	工银安盛	938415.77		42087.63
	信诚	377850.89	181338.55	131249.65
	交银康联	128494.18	4221.00	
	中意	419611.43	41150.42	7446.21
	友邦	849888.76	46550.47	22831.11
	北大方正人寿	56164.47	17734.68	129.09
	中荷人寿	189625.45	5677.84	106.43
	中英人寿	323596.17	46905.62	799.84
	海康人寿	132852.90	45216.96	645.69
	招商信诺	374659.79		3598.17
	长生人寿	25263.81	3205.87	23.70
	恒安标准	106365.31	21021.80	38.19
	瑞泰人寿	11972.71	339620.33	8927.07
	中法人寿	988.80		
	华泰人寿	276021.20	45582.68	500.00
	国泰人寿	44089.25	12681.13	495.00
	中美联泰	507449.04	34075.91	47504.38
	平安健康	27461.16	22112.39	
	中航三星	30702.44	36751.62	
	中新大东方	22986.37	45279.19	
	新光海航	32488.93	190.56	
	汇丰人寿	71180.88		23226.49
	君龙人寿	19836.64	682.59	
	复星保德信	1298.54	53.08	
	中韩人寿	8372.39		
	德华安顾	101.67		
	小计	5408693.62	960516.33	353551.36
合计		100487592.89	29997990.94	785747.36

资料来源：根据中国保险监督管理委员会 HP 制作。

（一）日本生命保险公司的案例

20 世纪 90 年代后，作为日本人寿保险公司的一个例外，日本生命保险公司（以下简称日本生命）积极进行海外扩张。该公司于 1991 年设立了美国日本生命，开展团体健康保险等面向企业的保险产品的销售活动。此外，日本生命和美国实力强大的人寿保险公司——普林斯普（Principle）公司建立了合作关系，2008 年对普林斯普公司的出资比率提升到 7%，成为第一大股东。就这样，日本生命通过进军海外，让缴费预定型年金（401k 保障计划）等在海外积累的技术情报得以在国内利用。

20 世纪 90 年代末，日本生命在与美国成熟市场不同的、具有高增长前景的亚洲市场也积极开展海外扩张。1997 年，该公司向泰国的曼谷银行参与投资的大型人寿保险公司——曼谷人寿出资，并进行了人才派遣与技术信息提供。当时，日本生命对曼谷人寿的出资为 9.45%，2004 年 1 月、2006 年 10 月两次进行追加出资，出资比率提高至 25%，达到泰国外资出资规定上限。此外，在大规模进入泰国市场的同时，1997 年日本生命与菲律宾 Yuchenco Group 旗下的太平洋人寿和菲律宾中华银行合资设立了日生菲律宾，在菲律宾全国设立 16 个商业据点，扩大了个人保险、团体保险的销售业务。

在对亚洲市场扩张的过程中，中国市场也成为了该公司的重点开发对象。由于中国的公共医疗保险制度不够完善，进入风险较高。因此，与扩大短期保险合同相比，该公司更希望把目标设定为值得长远发展的市场项目。日本生命很早就已开始对中国人寿保险市场进行市场调查，1985 年日本人寿保险公司首次设置了专门负责对中国相关业务进行调查的中国委员会。此后在北京（1987 年）、香港（1989 年）、上海（1994 年）、广州（1998 年）相继开设事务所对中国人寿保险市场进行调查，接受来自国有保险公司的实习生，并在当地举办研讨会保持与中国各区域的交流活动。

经过上述准备，日本生命在 2001 年 12 月取得了设立筹备许可，2003 年开始合资方的选定工作。日本生命对合资方公司的基本选定标准是：合资方公司需要具备“资金实力”“国际性”“深入理解人寿保险事业的经营管理”的能力，“政治色彩淡薄”“能共享价值观”“具有道德高尚”的经营者（史新秀，2006）。根据这些基本选定标准，最终从 1000 家的候选合资方企业中选定上海广电成为合作伙伴。上海广电集团是与 NEC 和三井物产等共同合作的中国第四大电机制造商，在中国国内享有很高的知名度，其多元化经营战略与日本生命也有诸多相似之处。日本生命在对合资公司的选择过程中发现，对保险有一定理解的本地保险公司多数已经和其他外资企业合作，而能够真正理解人寿保险业产生稳定收益需要经历一个缓慢过程的企业很少。正是由于上海广电同意将“合资公司的总经理永远由日本生命公司任命”这一条款纳入合约条件，才最终促成了与日本生命的合资项目。广电日生由上海广电和日本生命平分出资。2007 年，广电日生的董事会中，除副董事长以外，总经理、副经理都来自日本生命，日本生命的经营主导地位得到确立。

合资公司设立后，相继开展了以上海广电为主的面向个人的个人保险业务（2003 年 11 月）和以日资企业为中心的团体保险业务（2005 年 1 月）等各种销售活动。作为日资保险公司首次在浙江省（浙江分店，2007 年）和江苏省（江苏分店，2009 年）开展经营，公司各项业务扩展顺利进行。然而，尽管保险业务得到了稳健开展，上海广电却因主营业务经营不善，在公司成立仅 6 年后就退出了保险业。日本生命重新选择合作伙伴，意在将各项业务继续进行下去。2009 年中国股东将上海广电所持有的所有股权份额（50%）均转让给中国长城资产管理公司，同时日本生命和中国长城资产管理公司各增资 5 亿元人民币（约 70 亿日元），资本金额达到 13 亿元人民币（约 182 亿日元），公司更名为长生人寿保险有限公司（以下简称长生人寿）。新公司总经理仍由日本生命的常务执行负责人担任。伴随着合作伙伴的变更，公司事业规模大幅扩大，希望进入28家外资人寿保险公司资本规模的前五位。代替上海广电成为日本生命合作伙伴的中国长城资产管理公司，是商业据点遍布全中国的四大国有金融资产管理公司之一，与金融机构尤其是国四大国有商业银行之一的中国农业银行建立了广泛的合作网络。这也是国有金融资产管理公司涉足合资人寿保险事业的第一个案例。广电日生本来以长江三角洲地区为中心开展业务，但成为长生人寿后，其业务范围扩展为全国市场。

日本生命进入中国市场的海外扩张战略，是其在20世纪90年代末在亚洲开展海外扩张商业计划的重要一环，在外资出资限制在50%的先决条件下以及推进对主体经营干预的同时，公司的市场规模也在逐渐扩大。这种现象出现的原因可以理解为：一方面和实力雄厚的合作伙伴合资有利于确立事业基础，另一方面又有以确保经营主导权为前提的制衡。换言之，该公司的海外扩张是在“经营主导权的获得”和“选择保险业界有竞争实力的合作伙伴”两个相对立的条件下展开的。从保险费收入的财务指标来看，2005年广电日生在24家外资人寿保险公司中排名21，之后也几乎是保持同样水准的排名。

（二）住友生命保险公司的案例

与日本生命的海外扩张方式形成鲜明对比的是住友生命的案例。该公司在进军中国市场之前从未真正施行过海外扩张战略，进军中国是其推行海外扩张战略的首次尝试。住友生命的情况是，在中国建立人寿保险公司的主导权属于中方合作伙伴——即在财产保险市场占据将近70%份额的中国人民财产保险股份有限公司（以下称为PICC）。通过追溯PICC的发展历史可以发现，PICC的所有权性质为具有掌控中国保险业实力的国有保险公司。为了在中国市场分散人寿保险和财产保险之间的风险，提高经营效率，该国有保险公司在1999年分解成主营财产保险业务的PICC和主营人寿保险业务的中国人寿。但是，2004年PICC为进入人寿保险市场，在众多实力雄厚的欧美人寿保险公司的备选中选择了住友生命。2005年两家公司达成合作，成立“中国人保寿险有限公司”（以下简称中国人保），住友生命出资29%。

相比较而言，一个是完全不具有保险业技术和信息、并把人寿保险业务经营权交付给日本生命的上海广电，另一个则是在财产保险业拥有强大品牌优势和庞大顾客群体的PICC，虽然两家公司都实现了合并，但在合资公司的存在方式上却表现得完全不同。合资公司主导权的差异在后来的发展中清晰地显现了出来。如表2所示，抢先一步的广电日生在日系资本的主导下艰难维持在第44位，以中国资本为主导的中国人保在成立后短短几年便急速扩展到如今的规模，位列业界第6位。此后，PICC在中国人保中的地位将会进一步得到加强。

2007年6月，中国人保实现了注资，旗下最大的财产保险公司“中国人民财产保险股份有限公司”通过出资，强化了PICC集团财产保险部门和人寿保险部门的联系。“中国人保控股公司”在更名为“中国人民保险集团”的基础上，对中国人保也冠以统一的集团品牌“中国人民人寿保险股份有限公司”。这期间，中国人民人寿保险从2006年12月末仅有4家分公司，到2007年增设25家分公司，2008年又增设2家，达到31家分公司的企业规模，实现了在全国范围内业务扩张的目标。这种偏重PICC集团的强化整合，使得住友生命在合资公司中的参与度逐渐下降。公司成立初期，住友生命作为人保寿险的合法持股法人，人保寿险29%的盈亏要同住友生命一并进行决算。但是，通过2007年的注资，住友生命的出资份额下降为10%，被迫从中国业务的相关法人中分离出来。而且在人员派遣方面，截至2006年年底，住友生命共派遣9名职员，到2007年年底，住友生命却只派出了包括副总裁和保险统计专家在内的2名内务人员。

从人保寿险的保险费收入来看，2005年以外资人寿保险公司的身份进入中国保险市场的人保寿险仅仅位列全部39家保险公司中的第36位（日生广电位列第33位），2006年位列45家中的第18位，内资化后的2007年，位列53家中的第10位，2008年位列第6位，人保寿险的发展显示出强劲的上升势头。

五、日资寿险企业在华扩张战略存在的问题

日资寿险企业在华发展过程中，当地文化和行政部门的管制成为海外扩张战略施行的巨大障碍。人口约13亿的中国，拥有巨大的保险市场，但民众对保险的认知度比较低，同时保险在民众中的渗透程度也不高。因此，扩大当地市场份额成为增加保险收入的关键。中国国有保险公司具有先发优势，这种优势不仅体现在企业拥有较高的知名度，还在于附属在国有金字招牌上的高信赖度这一既有优势。同时，国有企业还具有完备的营销网络及庞大的顾客群体。为了抗衡国有企业的这些优势，在被称为国有保险公司阵地的中国市场中，作为后续进入这个市场的外资人寿保险公司，应该注意以下几方面的问题。

（一）合作伙伴的选择

在外资人寿保险公司中，对于晚于欧美公司进入中国市场的日资企业来说，合作伙伴的选择就显得十分重要。合作伙伴的知名度、信誉以及营销网络等基础条件是提高市场份额的关键。正如前文所述，住友生命同具备以上条件的PICC展开了合作。另外，把日本生命当作合作伙伴的上海广电，与PICC相比，并非不具备在保险市场中占据一席之地的竞争力。但是，在掌握经营主导权的问题上，日本生命同上海广电的合作无疑是有利的。换言之，在进入中国市场的过程中，以掌握保险经营主导权为目标还是以争夺市场份额增加早期收益为目标，对于计划进军海外市场的日资企业来说，把哪个目标作为重点决定了他们在选择合

作伙伴上的差异。

在日本生命的案例中，把取得保险经营主导权视为重点的日本生命选择了上海广电。然而，上海广电是一家制造商，合资目的是出于融资的构想，因此在增加中长期收益而进行合作方面，双方的想法可能不太相符。另一方面，在住友生命的案例中，与国有保险公司这样的强势企业进行合作，虽然早早地确立了市场地位，短期内也增加了收益，但是，由于中方合作企业不断加强企业的控制力度，住友生命不得不从相关法人中分离出来，不能完全享受到通过合资保险公司的形式在海外扩张中获得的好处。既然海外扩张成为了日资人寿保险公司扩展战略的重要一环，那么选择符合这一战略的合作伙伴，也就成为了进军中国保险市场至关重要的条件。而且，不同于进入发达国家的保险市场，要想进入中国保险市场，日资企业在中国国策的框架内就不得不制订与之相适应的经营战略。为了在同其他公司的竞争中取得领先，选择同相关政府部门有较强谈判能力的合作伙伴就显得十分重要。今后，随着中国社会保障制度中承保范围和保障额度的变更，在一定程度上，这将会给人寿保险公司带来一定的商业机遇，因此有必要提前做好准备。

（二）销售渠道的选择

保险代理人销售是中国保险市场的主要销售方式，银行窗售次之。以下就外资人寿保险公司进军中国市场的销售渠道选择问题进行探讨。

（1）对保险代理人的培训问题。

中国的保险销售方式包括：保险代理人、保险中介、保险审查公司、保险公司的营销人员、保险公司的直销、网上销售、电话服务中心等方式。在日本最普遍的是营销人员方式，而保险代理人方式，没有固定的工资和培训制度，这是二者的主要差别。也就是说，由于保险代理人实行的是绩效制，所以经济收入不太稳定。因此，保险代理人不具有学习保险市场和保险商品相关知识的主动性，而且保险公司和保险代理人在取得保险从业资格之后，就失去了继续学习保险市场和保险商品相关知识的动力，同时也缺乏为他们提供继续学习机会的制度。保险代理人因缺乏相关知识，导致引发其与消费者之间的冲突事件，如由于对非定价保险无法做出充分说明而发生的保险代理人的不幸事件。为了避免这样的不幸事件，提高顾客的满意度，提升保险代理人等销售方式的质量就显得尤为重要。日本在培训方面，并非仅仅采用了为提升营销人员素质而完善培训制度的方法，对于立足长远所采取的改善待遇等措施（在绩效制度中引入固定工资等），虽然会增加成本，但却不失为一种提高质量的好方法。当然，在提高质量的方法上还有很大的创新空间。

外资人寿保险公司大多是国际化的大型保险公司，能够提供高度成熟化的保险技术和商品知识。他们虽然也能够承担价值链上游的相关活动（如保险费率的设定、保险单的签字、保险费用的支付、投资等），但是，在文化、法律、遵守规定等涉及到当地相关规则的方面，大多都交予当地工作人员负责。可以说，对能够有效运用这些知识，且具有保险专业性的当地工作人员进行培训就成为了重要的课题。实际上，在日本生命的案例中，为每20个代理人配备1名培训经理（内部人员）进行日常管理指导，效仿日本生命的这种重视销售效率的培训形式正在逐渐得到推广，其稳定的效果被认为对今后具有重要意义。

（2）银行窗售问题。

虽然保险代理人被视为主要的销售形式，但是在2001年采用银行窗售形式之后，保险公司都在不断寻求新的销售方式。实际上，以外资人寿保险公司往往将银行窗售作为开始，其利用率正在稳步提高。之所以出现这样的局面，是因为虽然在专属代理店的培训上消耗了时间和金钱，但是银行作为一种既存的销售形式，相对于支出的费用，也取得了明显的成效。而且，在银行销售的储存率高的保险商品，对于消费者而言，有很高的人气。但是，银行销售也有局限性，并非所有的银行职员在保险销售方面都具有很强的业务能力，在日本也存在这样的问题。虽然一部分销售人员具有个人保险代理人的资格，但绝大多数人仅仅接受了3小时左右的培训，对于消费者的提问，他们能否应答自如也是一个不小的疑问（沙银华，2004）。现在也有这样的观点，虽然银行销售方式的利用率很高，但是随着消费者偏好的变化以及新商品的开发，如果银行仅仅销售这种单一的商品，那么取得收益就会变得困难。实际上，在银行窗售成为主要销售方式的同时，也要面对销售既存保险商品所带来的困难。

在日本，一般来说，如果银行不断扩大销售保障性高的保险商品，在对融资方具有很大影响的压力销售和商品销售的过程中，如何将从中得到的信息运用在融资判断上成为问题。另外，还需要指出两个问题：一是保险公司的管理问题，银行由于仅仅负责销售，在风险选择和支付核查上的宽松以及在售后服务上的不完善，使得保险公司产生对于银行业务的顾虑；二是保险公司可能会在同银行产生关联的实际管理和联营化上出现问题。

但是，通过考察各国的事例发现，银行窗售正在逐渐成为人寿保险的主要销售形式。如前所述，即使在日本，银行窗售中因养老金保险的销售情况良好，从而使得部分人寿保险公司收入增加。而且，在先于日本实行银行窗售的法国，银行窗售收入占据了保险收入的6成。因此很多大型人寿保险公司对银行窗售采取了特殊对待。

基于这样的现状，在提高银行窗售人员专业性的同时，日资保险企业有必要在扩大保险商品的种类方面采取一些积极的措施。当前，虽然在中国保险市场中，利用窗售方式的主要是短期支付的养老保险，但是在保险业较发达的国家中，也能够看到多样化的商品通过银行窗售进行销售的案例。例如在法国，对于投资连结保险和信用人寿保险等，保险公司采取了重视同银行业务相关联的商品战略。但是，对于同银行业务关联较小的伤害医疗保险和单纯的死亡保障商品，即使是在具有完备销售网络的法国，也不是十分普及。伴随市场走向成熟，为了创造新的市场，虽然可以看到在开发葬礼费用保险、护理保险等新产品的尝试，但是，同银行业务的关联性依旧被认为是成功的关键所在（桑原裕人，2010）。在窗售方式上，处于领先地位的法国的案例，在商品的销售战略上不仅对日本，对中国都极具参考价值。

六、对在华日资寿险企业海外扩张战略的建议

在广州、北京等地区，日资保险企业对于同一种商品采用的是统一的价格。在对目标市场的企业进行经营战略规划的同时，在合作伙伴和销售方式的选择上也存在较大争议。然而，伴随着在中国市场中保险意识的渗透程度不断加深，销售地域不断扩大，下个阶段保险市场走向何方？我们将不得不面对这个全新的课题。在中国保险市场不断发展的过程中，虽然外资人寿保险公司进入中国市场的数量在不断增加，但是这些公司却又不得不面对市场份额不断减少这样一个严峻的市场环境。

（一）目标市场选择的重要性

中国的保险市场处于导入阶段，保险的销售限定在沿海地区，商品和价格还比较单一。因此，从表面上来看，没有特别进行市场细分的必要。虽然目前市场动态性较弱，但一旦市场发展起来，可以预想，市场细分的重要性将逐渐提高。

因此，目标市场的选择十分重要。中国也即将迎来老龄化社会，伴随年龄的增长，消费者对养老金、养老保险、医疗保险等将会产生更大的兴趣。如果在国有企业工作，或许能够提供完善的医疗保障，但是，如果从全国、从保险业发展的历史角度考虑，就会发现医疗保险的需求仍然十分旺盛。目前，令人难以想象的是，在中国不断扩展的销售模式，也就是所谓的银行窗售，多数消费者不去买具有储存性的养老保险，而是特意到银行窗口买入与银行业务关系很小的医疗保险。如同前

文中介绍的法国银行窗售的情形一样，不同于医疗保险，与银行业务具有很高关联性的商品，在店面中销售的可能性将变大。明确目标市场的选择，不仅仅是商品的开发，能够成为判断商品主要因素的销售方式的选择，也将变得越来越重要。

（二）解决思路

即使能够选择合适的目标市场，但竞争对手在很大程度上也会销售类似的商品，因而有必要谋求同其他公司商品更大的差别。这个时候，不能单单着眼于提供保险商品，寻找使消费者感到安心、安全的解决方案也变得越来越重要。例如在德国，伊迪尔对中老年市场进行特殊化对待，从而提升了业绩。该公司相对于压低保险费的举措，采取了为满足中老年群体的需求而提供相应服务的战略，为解决人们对安心、安全问题的关切提供了解决思路。具体来说，为年纪大的顾客营造一种能够与熟识的营业员交谈的环境，电话服务中心提高音量使对方能够听得清楚，还有增加葬礼保费等措施，都是面向老年人的针对性服务。

当然，还有其他通过满足老年人需求而成功的案例（松冈博司，2006）。在美国的医疗保险市场中，AARP 选定了一个小规模的目标市场，在销售医疗保险上取得了成功。AARP 为了满足顾客更具体的要求，提供了面向老年人的各种各样的商品和服务（各种保险、投资产品、医疗用品、打折销售以及旅行、酒店、饭店的会员制等）。这样一来，在面向老年人的销售中，并不单纯强调保险商品，而是为中老年人提供安心、安全的解决方案，或许才能获得真正的竞争优势。

七、结语

处于发展中的中国保险市场，虽然规模不断扩大，但无论是商品、地域还是顾客，都被限制在一定的范围内，还处于一个很难预测未来的阶段。虽然进入中国市场的外资人寿保险公司的数量不断增加，但是市场份额有缩小的倾向。在几家国有人寿保险公司所处的垄断市场中，外资人寿保险公司的市场被限定在了上海、广州、北京等固定的销售范围内，免不了进行一场激烈的竞争。

如今，合作伙伴的选择、销售方式的选择和质量的问题不断暴露出来，但是如果保险市场脱离了导入阶段，不仅要面对眼前的问题，也要去面对全新的问题。在这样的中国保险市场中，各外资人寿保险公司以本国培育的技术情报为背景，通过海外扩张，要如何发挥协同作用，我们必须用更长远的眼光予以持续的关注。

参考文献

[1] Gaunt, Larry D. Risk Management. Harold D Skipper Jr. , ed. , International Risk and Insurance [M] . Irwin McGraw – Hill, 1998: 634 –657.

[2] Hammond, J. D. E. R. Melander and N. Shilling. Economies of Scale in the Property and Liability Insurance Industry [J] . Journal of Risk and Insurance, 1971, 38 (2): 181 –191.

[3] 堀田一吉. 美国损失保险业的产品与混合规模的经济性 [J] . 财产保险研究, 1996, 58 (1): 73 –98.

[4] Houston, David B. and Richard M. Simon. Economies of Scale in Financial Institutions: A Study in Life Insurance [J] . Econometrica , 1970, 38 (6): 856 –864.

[5] 井口富夫. 生命保险公司的规模和经济性效率性 [J] . 保险学研究, 1985, 510: 1 –22.

[6] Katrishen, Frances A. and Nicos A. Scordis. Economies of Scale in

Services: A Study of Multinational Insurers [J]. Journal of International Business Studies, 1998, 29 (2): 305 - 324.

[7] 桑原裕人. 法国的生命保险市场和银行保险 [J]. 生命保险经营, 2010, 78 (2): 83 - 105.

[8] Lovelock, Christopher H. and George S. Yip. Developing Global Strategies for Service Businesses [J]. California Management Review, 1996, 38 (2): 64 - 86.

[9] 松岡博司. 保险销售中介者也巨大的美国的高龄者团体 AARP [J]. 据日生基础研究 REPORT, 2006, 11: 1 - 2.

[10] 恩藏三穂. 规模的经济性—保险公司的国际化战略 [J]. 早稲田商学, 1999, 380: 647 - 665.

[11] 沙银华. 加入 WTO 后中国人寿保险市场的变化的实际情况考察 [J]. 据日生基础研究所所报, 2004, 3 (32): 78 - 127.

[12] 不断增长的中国保险市场—最新数据的解说 [J]. 据日生基础研究所报告, 2007, 6: 16 - 23.

[13] 史新秀. 关于日本生命保险公司进入中国的考察 [J]. 保険学榨汁, 2006, 595: 79 - 96.

[14] スウェン? スタズィック・酒田雄太. 中高年市場に特化するドイツ? イディアル生命の戦略 [J]. 生命保险经营, 2006, 74, 5: 73 - 95.

[15] 瑞士再保险公司. 統合は進む: 生命保険のM&Aをリードするグローバル企業 [J]. Sigma, 1996, 1.

[16] 新興保険市場における成長の可能性を開発する注目を浴びる中国とインド [J]. Sigma, 2004, 5.

[17] 2006 年の世界の保険:『生命保险』保険料が回復 [J]. Sigma, 2007, 4.

[18] 生命保険文化センター. 平成 18 年度? 生命保険に関する全国実

態調査［R］．2006.

［19］平成21年度生命保険に関する全国実態調査（速报版）［R］．2009.

［20］中国保険監督管理委員会．中国保险市场年报［M］．中国金融出版社，2006.

［21］高千穂商科大学東アジア経営学研究教育交流センター．关于中国的生命保险市场的调查报告书［R］．高千穂大学，1998.

［22］中国保险监督管理委员会（www. circ. gov. cn/web/site0/）.

［23］日本生命保险公司主页（www. nissay. co. jp）.

［24］住友生命保险公司主页（www. sumitomolife. co. jp）.

［25］ファイナンシャルタイムズ（www. ft. com）.

［26］日本生命、中国で合弁生保設立へ［N］．保险银行日报，2001，12.

［27］日本生命，在中国的合资人寿保险公司［N］．保险每日新闻（生保版），2001，12.

［28］日生．17年の『悲願』実る［N］．日本金融新闻，2003，1.

［29］企业研究 日本生命保险［N］．日刊工业新闻，2006，4.

［30］大型寿险的海外进军［N］．保险每日新闻，2007.

明治株式会社的持续成长与全球化战略

高千穗大学　中岛聪

摘　要：本文主要论述了明治乳业与明治制果合并的原因及今后的发展方向。通过分析居民变化及市场现状，笔者认为两者的合并是应对消费者需求多样化、复杂化、生活防卫意识的提升的对策，且业界处于变动时期，企业合并可以避免被国外基金收购。此次合并中，两者的事业领域基本没有重复，互补关系很强，通过多种手段整合优势创造协同效应。为了不重蹈“日本航空”的覆辙，作者认为两者的合并应以满足顾客为目标，发挥“明治集团”的品牌力量，以提升市场占有率。

关键词：企业合并　消费者需求　协同效应

一、问题的提出

2009 年，明治乳业与明治制果合并成立了明治株式会社，成为日本年销售收入超过 1 万亿日元的食品企业。但是，从世界范围来看，其销售收入不过是“雀巢”的五分之一的规模。

“R－1”是一种用明治保加利亚酸奶的保加利亚菌做成的、可以提高身体免疫机能的商品，之前仅在部分地区出售，自从 2010 年 1 月 19

日起在日本全国销售。人一旦过了30岁，免疫力就会急速下降，而免疫力分为先天性免疫力与获得性免疫力两种，“R－1”可以使人获得新的免疫力，并提高身体中的原有免疫力。根据对小白鼠实验得出的结果，可以发现它对流感也有很强的抑制作用，能够提高机体免疫力、预防病毒。

“可以提高机体免疫力”成为明治酸奶制品的销售卖点，成为拓展市场的增长点。另一款商品“LG21”中的乳酸菌具有减少胃中幽门螺旋杆菌的作用，而幽门螺旋杆菌的减少意味着消费者患胃溃疡和胃癌的几率会降低。因此，“LG21”的购买者不只是为了喝酸奶，而是为了健康而购入了商品。该商品的价格并没有像普通消费品那样，随着进入市场时间的延续而下降，因此该商品保持着一年350亿日元的销售额。因此，“明治乳业”的资源既包含基础研究能力，又包括依托研发和技术优势的高质量产品。但是，在企业经营全球化的战略背景下，如果不进一步提高企业能力，是难以应对激烈的市场竞争带来的挑战的。可以说，明治乳业和明治制果的合并正是出于这样的战略考量。

詹姆斯·柯林斯在其著作《基业长青》中列举了四种衰退型企业的特征：

第一种是“成功体验”，对过去的成功无法抛弃的企业或人会衰退。例如经常说成功的选手不一定能成为有能力的教练或领队，其中一个原因是其作为选手的成功经历成为了包袱。这种“成功体验”的魔咒并不仅限于运动员。在企业，优秀的员工不一定能够成为优秀的企业家。在很多情况下，是否被过去的成功拖住脚步决定了你能否成功。

第二种是“规律性膨胀”，这是企业衰退的重要原因。比如企业为什么要合并？如果不搞清楚原因的话，企业就会无意义地膨胀，反而会造成衰退。

第三种是“自我否认风险与危机的存在”。在企业中存在很多不关注厌恶的事物，对此选择漠视的事例。尽管这种行为很奇怪，但还是不选择直视它，这样的事情在过去的企业中常常发生。

第四种是“期盼救世主的出现”。不要期盼着救世主的出现，必须尝试对自己企业的业务流程做出变革。

作为企业整体，如果这种危机意识仅仅停留在高管层面而未能普及到每位员工，将导致灾难性的结果。可以说，明治乳业和明治制果合并的一个重要背景是对未来风险的感知。换言之，两家企业是为了不陷入衰退而选择的战略性合并。以下，以日本居民消费的变化为切入点，探讨明治乳业与明治制果合并的原因以及之后的整合和协同效应。

二、居民消费变化与市场现状

图 1 反映了日本居民市场的动态数量和动态质量的关系。通过对日本消费市场的数量、质量的分析，可以发现几个特点。

（1）内需减少与通货紧缩。

日本的人口在 2006 年达到 1 亿 2744 万人的峰值，预计到 2050 年人口将减少至 1 亿人。2009 年前后，人口以每年 15 万人的速度减少，2015 年之后人口减幅达到每年 40 万～70 万人。在人口减少的同时，65 岁以上老龄人口的比例在 2012 年为 23.9%，预计到 2020 年达到 29.1%。现在日本市场的特征是，消费主力不是原来的户主是 30～50 岁的标准家庭，而是以 60 岁以上老人为户主的家庭。

从图 1 可以看出，伴随着人口的减少，不能期待居民消费在数量上得到扩大。2009 年之后日本政府发表的多次消费趋势调查（预测）结果表明，日本居民认为物价下降的可能性很大，是完全的通货紧缩倾向。同样，由于人口减少，很难期待内需得到扩大。

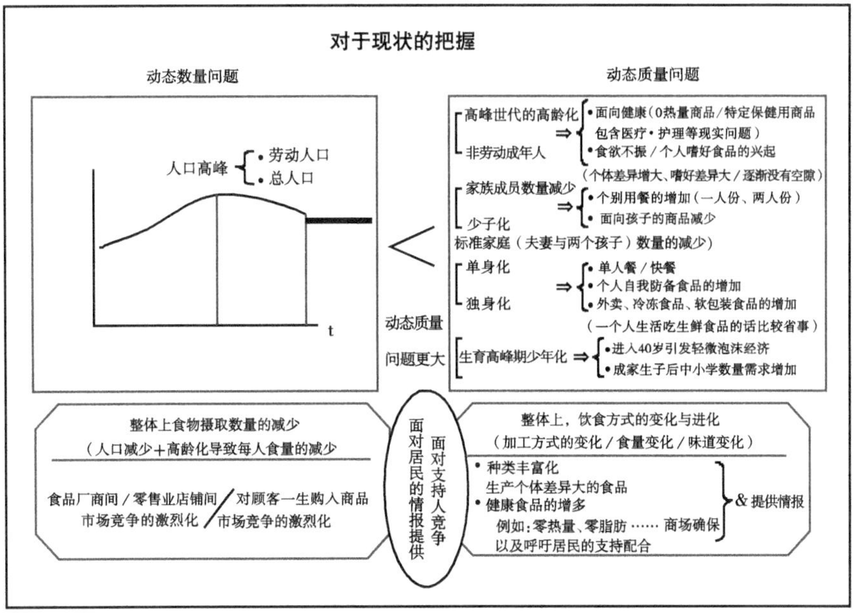

图 1　日本居民市场的动态数量和动态质量

根据野村综合研究所（NRI）发布的《万名生活者调查》来看，现在物价下跌并伴有通货紧缩倾向，居民中有 30% 认为“今后经济会持续不景气”，这与上一次（2003 年）的统计基本持平。认为“收入会继续减少”的居民占 42%，说明日本人的消费信心受到了较大影响。2007 年，幻冬社针对日本老年人的市场战略发表了《发现老年人真实想法的白皮书 2007》，提出日本企业需要思考如何让富裕的老年群体消费。然而，现实情况是，临近退休的 60 岁以上的老年人虽然有一定经济能力，但几乎没有未来的消费计划，所以很难期待通过他们拉动内需。

（2）买方市场下的成熟市场举措。

如果物价下降，增加低价购入是必然的结果。女士冬衣的大甩卖是从 2015 年 11 月开始的，这是消费没有增长的原因。以防损失、静等降价的倾向在经久耐用品和衣物方面表现得尤为显著。那么，该如何促使消费者购买呢？在大公司的零售业，出现了衣物的折旧换新这种方法，这应该是非常有效的做法。如果衣柜里堆满了闲置的旧衣服，就不会产生新的购物欲望。毫无疑问，这是买方市场下期待的成熟市场举措。

（3）消费者需求的个性化。

在家庭结构少子化、单身化的影响下，家庭成员正在减少，企业不得不战略性地考虑应对消费者个性的销售。

在关于发挥某综合超市柜台功能的提案中，明治公司负责人通过对各个店铺现状的观察，对连锁竞争与市场数据的比较进行了分析，认为幽门螺旋菌的酸奶“LG21”很畅销，但是与其他店铺相比商品种类却不太丰富，由此提出了扩大营业面积的建议。但是，这一建议没有详细了解消费者的特点。该店铺的主要消费群体是20～30岁的单身男女，而关心幽门螺旋菌的目标人群是40岁以上的人，那么即使改变了商品种类，也可能会出现与发挥市场功能没有关系的结果。因此，要理解个性化销售的概念，就需要抓住最本质的部分，否则就会偏离重点。

（4）海外业务拓展中的“安全”与“放心”。

食品厂商之间的市场竞争日趋激烈，原因在围绕常规商品而展开的竞争无法扩大市场。合并后的“明治控股公司”为控股公司，明治乳业、明治制果是事业公司，其战略重点之一是如何发展海外业务。

就食品业而言，拓展海外业务最大的卖点是日本企业的“安全·放心”。自中国乳制品企业三聚氰胺问题发生以来，明治公司的商品在中国有着超高的人气，甚至出现了从中国到日本买奶粉的旅行团。之所以有这种现象，一个重要原因在于日本食品的“安全”与“放心”。

（5）自有品牌。

目前的消费低迷不能仅仅用“防御心理”，即消费者因为经济不景气而减少消费、保证最基本的生活来解释。国际市场调查企业尼尔森公司提出，2010年后零售业应对市场变化的关键词有五个，即应对新常态、价值优先、提升自有品牌销售额、并购的增加、装饰品竞争激化。对于零售企业而言，需要重点关注第三点，即如何提升自有品牌商品的销售额。

在美国，零售业自有品牌食品的比率在数量上约占23%，销售额约占20%。尼尔森公司虽然列举了自有品牌销售量上涨的例子，但现状是全面停滞。提升自有品牌销售额需要在保证商品新颖性上下功夫，这就要求企业不断创新。如Seven - eleven等企业就尝试在重新评价已有商品的基础上，频繁地进行更新。

（6）消费观念的变化。

现在，判断一个国家是否发达的标准正在由GDP（国内生产总值）向GNH（国民幸福指数）转变（如图2所示）。与之相对应，消费的中心正在从“物资消费”向“精神消费”的转变[①]。

另一个有趣的现象是：日本国内旅游业低迷，而与家庭休闲娱乐有关的笔记本电脑、电视等消费却呈现出增加的趋势；汽车、宝石历来被当作私人耐用消费品，而现在的消费者却可以接受“与他人共享”，即与所有价值相比，消费者更加关注使用价值，值得引起关注 。

① 译者注：比如吃饭是一种消费行为。如果狭义地理解，“吃饭”消费的是“物资”（大米、蔬菜、鱼肉等），但随着富裕程度的提高，“吃饭”被赋予了更多的含义，当温饱解决之后，消费者更加关注吃饭这件“事情”，比如机会、场景、氛围、一同吃饭的对象等。因此，吃饭已经从单纯的物资消费变成一种“事情”消费或“精神消费”。

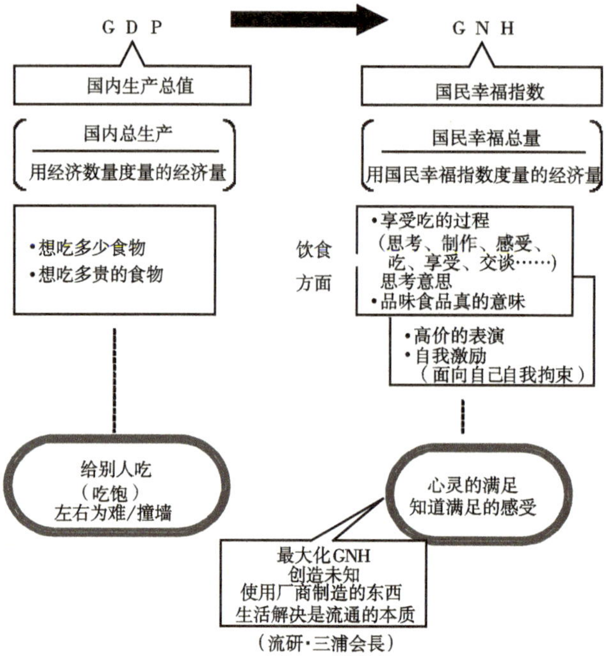

图 2　判断富裕程度的不同指标——GDP 与 GNH

那么，怎样才能使幸福感得到增加呢？机会和场景，也就是说与“事情”有关成为这次合并的重要原因。

进行企业合并的原因主要有：首先它是应对消费者需求多样化、复杂化、生活防卫意识的提升的对策。一方面，以原料价格的飞涨为代表，出现了许多难以理解的变化，考虑到今后原料价格会继续上涨，也会出台措施加以解决。而且预测收入会减少的消费者占 42%，生活防卫意识的提升就变成不可回避的话题，以及少子、高龄化，对于食品安全问题关注的增加，也是重要问题。

三、明治乳业与明治制果合并的理由

明治乳业与明治制果的并购发生在 2009 年。当时，日本的畜产、乳制品行业正处于变化的洪流中。两家企业并购的原因可以归纳于以下方面。

（1）扩大规模，避免敌对性收购。

发展到一定程度的日本企业，多数完成了生产管理的现代化，拥有优秀的人才。满足这样条件的企业，很容易成为国外基金的收购对象。但是，如果企业的年销售收入达到1万亿日元，被敌对性收购的风险就会大大降低。明治乳业与明治制果的并购案例在很大程度上是出于降低被收购风险的考虑。

合并前，明治乳业的年销售收入约为5500亿日元，明治制果则为4000多亿日元，加上与明治乳业进行联合决算的关联子公司，整体规模达到约1兆5000亿日元。并购完成后，被收购的风险大大降低。

（2）资源的互补性。

两家企业合并的另一个原因在于资源的互补性，尤其是医药领域的资源互补。随着日本医疗制度改革的推进，不难发现企业合并的作用。明治制果在常用药品方面有优势，具有一定的市场占有率。然而，随着医疗制度改革的推进，药价出现不断下跌的趋势，药品生产企业为了维持药价，常用的做法就是开发新药。然而，新药开发需要大量资金，单打独斗的企业无法与行业内的大企业集团竞争，因此为了保护“明治制果”的医药品业务，必须扩大企业规模，并获得资金支持，而明治乳业恰恰能够满足这一需求。

从结果上看，企业的合并提升了竞争力，使得新价值的提供成为可能。

（3）创造新的需求。

企业的价值创造与创造需求紧密相连，如果不能创造新的需求，企业就不可能实现可持续发展。明治乳业与明治制果合并的另一个原因是为了更好地创造需求。通常，创造需求的途径不外乎以下两个。

一是现有技术与应对市场变化的技术之间的结合。由于市场的变化，对技术的需求也在发生变化。比如食品和药品对技术的要求明显不同，但也存在一定的交叉。如明治公司的新产品“R－1”从一定意义上讲，兼备食品与药品的特征，是发酵技术与医药技术的融合。

二是顾客关系的变化与销售渠道的结合。如果信息技术与基础设施的网络得到普及，销售市场也会大幅扩大。但是，2009 年的销售市场却缩小了。公司通过分析发现，对销售收入和利润贡献最大的是目录营销。然而，虽然公司对网络的投入增加了，目录营销的规模却萎缩了。也就是说，渠道和网络出现了不均衡。因此，有必要根据网络的变化对渠道进行相应的调整。

四、企业并购之后的整合

（1）企业合作的八种类型。

①ARBITRAGE 型（套利型）。即是为了赚取差价的并购。

②市场支配型。常见于造纸业的并购，可以说实际上是垄断、寡头垄断。

③协同效果型。指双方技术的融合，能够发挥了最大效果。

④范围经济型。典型案例是主要面向青年人的女装生产商“world”收购珠宝首饰、以及服饰的生产企业，这也可以说是一种合作。

⑤风险防范型。与市场支配型相似，实际上是在设想在各种风险的情况下进行风险防范的行为。明治乳业与明治制果的合并，不仅是为了防止敌对收购需要一定的规模，也是对风险的应对。而且，由于明治制果与明治乳业的技术、商品能获得协同效应，也可以说是协同效果型。

⑥灵活应对型。应对企业经营中的不确定性需要人才，而人的成长是需要时间的。因此，灵活应对型的企业合作是指一家企业与拥有优秀人才的另一家企业实现并购或开展合作。

⑦获得许可型。其目的是为了消除市场壁垒，比如乳业界由于国家

政策的原因进入壁垒很高，新企业很难进入。如果要进入壁垒很高的市场的话，就需要采取措施越过壁垒。

⑧品牌资产型。该类企业合作中，最具有代表性的案例是欧美知名品牌厂商通过其品牌优势开展跨国经营，并与东道国企业进行合作。

（2）明治乳业与明治制果合并后的整合。

一是企业合并的目标。明治乳业与明治制果合并的目标是：成为在糕点、乳制品等食品、医药品等广泛领域中，为人们健康快乐地生活做出独特贡献的企业集团。两家企业的业务具有明显的互补性：明治乳业原本主要针对主妇层面的消费者，面向儿童的商品较缺乏；明治制果则主要面向儿童消费者。

企业合并的目标如图 3 所示。

追溯起来，两家公司的前身是制糖公司——明治精糖。可以说，明治制果是由砂糖企业发展来的。后来，制造炼乳的极东炼乳成立，成为明治乳业的前身。

两家公司的共同点在于：老字号；品牌强，拥有很多销量第一的品牌。两家企业合并的互补关系是：明治乳业的商品以冷藏和冷冻为主，而明治制果的商品是常温的，所以在零售店的销售柜台不同。此外，牛奶和酸奶是每天饮食生活的必需品，糕点类是给生活增添情趣的商品。

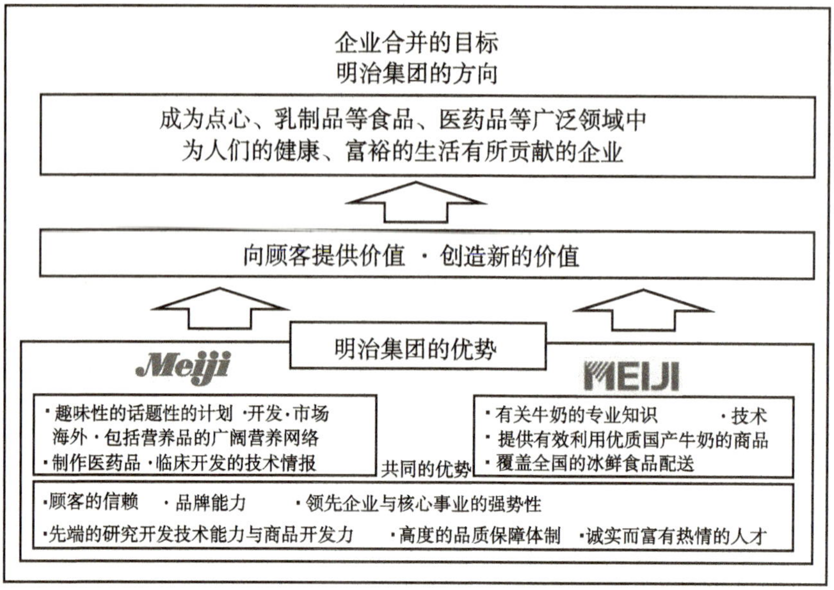

图 3 明治乳业与明治制果合并的目标

二是明治集团的经营理念。合并完成后，明治集团对经营理念、愿景等重新进行了梳理。集团的经营理念可以概括为：以“扩大美味、快乐的世界，响应健康、安心的期待”为使命，紧贴顾客需求，充实顾客每日的生活，作为饮食和健康的专家，总是领先一步持续地创造价值。

企业的愿景包括五个方面：“以顾客为出发点”的想法和行动贯彻始终；提供“高品质、安全、放心的商品”；持续挑战“新价值创造”；提高、扩展组织、个人的活力和能力；成为透明、健全，被社会信赖的企业。

为了实现上述愿景，企业制定了行动方针，包括：面向顾客，向顾客学习；培养远见卓识，提高抢占先机的能力；让工作变得有趣，创造有趣的工作；不回避问题，有坚持到底的气魄和勇气；相信团队的潜能，充分发挥团队的力量。

合并后市场商品领域的扩大，必须与生活中的所有场景相符合，成为对生命时间价值有贡献的企业。明治集团的理念、愿景、行动方针的重要一点是紧贴顾客需求。不仅健康、安全、安心，还要为顾客每日的充实生活做贡献，这是对马斯洛“需求层次理论”中生理需求、安全需求和自我实现需求的准确响应。

三是合并后的协同。两家企业在合并之前的2003年前后，分别推出了中期发展规划。明治制果要成为“强大而有趣”的公司，2003—2005年度进行了“2005创造土壤事业发展计划”，并对组织结构进行了全面改革，2006—2008年度实施了“冲刺2008”计划，进一步强化了成长战略；明治乳业则提出，要成为“拥有独立技术、商品创新活跃、能够与世界顶尖食品企业比肩”的企业，2003—2005年度完成2005中期计划，强化体制方面的改革，2006—2008年度完成2008中期计划，企业进入进一步成长的轨道。

企业合并之后必须考虑的问题是，明治乳业与明治制果之间基本目标不同，如何整合优势促进发展？也就是说，已有的业务如何成长？并购后的协同如何进行？从已有业务的成长看，合并后的明治集团在2009年4月—9月约有60家流通企业，2009年10月—2010年3月，有50家流通企业进行了联合促销，目的在于发挥集团整体的品牌力量，促进已有业务的成长。当然，为了实现更好的协同，有必要灵活运用各自拥有的各种销售渠道和技术。

鲜奶、奶粉、炼乳、黄油、奶酪、冰淇淋、饮料、畜产品等“明治乳业”的核心商品群，被称为“骨干品牌”，合并后归口乳制品事业部。合并后，明治集团提出了该业务的基本目标是：超过同类其他企业，业绩呈现两位数以上的增长；酸奶、益生菌（专业有机酸奶LG21等）确立在市场上的压倒性占有率；提高品牌牛奶的销售额；增强送货上门的瓶装商品竞争力，灵活运用物流渠道扩大送货上门业务；培养业界第一的奶酪事业；扩大流食业务，力争市场占有率第一。

为了实现这一目标，公司采取了以下五个方面的战略：一是积极扩大尚待强化的业务，如酸奶、流食、奶酪等；二是完成价格调整后商品的销售额反馈制度；三是强化商品开发和市场营运能力；四是借助与其他公司的业务合作强化竞争力；五是集中经营资源强化品牌战略。在已有商品系列方面，不能只考虑市场占有率如何高于其他公司，也要考虑如何扩大品牌销售额等销售战略。

明治制果的核心是食品部门、点心制造等，还有其他有关健康事业领域的体育俱乐部等。但是，真正意义上的协同效应是人和组织潜能的提高。明治乳业和明治制果商品的卖场和销售方法完全不同。明治乳业由于冷藏商品多，所以可以按月核算，而明治制果的商品在一个月内到达消费者手中的情况很少，由于仓库和批发商库存的存在，按月核算就比较困难。另外，业务洽谈方面，明治乳业是大公司和其他公司的营业人员直接商谈，所以明治乳业经常成为批发商的中心。即使在商品特点、业务洽谈存在诸多不同，合并后仍然必须在扩大相关业务、以及明确价格方面发挥协同效应。具体而言，就是要求强化既有业务，扩大各业务的成长机会，提高采购、物流的效率。企业内部的单位成本绩效效率是一个重要的问题，但能够成功的企业很少，从世界范围来看，失败案例远高于成功案例。企业的合并、扩大必须考虑部分重复业务的单位成本绩效，但实现起来并不容易。

“日本财团法人效率协会”每年 3 月举办“营销综合大会”，2010 年的主题是“回归持续成长的原点和技术创新”，其中的重点是“回归原点”和“创新”。近年来，食品行业的商品更新换代明显加快，也就是说新商品的可持续性极速下降。对于企业来说，关键是拥有多少长期畅销商品，尤其是品牌畅销商品，只有这些商品才能对持续地贡献市场占有率。

长期畅销商品不仅是个别商品品牌，更是提升企业品牌的巨大力量。因为企业品牌是个别商品系列的品牌价值保证，所以企业必须重视长期畅销商品方面的战略。

食品企业要想扩大事业成长机会，必须创造健康营养领域的新范式、开展甜点领域的新业务。合并后的明治集团在甜点方面推出了包括生巧克力在内的冷冻商品，呈现出乳制品与点心相互渗透的趋势。明治制果原本就有优秀的巧克力生产技术，与以冷藏为主力的“明治乳业”合并后可以有效地利用其冷链物流技术、冷冻商品的稳定技术等。

因此，企业合并后，如何创造出协同效应是整合的关键。明治集团的考虑是：以“明治”品牌为基础，从大范围积累经营资源出发，追求“强化已有业务”“创造新需求、扩大事业机会”“供应链、物流的单位成本绩效”的协同效应。具体内容包括：扩大业务内容；提升业务之间的协同效应；强化、扩大已有业务；扩大事业成长机会；拓展商品链、物流链；产生商品价格的协同效应；加强供应、物流、生产和宣传等；通过增收实现增益；发挥人、组织的潜力。

五、结论和相关讨论

明治乳业与明治制果的合并，在业务领域上基本没有重复，互补关系很强，按照前述企业合作的分类，本次合并可以归纳入三种类型：即协同效果型、获得许可型、范围经济型。但是，必须深入思考的是如何提高客户满意度，进而扩大市场占有率？因此，明治集团在合并完成之后，需要认真思考以下问题并加以实现。

一是终生价值战略，即为顾客提供更长时间范围内的价值。通常价格包含两种含义，即“价格（price）”和“通盘成本（full span of cost）”①。前者往往针对的是生活必需品，消费者购买时对价格更为敏感；后者的代表是那些“能够解决自身问题和消除烦恼的商品”，即使单价较高，但由于其能够影响消费者的长期健康，即使售价略高仍然受到消费者的追捧。明治的酸奶产品“LG21”推出以来累计销售额达到

① 译者注：原文同时使用了“通盘价值”和“通盘成本”两种表述。为便于理解，译者统一为“通盘成本”。

350亿日元，无疑是基于“通盘成本”思考的战略性商品的杰出代表。

从野村综合研究所发布的《万名生活者调查》结果看，出乎意料的是“买便宜又经济的东西”的回答几乎没有增长，而“买尽量能长期使用的东西”的回答增长率比较高。与此同时，“便宜、信赖的消费”几乎没有增长，“为自己喜欢的附加价值付账”的“加价消费”正在增长。也就是说，消费者希望灵活消费。那么，以明治集团拥有的技术和独立性为基础，用什么形式实现从价格到通盘成本的战略转换是一个长期而艰巨的课题，这就需要增强与顾客的接触，最大限度地发挥“明治”的品牌力量。

二是重新定义市场占有率。市场占有率实际上有三层涵义：一是通常意义上的狭义市场占有率（market share），即企业或商品现有的市场份额；二是心理占有率（mind share），即顾客在谈到某一行业时首先想到的企业名称；三是精神占有率（heart share），即顾客想购买某种商品时想到的企业名称。因此，提升心理占有率和精神占有率需要通过品牌战略来实现。

三是重新审视顾客满意。一种观点认为，顾客满意度往往与满足顾客需求方面的绩效、顾客的期望值有密切关系。也就是说，顾客满意度等于绩效与期望值的差。如果按照这一公式理解，顾客对企业或商品的期望值越高，在满足顾客需求方面取得的绩效一定的情况下，顾客满意度会下降。事实果真如此吗？很难想象，一个顾客并不期待的商品或企业有什么顾客满意可言。

由此可以看出，前述公式虽然不无道理，但与现实之间还是有着较大的出入。对企业或商品抱有较高期望是顾客满意度产生的必要条件，即使所取得的成果在一定程度上低于顾客的期待，顾客也可能满足，因为他们知道理想和现实的差距。同样，只有拥有远大理想并努力让现实尽可能接近理想的人，才能赢得他人的尊敬和爱戴。这就告诉我们，提升顾客满意度的关键在于：持续地向顾客提供值得期待的解决方案并努力去实现。另外，需要强调指出的是，由相对稳定的忠实顾客评价得到的顾客满意度往往更具有说服力。

四是重视合并之后的整合，追求协同效应。合并以来，明治集团重点整合的领域包括：业务整合，如健康营养业务、药品业务、海外事业务、冷藏甜品事业、送货上门和邮购业务、专业物流业务、采购业务、冰激凌业务、生产与研发业务、种子研究业务等；市场营销政策，包括渠道，市场战略，促销方式，价格制定等；以及信息传递与沟通方面的整合，以避免铺天盖地的无用信息对决策形成干扰等。值得一提的是，财务管理的整合在明治集团合并的案例中也起着十分重要的作用。

和采购、物流业务不同，乳制品行业有着鲜明的季节性特点。在日本，乳制品制造商在各财政年度的上半年（4 月—9 月）的利润远远大于下半年（10 月—3 月）。也就是说，温暖的季节销售收入高，利润也随之水涨船高。另外，巧克力等点心类在以圣诞节、新年、情人节等为代表的寒冷时期畅销。也就是说，明治乳业的主打产品乳制品和明治制果的主打产品巧克力类在季节性方面也存在着互补性，这种互补性能够为合并后企业的财务管理带来协同效应，便于企业做出职能性财务安排，即：在销售收入较少的季节可以灵活运用销售收入较高一方的剩余资金。

五是适应新常态。“新常态”是硅谷著名投资家罗杰·马克纳米于 2004 年在《新常态》一书中首次提出的，他写道“调整吧”。“新常态”是指“雷曼事件后，即使经济回暖，消费者的购买态度也不会回到之前，或者说和金融危机时代不会有变化的现象”。事实的确如此，经济形势的好转不会改变“变得越来越精明”的消费者的购买态度，自然也不会扩大消费。就食品行业而言，日本国内市场已经接近饱和，在此基础上大幅度扩大内需无异于痴人说梦。

新常态下，明治集团需要进行价值观的整合。合并带来的一个重要变化是企业文化和背景完全不同的两个公司的合并导致的价值观的冲突与震荡。例如，明治制果以便利店为中心销售多种商品，在广告中强调商品的新鲜度。由于销售的是常温商品，所以不存在冷藏、冷冻容器的限制，对货架或售货机器没有要求，且在店内任何地方都能陈列。以日需品为主的明治乳业更关注如何在有限的空间内提高效率。因此，只有认识到这些企业文化和价值观的差异并加以整合才能避免成为一个“拉郎配”，即为了合并而合并的案例。为了做到这一点，明治集团需要通过选择和集中的战略发展畅销品牌商品，尤其是长期畅销的品牌商品，必要时需要明确品牌使用的规定，因为品牌的随意使用会导致品牌和渠道的冲突，损害品牌价值。

柯林斯在《基业长青》中提到，不管面临多大困难，都不能失去必胜的信念；不论拥有多大的成功，必须正视严酷的现实！总之，不能逃避现实，不能失去希望，可以说“不可改变的东西只有一个，那就是基本理念”。因此，明治集团有必要借鉴柯林斯的观点，在进一步加强整合的基础上发挥协同效应，实现企业的可持续发展。

大型跨国公司在华研发投资多点布局问题研究

中央财经大学　王生辉

摘　要：自 2000 年以来，跨国公司在华研发投资进入了快速发展的时期，一些大型跨国公司为了更好地开拓中国市场或为了更充分地利用中国的人才等科技资源，在中国内地设立两家及以上研发机构，呈现多点投资的格局。本文以 33 家大型跨国公司在华设立的 204 家研发机构为样本，分析了实施研发投资多点布局的跨国公司的总体特征、在华研发投资多点布局的动态演化及未来的发展趋势。

关键词：大型跨国公司　研发投资　多点布局　动态演化趋势

一、引言

自 20 世纪 80 年代末期以来，跨国公司开始在中国内地设立研发机构。一开始，大多数此类机构都隶属于跨国公司在中国的合资企业，主要功能是向中国的客户提供技术支持，或者是对产品和服务进行调整，使之适应中国客户的需要。2000 年以来，随着中国加入 WTO，跨国公司在华研发机构进入了迅速发展阶段。目前，中国已成为吸收跨国公司海外研发投资最主要的东道国之一。根据 UNCTAD2005 年对全球研发支出最多的700家跨国公司的调查，中国已经成为仅次于美国和英国的世界第三大研发投资目标国。另据统计，1997年，外资研发机构的数量不足20家，到2000年迅速上升到120家，到2005年增加到750家。根据《2007中国投资报告》的数据，到2006年年底，在华外资研发机构的数量达到约1000家。自2000年以来，外资研发机构年均增长100多家。

随着跨国公司在华研发投资的发展，一些大型跨国公司纷纷拓展在华研发投资，增设新的研发机构，呈现出多点布局的模式。所谓大型跨国公司在华研发投资的多点布局，指的是一些大型跨国公司为了更好地开拓中国市场或为了更充分地利用中国的人才等科技资源，在中国内地设立两家及以上研发机构。多点投资已经成为很多大型跨国公司在华研发投资的重要模式。

二、样本选择

本报告通过实地访谈、报刊资料收集及网络材料搜索等方式，研究了33家大型跨国公司在华研发投资多点布局的情况。这33家企业中的25家名列2007年《财富》500强，有1家（富士施乐）由《财富》500强排名287和477的富士胶片和施乐合资组建，还有7家也都是行业内的领先企业如表1所示。这些企业先后共在华设立研发机构204家，平均每家企业设立的机构数量约为6家。

三、在华研发投资多点布局的跨国公司总体特征

（一）行业分布

本报告中的33家大型跨国公司所涉及的行业主要为电子与电气设

备、计算机与办公设备、计算机服务与软件、网络与通信设备等。其中，电子与电气设备行业的企业为 6 家，共设立研发机构 41 家，占企业总数及研发机构总数的比重分别为 18.2% 和 20.6%，平均每家公司设立的研发机构数为 7 家。网络及通信设备行业的企业为 6 家，共设立研发机构 64 家，占企业总数及研发机构总数的比重分别为 18.2% 和 31.4%，平均每家公司设立的研发机构数为 10.7 家。计算机与办公设备行业的企业为 4 家，共设立研发机构 28 家，占企业总数及研发机构总数的比重分别为 9.1% 和 8.3%，平均每家公司设立的研发机构数为 7 家。计算机服务与软件行业的企业为 3 家，共设立研发机构 16 家，占企业总数及研发机构总数的比重分别为 9.1% 和 7.8%，平均每家公司设立的研发机构数为 5.3 家。制药行业的企业为 3 家，共设立研发机构 6 家，占企业总数及研发机构总数的比重分别为 9.1% 和 2.9%，平均每家公司设立的研发机构数为 2 家。半导体及其他电子部件行业的企业为 2 家，共设立研发机构 15 家，占企业总数及研发机构总数的比重分别为 6.1% 和 7.4%，平均每家公司设立的研发机构数为 7.5 家。其他行业的企业为 6 家，共设立研发机构 20 家，占企业总数及研发机构总数的比重分别为 18.1% 和 9.8%，平均每家公司设立的研发机构数为 3.3 家如表 2 所示。

总体来看，在华设立多家研发机构的企业当中，电子与电气设备和网络及通信设备行业的企业数量最多，其次是计算机与办公设备、计算机服务与软件、制药和化学行业的企业，而半导体及其他电子部件和其他行业的企业所占比重较低。网络与通信设备行业平均每家公司设立的研发机构数量最多（10.7 家），其次是半导体与其他电子部件行业的企业（7.5 家）和电子与电气设备行业、计算机与办公设备行业的企业（7 家）。制药行业平均每家公司设立的研发机构数量最少，仅为 2 家。

表 1　33 家大型跨国公司简况

序号	公司名称	总部所在国	行业	《财富》500 强（07）排名或其他
1	通用电气	美国	多元化金融	《财富》500 强排名 11
2	西门子	德国	电子与电气设备	《财富》500 强排名 28
3	本田汽车	日本	汽车及配件	《财富》500 强排名 37
4	惠普	美国	计算机与办公设备	《财富》500 强排名 41
5	国际商用机器	美国	计算机与办公设备	《财富》500 强排名 42
6	三星电子	韩国	电子与电气设备	《财富》500 强排名 46
7	日立	日本	电子与电气设备	《财富》500 强排名 48
8	雀巢	瑞士	食品	《财富》500 强排名 56
9	索尼	日本	电子与电气设备	《财富》500 强排名 69
10	乐金	韩国	电子与电气设备	《财富》500 强排名 73
11	巴斯夫	德国	化学	《财富》500 强排名 81
12	诺基亚	芬兰	网络及其他通信设备	《财富》500 强排名 119
13	陶氏化学	美国	化学	《财富》500 强排名 123
14	微软	美国	计算机服务及软件	《财富》500 强排名 139
15	摩托罗拉	美国	网络及其他通信设备	《财富》500 强排名 143
16	富士通	日本	计算机与办公设备	《财富》500 强排名 144
17	葛兰素史克	英国	制药	《财富》500 强排名 147
18	日本电气公司	日本	计算机与办公设备	《财富》500 强排名 159
19	诺华	瑞士	制药	《财富》500 强排名 168
20	英特尔	美国	半导体及其他电子部件	《财富》500 强排名 183
21	霍尼韦尔国际	美国	航天与国防	《财富》500 强排名 209
22	杜邦	美国	化学	《财富》500 强排名 225
23	阿斯利康	英国	制药	《财富》500 强排名 252
24	爱立信	瑞典	网络及其他通信设备	《财富》500 强排名 284
25	阿尔卡特朗讯	法国	网络及其他通信设备	《财富》500 强排名 401

续表

序号	公司名称	总部所在国	行业	《财富》500强（07）排名或其他
26	富士施乐	日本	科学器材与办公设备	由富士胶片和施乐合资组建
27	UT 斯达康	美国	网络及其他通信设备	世界领先的通信设备制造商
28	安捷伦	美国	通信与生命科学	分析仪器系统的全球领导供应商
29	英飞凌	德国	半导体及其他电子部件	世界排名第六的半导体公司
30	北电	加拿大	网络及其他通讯设备	电讯业巨头
31	甲骨文	美国	计算机服务及软件	世界上最大的企业软件公司
32	SUN	美国	计算机服务及软件	世界上最大的 UNIX 系统供应商
33	台达	中国台湾	电子与电气设备	全球最大的交换式电源制造商

（二）来源国

本报告中的 33 家大型跨国公司分别来自北美、欧洲和东亚地区的美国、日本、德国、英国、瑞士、韩国、瑞典、芬兰、加拿大、法国及中国台湾等 11 个国家和地区。按区域划分，来自北美地区的跨国公司共有 14 家，共设立研发机构 89 家，占企业总数及研发机构总数的比重分别为 42.4% 和 43.6%；来自欧洲地区的跨国公司共有 10 家，共设立研发机构 70 家，占企业总数及研发机构总数的比重分别为 30.3% 和 34.3%；来自东亚地区的企业共有 9 家，共设立研发机构 45 家，占企业总数及研发机构总数的比重分别为 27.3% 和 22.1% 如表 3 所示。总体来看，来自欧洲的企业平均每家公司在华设立的研发机构数量最多（7 家），其次为来自北美地区的企业（6.4 家），来自东亚地区的企业最少（5 家）。

表 2　在华研发投资多点布局的跨国公司行业分布

行业	公司数及所占比重		所设立机构数及所占比重		平均每家公司设立的研发机构数
	公司数	所占比重	研发机构数	所占比重	
电子与电气设备	6	18.2%	42	20.6%	7
网络及其他通信设备	6	18.2%	64	31.4%	10.7
计算机与办公设备	4	9.1%	28	13.7%	7
计算机服务及软件	3	9.1%	16	7.8%	5.3
制药	3	9.1%	6	2.9%	2
化学	3	9.1%	13	6.4%	4.3
半导体及其他电子部件	2	6.1%	15	7.4%	7.5
其他	6	18.1%	20	9.8%	3.3

（三）跨国公司在华研发投资多点布局的区位分布

33 家大型跨国公司在华各研发机构主要分布在北京、上海两地，其中北京为 84 家，占研发机构总数的 41.2%；上海为 67 家，占研发机构总数的 32.8%。此外，深圳、南京、天津三地研发机构的数量也超过了 5 家如表 4 所示。

（四）研发机构的类型分布

204 家研发机构按照所从事的研发活动基本上可以划分为六种类型：第一，为客户提供技术支持和其他服务；第二，实施产品/制造技术向中国的转移及适应性调整；第三，进行新产品开发；第四，为跨国公司的母公司探索新的科学技术知识；第五，作为中心机构，协调、整合在中国的多家研发机构和其他研发资源；第六，还有部分研发机构同时从事上述多种类型的研发活动如表 3 所示。

表 3　在华研发投资多点布局的跨国公司来源国及地区

区域	公司数及所占比重		机构数及所占比重		平均每家公司设立的研发机构数
	公司数	所占比重	研发机构数	所占比重	
北美洲	14	42.4%	89	43.6%	6.4
美国	13	39.3%	87	42.6%	6.7
加拿大	1	3.0%	2	1.0%	2
欧洲	10	30.3%	70	34.3%	7
德国	3	9.1%	28	13.7%	9.3
英国	2	6.1%	4	2.0%	2
瑞士	2	6.1%	4	2.0%	2
瑞典	1	3.0%	11	5.4%	11
芬兰	1	3.0%	6	2.9%	6
法国	1	3.0%	17	8.3%	17
亚洲	9	27.3%	45	22.1%	5
日本	6	18.2%	35	17.2%	5.8
韩国	2	6.1%	6	2.9%	3
中国台湾	1	3.0%	4	2.0%	4

表 4　跨国公司在华研发投资多点布局的区位分布

	北京	上海	天津	深圳	杭州	成都	南京	青岛	大连	无锡	苏州	广州	西安	其他
电子与电气设备	10	18	1	1	—	—	5	—	1	1	1	—	1	1
网络及其他通信设备	32	9	2	2	3	3	2	5	—	1	1	2	—	1
计算机与办公设备	17	9	—	—	—	—	—	—	2	—	—	—	—	1
计算机服务及软件	10	4	—	3	—	—	—	—	—	—	—	—	—	—
制药	1	3	1	—	—	—	—	—	—	—	1	—	—	—
化学	—	12	—	—	—	—	—	—	—	—	—	—	—	2
半导体	4	3	1	1	—	—	—	—	—	—	—	—	1	—
其他	10	9	1	—	—	—	—	—	—	1	—	2	—	—
合计	84	67	6	7	3	3	7	5	3	3	3	4	2	5

注：①“其他”包括五个城市：珠海、重庆、佛山、宁波、中山。②由于少数研发机构同时在一个以上城市设有分支机构，另有少数研发机构的地址不明确，所以机构总数不等于 204。

从不同类型机构的数量来看，从事新产品开发的机构最多，共有 96 家，其中，面向中国市场进行新产品开发的共有 42 家，说明中国巨大的市场是吸引外资研发的一个重要因素；此外，同时面向中国和亚太市场以及面向全球市场进行产品开发的分别为 20 和 34 家，在一定程度上说明了包括人力资源在内的中国科技资源对于外资研发的吸引力。

为母公司探索新的科学技术知识的研发机构共有 38 家，在所有 6 种类型的机构中排名第 2，占全部研发机构总量的 18.7%。这表明，对于在华设立多家研发机构的大型跨国公司来说，技术资产寻求是研发投资的一个重要目标。

专门为客户提供技术支持和其他服务的研发机构共有21家，其中，面向中国客户、同时面向中国及亚太客户、面向全球客户的机构分别为11家、6家和4家。这种类型的机构数量相对较少，并不表明技术支持和其他服务不重要，而很可能是因为此类活动往往是由跨国公司在华的生产和销售机构承担。此外，以中国为基地面向亚太和全球客户提供技术支持和服务的机构在此类机构中占很大比重，在一定程度上也说明了中国人力资源方面的优势。

表5　大型跨国公司在华研发机构的类型分布

研发活动类型	机构数（家）
A：为客户提供技术支持和其他服务	21
A1：面向中国客户	11
A2：同时面向中国及亚太客户	6
A3：面向全球客户	4
B：产品/制造技术向中国转移及适应性调整	18
C：新产品开发	96
C1：面向中国市场	42
C2：同时面向中国及亚太市场	20
C3：面向全球市场	34
D：为母公司探索新的科学技术知识	38
E：协调、整合在中国的研发机构和其他研发资源	4
F：同时从事多种类型技术活动	18

传统观点认为，跨国公司在发展中国家进行研发的一项重要内容是产品/制造技术的转移及适应性调整。不过，对于本研究样本中的企业来说，这一活动的重要性相对偏低，只有18家机构是专门向中国转移及调整来自海外的技术。与从事新产品开发的96家研发机构相对照，可以推断，当前大型跨国公司更注重在中国本土进行产品的研发，传统的生命周期理论模型已经很难解释跨国公司在华研发投资的情况。

随着大型跨国公司在华研发机构数量的增加，有 4 家企业在华专门设立了从事协调、整合活动的机构，谋求加强各研发机构之间的合作、取得协同效应。例如，爱立信于 2002 年 5 月在北京成立了爱立信中国研发总院，加强各个研发中心和项目之间的技术交流与合作，充分调动各方面资源，进而全面提升爱立信在中国的研发水平，并承担爱立信全球更多的重点研发任务。

四、大型跨国公司在华研发投资多点布局的动态演化

（一）研发机构设立时间的演化

上述 33 家跨国公司自 1993 年开始在华设立研发机构。在排除成立时间不明确的研发机构之后，从 1993 年到 2003 年 9 月每年新增的研发机构数量分别为：1993 年 5 家，1994 年 1 家，1995 年 8 家，1996 年 3 家，1997 年 6 家，1998 年 6 家，1999 年 12 家，2000 年 19 家，2001 年 8 家，2002 年 27 家，2003 年 23 家，2004 年 25 家，2005 年 31 家，2006 年 13 家，截至 2007 年 9 月是 8 家。总体来看，从 1993 年到 1998 年，上述 33 家跨国公司在华研发机构数量的增加相对比较平稳；自 1999 年开始，开始出现显著增加的趋势如图 1 所示。

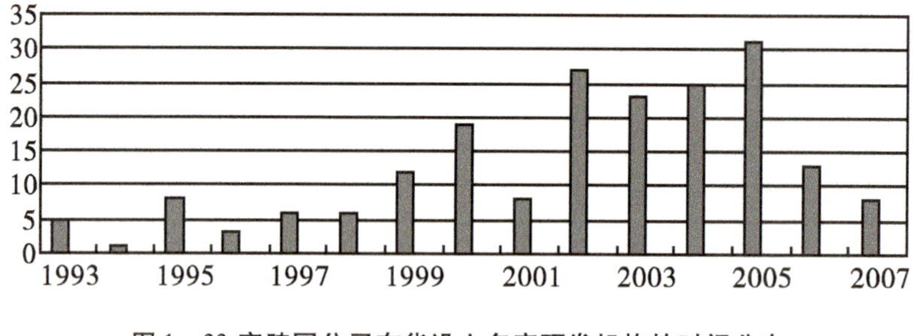

图 1　33 家跨国公司在华设立多家研发机构的时间分布

除去 1 家首家研发机构成立时间不明确的跨国公司，从 32 家跨国

公司设立第 1 家研发机构与第 2 家研发机构的时间间隔期来看，间隔期为 1 年之内的有准确成立时间的为 14 家，所占比重为 43.75%；1 到 2 年的为 4 家，所占比重为 12.50%；2 到 3 年的为 4 家，所占比重为 12.50%；3 到 4 年的为 3 家所占比重为 9.68%；4 到 5 年的为 4 家，所占比重为 12.50%；5 到 6 年的为 4 家，所占比重为 12.50% 如图 2 所示。总体来看，很多跨国公司在设立第 1 家研发机构的同时就设立了第 2 家研发机构，表明了跨国公司对在华的研发投资具有较强的信心。不过，也有 56.25% 的跨国公司在一年以后才设立第 2 家研发机构，说明这些公司在设立多家研发机构时存在时间上的滞后。这种滞后可能是由于跨国公司自身研发战略的要求，也有可能是由于跨国公司在设立第一家研发机构之后，需要逐步积累管理方面的经验、进一步了解中国的研发环境，然后再确定是否扩大研发投资。例如，阿斯利康在 2002 年 11 月于上海设立东亚临床研究中心之后，由于对中国医药市场的专利保护缺乏足够的信心，因而对于未来的投资采取了“边走边看”的态度。在对中国国内的研发环境培养起足够的信心之后，该公司于 2007 年 9 月决定在北京建立第 2 家研发机构——阿斯利康临床研究中心。

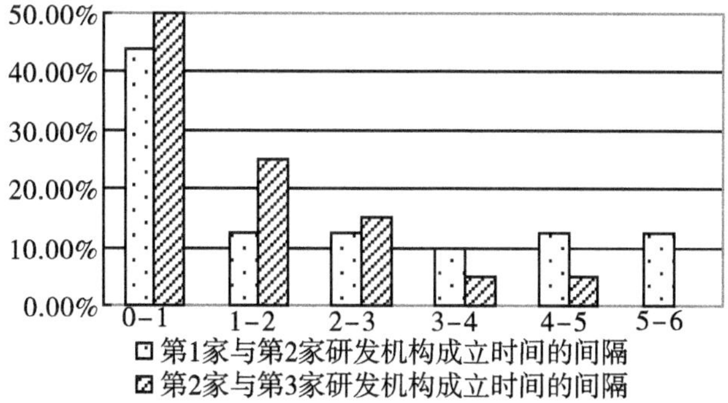

图 2　跨国公司设立多家研发机构的时间间隔

随着跨国公司在华研发机构管理经验上的不断积累以及对中国研发环境的进一步了解，设立更多研发机构的步伐也会相应加快。这一点可以从图 2 看出。通过分析有明确成立时间的、在华设立 3 家及以上研发机构的 20 家跨国公司第 2 家和第 3 家研发机构的时间间隔，可以看到，间隔时间为 1 年之内的有 10 家企业，所占比重为 50%；1 到 2 年的有 5 家，所占比重为 25%；2 到 3 年的有 3 家，所占比重为 15%；3 到 4 年的有 1 家，4 到 5 年的有 1 家，所占比重均为 5%。总体来看，3 年以内的比重为 90% 如图 2 所示，而第 1 家研发机构和第 2 家研发机构成立时间间隔期在 3 年以内的比重为 68.75%。

（二）研发机构区位选择的演化

如本文第一节所述，33 家跨国公司在华研发机构大部分位于北京、上海两地。实际上，这两个城市也是跨国公司在华设立首家研发机构的首选地。选择在北京、上海两地设立首家研发机构的公司分别有 13 家和 12 家，还有 1 家（朗讯）选择同时在两地设立首家实验室。在设立首家研发机构之后，跨国公司设立多家机构的区位选择的演化呈现出三种类型：集中式发展、中心分散式发展和分散式发展。

集中式发展指的是跨国公司将所有在华研发中心都设立在北京、上海两地。采用这种发展模式的企业总共有 13 家，占企业总数的比重为 39.39% 如图 3 所示。例如，安捷伦自 2000 年至 2007 年共在华设立了 8 家研发机构为。这 8 家研发机构为：安捷伦实验室、安捷伦科技软件有限公司（中国）、安捷伦半导体测试应用研发中心及安捷伦中国通信技术与产品发展中心、安捷伦科技半导体产品解决方案中心、安捷伦半导体测试解决方案研发中心、安捷伦生命科学和化学分析技术培训中心及安捷伦建模研发中心，它们全都位于北京和上海两座城市。

中心分散式发展指的是跨国公司将 50% 及以上的在华研发机构设立在北京、上海两地，同时在其他地区也设有研发机构。采用这种发展模式的企业总共有 14 家，占企业总数的比重为 42.42%。例如，朗讯在中国的 17 家研发机构当中，有 12 家集中在上海、北京两地，其余 5 家机构分布于南京、青岛等地。

分散式发展指的是跨国公司的研发中心分散分布于多个地区，没有明显的集中性，采用这种发展模式的企业共有6家，占企业总数的比重为18.18%。例如，西门子在华共有研发机构16家，这16家研发机构分布于北京、上海、南京、深圳、佛山、西安、无锡、杭州等9个城市。

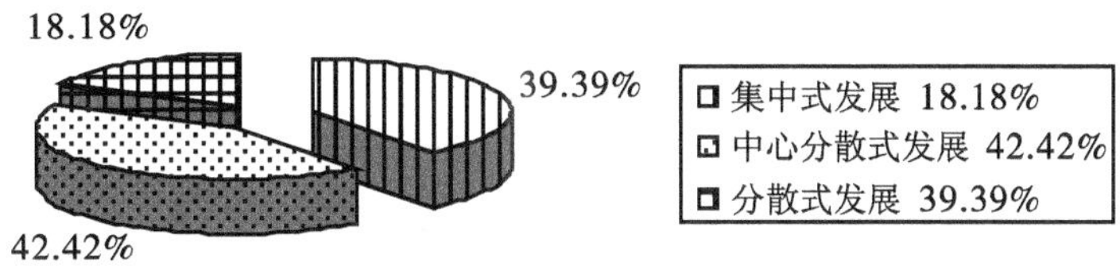

图3 研发机构区位选择模式

（三）大型跨国公司在华设立多家研发机构所采用的扩张模式

33家大型跨国公司在华研发投资的多点布局采用了多种不同的扩张模式，具体可以划分为5种类型。

（1）跨国公司母公司在中国设立的独立的、专门从事研发活动的机构，或者在跨国公司在华总部下属的、独立于生产和销售部门的研发机构，简称“独立型”。如英特尔在中国共设立了7家研发机构，分别是英特尔中国软件中心、英特尔中国研究中心（ICRC）、英特尔亚太无线技术开发中心、英特尔中国实验室、英特尔互联网交换架构（IXA）开发中心、英特尔亚太区应用设计中心、英特尔亚太区研发有限公司。这7家机构均采用了独立型的组织模式。

（2）“独立式”研发机构在衍生出来的分支机构，简称“衍生型”。例如，惠普于2002年在上海设立了惠普全球软件服务中心（中国）之后，又分别于2003年、2004年和2007年分别在北京、大连和重庆成立了分中心。

（3）跨国公司投资企业内部设立的研发机构，简称“附属型”。例如，西门子在华设立的16家研发机构当中，北京西门子西伯乐斯电子有限公司（BSCE）研发部、上海西门子医疗器械有限公司（SSME）研发中心、欧司朗中国设计中心（DCC）、博西家用电器销售有限公司（BSH）研发中心、西门子爱克斯射线真空技术（无锡）有限公司X射线管研发基地、西门子迈迪特磁共振（深圳）有限公司（SMMR）研发中心、SPSE杭州研发中心、西门子威迪欧开发中心、西门子医疗系统集团（MED）亚洲技术中心等9家采用的是这种组织形式。

（4）跨国公司在华以研发为主业、同时销售最终研发科技成果的投资性企业，简称“研发主业型”。例如，NEC先后在中国成立的NEC信息系统（中国）有限公司、北京NEC集成电路设计有限公司、日电卓越软件（北京）科技公司等多家企业都是以研发作为自己的主要业务。

（5）跨国公司在华各研发机构的联合，这类机构主要对本公司在华的各研发机构进行协调和整合，简称“联合型”。例如，2002年5月，爱立信在中国成立研发总院，其主要目的是对爱立信在中国现有的研发中心和项目资源进行全面整合，加大重点项目的研发力量，加强各个研发中心和项目之间的技术交流与合作，以充分调动各方面资源。

（6）跨国公司与中国的高校、科研机构、企事业单位或其他外资企业合作或合资设立的、主要从事研发活动的机构，简称“合作型”。例如，朗讯在中国的17家研发机构当中，北京大学—贝尔实验室软件技术联合实验室、清华大学—贝尔实验室光通信网络系统联合实验室、清华大学—贝尔实验室通信联合实验室、清华大学—贝尔实验室计算机网络联合实验室、中科院软件所—贝尔实验室通信技术联合实验室、复旦大学—贝尔实验室信息科学与技术联合实验室采用的就是这种组织形式。

总体来看，独立型是大型跨国公司在华设立研发机构所采用的最主要的组织形式，共有110家研发机构采用了这种方式，占所有在华研发机构总数的比重超过一半；除此之外，跨国公司采用较多的是附属型和合作型，分别为37家和31家，所占比重分别为18.1%和15.2%。这说明，大型跨国公司在华设立多家研发机构时，更多地是采用设立独立的研发中心的模式，而附属型和合作性也受到一些跨国公司的青睐如表6所示。

表6　大型跨国公司在华研发投资的组织形式

组织形式	机构数量	所占比重
独立型	110	53.9%
衍生型	8	3.9%
附属型	37	18.1%
研发主业型	9	4.4%
联合型	9	4.4%
合作型	31	15.2%

五、大型跨国公司在华研发投资多点布局的趋势

（一）实施基础研究的机构不断增加

随着跨国公司在华研发投资多点布局的发展，一些跨国公司在设立技术支持及产品开发类研发机构的同时，也开始投资建立部分或专门从事基础研究的机构，以充分利用中国的研发资源，为母公司创造并输送新知识。在本报告所研究的33家跨国公司当中，有19家企业在华共设立了41家专门或部分从事基础研究的机构，涵盖信息、电子、电信、生命科学、软件、半导体、食品、机械等多个技术领域。从事基础研究的机构不断增加，表明中国在跨国公司全球研发体系中的地位日益提

升，同时也表明跨国公司在华研发活动呈现出较强的资产寻求型特征。

（二）在全球研发体系中具有重要战略地位的机构增多

33 家跨国公司在华设立的多家研发机构当中，其中的一些已经在其全球研发体系当中占据了重要的战略地位，而且数量也呈不断增加的趋势。

这些在全球研发体系当中具有重要地位的机构大致可以划分为如下 5 类：

第一，公司级的综合研发机构，通常是母公司在全球的若干大研究中心之一。例如，IBM 中国研究院和 IBM 中国开发中心分别是 IBM 在全球设立的 8 个研究机构之一和在 IBM 位列全球排名第五的开发中心；杜邦中国研发中心是杜邦公司在美国本土以外的第三个主要研究设施，也是一个公司级研发设施。

第二，母公司在某一技术领域或职能领域的全球性研发机构，通常在母公司该技术领域或职能领域里占有举足轻重的地位。例如，微软亚洲硬件中心主要负责微软公司硬件产品的研发、设计、工程测试以及制造管理，该中心与微软美国雷德蒙总部人员密切协作，推进了微软硬件产品从概念设计到大规模生产的进程，并屡屡配合其他研发机构进行软硬件兼容性研发，现已承担了微软美国硬件部门近 1/3 的研发项目；而位于上海的日立家用电器开发中心也已成为日立重要的全球性空调设计开发单位。

第三，母公司中心研发机构在海外的分支机构。如贝尔实验室基础科学研究院作为贝尔实验室有史以来第一次在美国本土之外成立的基础研究院，直接隶属于贝尔实验室；主要进行人机交互技术相关研究的摩托罗拉中国研究中心则是摩托罗拉总部实验室在中国的一个分支机构。

第四，不属于上述三类、但对母公司全球研发和运营具有重要意义的研发机构。例如，位于上海的索尼 Creative Center（创造中心）是索尼全球创意的重要源泉之一；微软移动互联网（中国）研发中心则是微软全球移动技术研发支持体系的重要部门。

第五，母公司在亚太地区非常重要的研发机构，很多这类机构都是母公司在亚太地区设立的或是首家、或是唯一、或是最大的研发机构。例如，IBM 中国创新中心是亚太地区首个尖端技术创新平台；霍尼韦尔特殊材料集团亚洲技术中心作为霍尼韦尔特殊材料集团全球五个高级研究中心之一，是该集团亚洲唯一的高级研究中心；而英飞凌研发中心计划成为英飞凌亚太区第一大研发中心，全球第二大研发中心。

（三）研发领域不断扩展，部分跨国公司正在中国形成完成的产业研发链

随着跨国公司在华研发投资多点布局的延伸，所涉及的研发领域也不断扩展，一些跨国公司正在中国形成完整的产业研发链条。以微软为例，微软在中国的研发机构由微软亚洲研究院、微软亚洲工程院以及分布于北京、上海、深圳的多个产品研发团队组成，已全面构建起涵盖基础研究、技术孵化、产品开发、战略合作等多元领域的产业创新链条，确立了包括移动通讯和嵌入式系统、互联网技术产品和服务、数字娱乐、服务器和工具和新兴市场在内的五大研发方向。再以诺基亚为例，作为其全球研发网络的重要组成部分，诺基亚一直在中国积极地致力于研发方面的投入，相继设立了六个研发机构，拥有研发的人员不断增长，所从事的研发活动也越来越广泛，研发内容涵盖了从研究到产品、从终端到基础设施、从技术到解决方案的全方位领域。

（四）研发成果的数量增加，重要性增强

多家研发机构的设立，增强了跨国公司在华研发的实力，也使得研发成果的数量不断增加，在跨国公司全球经营中的重要性不断增强。从数量来看，一些大型跨国公司在华的研发活动取得了丰硕的成果。微软

亚洲研究院自成立以来，已经在国际知名学术刊物及会议上发表1200多篇论文。摩托罗拉中国研究院到2004年共成立了六个专利委员会，负责通信、软件、个人通信、能源系统、先进材料等科研领域的专利预审。截至2003年，申请的专利项目达到2305项，列中国专利申请队伍的前茅。诺基亚（中国）研究中心自成立以来，与国内20所大学合作进行了60多个项目的研究，发表了300多篇学术文章，申请了70项专利技术。

在数量增加的同时，一些产生于在华研发机构的研发成果也在全球范围内得到广泛应用，对于跨国公司的全球市场开拓发挥了重要作用。例如，上海西门子医疗器械有限公司（SSME）研发中心自1999年成立以来，成功开发了两款面向全球销售的CT产品。其中，2000年9月在本地及国际市场同步推出的新型螺旋计算机断层扫描系统——Somatom欢星，是世界上体积最小、性价比最高的螺旋CT设备，能够满足急需购买CT设备的私营放射治疗机构和小型医院的需求。该产品获得了2002年德意志联邦共和国设计大奖和2003年中国IF设计大奖。2005年年初开发的Somatom Spirit问世，融合了最新创新技术，在全球市场上取得了令人瞩目的销售业绩。再比如，通用电气医疗系统（中国）有限公司无锡研发中心所研发生产的笔记本式彩超拥有世界最先进的技术，95%以上出口，该技术已为通用总部授权在韩国组装生产；诺基亚北京产品开发中心研发的诺基亚2100最初是针对中国和亚太市场开发的，但它在全球市场取得了巨大的成功，成为诺基亚销量最好的机型并获得了IF设计大奖；欧司朗中国设计中心设计的高效廉价荧光灯，不仅能够满足中国市场和亚太地区的特定需求，而且深受北美和拉美等市场的欢迎。

（五）增设新研发机构的同时，已有研发机构的功能也在提升、规模也在扩大

在设立多家研发机构的过程中，跨国公司也非常注重根据战略的需

要和中国研发环境的改变，对已有研发机构的功能进行提升，同时进一步扩大研发机构的规模。例如，成立于1995年的广东北电技术中心一开始的职责主要是对现有设备进行改进并开发新型产品，以满足中国客户独特的需求。从1998年开始，随着广东北电经营范围的进一步扩大，研发中心的定位发生质的变化，除传统交换设备外，新的研发重点转移到移动通信、数据通信和下一代网络等领域，成为北电网络全球研究开发体系的重要组成部分。再比如，1997年11月成立于上海的微软全球技术支持中心原为微软大中华地区技术支持中心，1999年7月开始向东南亚六国提供高级技术支持，并正式更名为微软亚洲技术中心；2001年10月开始向澳大利亚、英国与日本提供技术支持，2004年8月更名为“微软全球技术支持中心”，成为微软公司服务全球化战略和技术支持投资战略的一个重要组成部分，也是全球500强企业在中国设立的第一个全球中心。

研发机构规模的扩大也是跨国公司在华研发机构的一个重要发展趋势。LG电子中国研发中心在2002年12月刚成立的时候，科研人员队伍仅有数百人，到2005年则扩大至1600人，成为LG电子有史以来设于韩国以外地区的最大科研中心。2006年，霍尼韦尔计划投入1350余万美元用于扩建位于中国上海的亚太研发中心。此次扩建的核心部分是霍尼韦尔特殊材料集团亚太技术中心的二期项目。通过扩建，霍尼韦尔特殊材料集团亚太技术中心的研发空间将扩大四倍，人员规模扩大两倍，技术研发项目涵盖氟化学品、特殊化学品、电子材料及功能性材料等领域。此外，西门子、朗讯、摩托罗拉、NEC等一批跨国公司在华的研发机构都经历了一个规模不断扩大的发展历程。

（六）与中国国内相关机构的合作不断增强

随着研发机构数量的增加，跨国公司与中国国内相关机构合作的领域和范围也不断增强。这种趋势主要表现为以下几个方面：

第一，与中国的高校、企业和科研单位等合作建立研发机构。如前文所述，33 家跨国公司共设立这种“合作型”研发机构 31 家，占 33 家跨国公司在华设立的多家研发机构总量的 15.2%。涉及信息、电信、软件、半导体、生命科学、能源、家电、机械等多个技术领域。

第二，与中国的高校和科研单位实施合作项目研发。例如，富士通研究开发中心有限公司的办社宗旨之一，就是通过与中国的研究单位和大学的合作，共同开发高新技术。霍尼韦尔特殊材料集团亚洲技术中心与国内领先的高等院校开展了 16 项合作项目，包括与清华大学合作开展的环保型制冷剂领域的合作、与上海交通大学合作开展的塑料加工添加剂应用研究、与东华大学合作开展的高强度纤维性能研究、与天津大学合作开展的高温热泵应用研究等。

第三，建立技术平台，加强与国内企业的合作。例如，2000 年 4 月在北京成立的英特尔亚太无线技术开发中心的主要目的，是和中国无线业技术产业企业携手合作，加速基于开放式和水平 PCA 架构的应用/服务和设备的开发和部署。该中心与中国的运营商、OEM 以及硬件设计机构密切合作，共同推动新一代无线服务/手持设备的发展。诺基亚于 2004 年在北京设立企业级技术平台机构主要是为了推动开放技术的发展和与中方合作企业进行技术合作。该机构通过“诺基亚论坛”与中国开发伙伴社区广泛合作，同时负责授权中国企业使用诺基亚 Series 60 系列平台和 Java 技术。

第四，组织举办各种论坛、研讨会和其他学术交流活动。为了给研发人员及合作伙伴提供相互学习与共同成长的平台，摩托罗拉中国研究院一年一度举办摩托罗拉中国科技研讨会。第一届摩托罗拉中国科技研讨会于 2003 年在北京成功举行，嘉宾与合作伙伴分别来自政府和研究机构如中科院计算技术研究所等。GE 除每年拨出专项资金用于在华的医学影像应用科学技术实验研究室的建设之外，还支持通用电气与首都医科大学的专家分别到对方单位进行学术交流。

参考文献

[1] Almeida, P. Knowledge sourcing by foreign multinationals: patent citation analysis in the US semiconductor industry, [J] . Strategic Management Journal, 1996, 17: 155 - 165.

[2] Blanc, H. , Sierra, C. . The internationalisation of R&D by multinationals: a trade - off between external and internal proximity [J] . Cambridge Journal of Economics, 1999, 23 (2): 187 - 206.

[3] Branstetter, Lee, Raymond Fisman and C. Fritz Foley. Do stronger intellectual property rights increase international technology transfer? Empirical evidence from U. S. firm - level panel data, World Bank Policy Research Working Paper [R]. Washington, D. C. ,World Bank, 2004.

[4] Cantwell, J. From the early internationalization of corporate technology to global technology sourcing [J] . Transnational Corporations, 1999, 18 (2) .

[5] Chen, Shin - Horng. Taiwanese IT firms' offshore R&D in China and the connection with the global innovation network [J] . Research Policy, 2004, 33: 337 - 349.

[6] Gassmann, O. , Zheng Han. Motivations and barriers of foreign R&D activities in China [J]. R&D Management, 2004, 34 (3): 423 -438.

[7] Jiatao li & Deborah r. Yue. Managing Global Research and Development in China: Patterns of R&D Configuration and Evolution [J] . Technology Analysis & Strategic Management, 2005, 17 (3): 317 -337.

[8] Kuemmerle, W. Home base and foreign direct investment in research

and development—an investigation into the international allocation of research activity by multinational enterprises. [R] . Unpublished dissertation, 1996.

[9] Kumar, N. Determinants of location of overseas R&D activity of multinational enterprises: the case of US and Japanese corporations [J] . Research Policy, 2001, 30: 159 - 174.

[10] Maskus, K. The role of intellectual property rights in encouraging foreign direct investment and technology transfer, in Carsten Fink and Keith Maskus, eds. , Intellectual Property and Development: Lessons from Recent Economic Research [M] . New York: World Bank and Oxford University Press, 2005.

[11] Maximilian von Zedtwitz, Ikeda, Tadashi, Gong, Li, Carpenter, Richard, Hamalainen, Seppo. Managing Foreign R&D in China [J] . Research technology management, 2007, 3: 19 -27.

[12] Maximilian von Zedtwitz. International R&D strategies in companies from developing countries - the case of China, Paper presented at the UNCTAD Expert Meeting on the Impact of FDI on Development [R] . Geneva, 2005, 1: 24 -26.

[13] Maximilian von Zedtwitz, Oliver Gassmann. Market versus technology drive in R&D internationalization: four different patterns of managing research and development [J] . Research Policy, 2002, 31: 569 -588.

[14] Nobel, B. , Global R&D activities in India, Paper presented at UNCTAD Exper Meeting on the Impact of FDI on Development [J] . Geneva, 2005, 1: 24 -26.

[15] Reddy, P. , R&D - related FDI in developing countries: implications for host countries, in Globalization Of R&D And Developing Countries

[J]. Proceedings of the Expert Meeting, Geneva, 2005, 1: 24-26.

[16] Sharif, N. Emergence and development of the National Innovation Systems concept [J]. Research Policy, 2006, 35: 745-766.

[17] 楚天骄，宋韬. 跨国公司在发展中国家 R&D 投资的空间格局及其成因研究 [J]. 经济地理，2006，(1).

[18] 崔新健，王生辉，柴庆春. 基于国家创新体系的外资研发中心研究框架 [J]. 中国科技论坛，2007.

[19] 杜德斌. 跨国公司 R&D 全球化的区位模式研究 [M]. 上海：复旦大学出版社，2001.

[20] 胡志坚. 国家创新系统：理论分析与国际比较 [M]. 北京：社会科学文献出版社，2000.

[21] 江小涓. 跨国投资、市场结构与外商投资企业的竞争行为 [J]. 经济研究，2002 (9).

[22] 江小涓等. 全球化中的科技资源重组与中国产业技术竞争力提升 [M]. 北京：中国社会科学出版社，2004.

[23] 柳卸林，赵捷. 19 家跨国公司在京机构的活动分析 [J]. 中国科技论坛，2003 (4).

[24] 苏俊斌，杨舰. 跨国公司与中国大学合作的机制！动因和意义——以清华 BP 中心为例 [J]. 科学学研究，2005 (6).

[25] 孙一飞，温珂. 模仿行为与跨国公司在华研发机构的区位选择 [J]. 科学学研究，2006 (8).

[26] 王生辉. 跨国公司在华研发机构的现状、影响及政策建议 [J]. 中央财经大学学报，2005 (8).

[27] 王生辉. 企业技术创新战略——基于技术路径演化的研究 [M]. 北京：中国财政经济出版社，2006.

[28] 温珂，孙一飞，林则夫. 跨国公司在华本土化进程中的问题及启示 [J]. 中国软科学，2006 (2).

[29] 冼国明，葛顺奇．跨国公司 R&D 的国际化战略 [J]．世界经济，2000（10）．

[30] 薛澜，沈群红，王书贵．全球化战略下跨国公司在华研发投资布局——寄语跨国公司在华独立研发机构行业分布差异的实证分析 [J]．管理世界，2002（3）．

[31] 薛澜，王书贵，沈群红．跨国公司在中国设立研发机构影响因素分析 [J]．科研管理，2001（7）．

[32] 姚战琪．跨国公司研发投资的经济学分析 [J]．世界经济，2001（11）．

[33] 喻世友，万欣荣，史卫．论跨国公司 R&D 投资的国别选择 [J]．管理世界，2004（1）．

下篇　中小企业管理

中国中小企业债券融资的三种方式：困境与出路[①]

中央财经大学　李俊生

摘　要：中国有4300多万家中小企业，占到企业总数的99%，GDP占比超过50%，并解决了全国近九成就业问题，但银行贷款额占比不足20%。融资难是制约中小企业发展的重要瓶颈。近年来，中国各级政府和金融机构开始了发行中小企业债券的探索，取得了一定的效果。目前，中国中小企业债券融资的主要方式包括中小企业集合债、中小企业集合信托债和中小企业集合票据等三种形式。本文试图通过对目前这三种债券融资方式的利用状况的分析，剖析存在的问题，探索未来中小企业债券融资的发展方向。

关键词：中小企业　债券融资　集合债　集合信托债　集合票据

一、问题的提出

迄今为止，世界上绝大部分中小企业是靠自有资金投资进行原始资

① 本论文是中央财经大学与日本高千穗大学联合开展的合作研究课题“中小企业经营管理的中日比较研究”的阶段性研究成果，根据作者2013年5月14日在东京召开的研讨会上宣读的同名发言稿整理而成。

本积累的，当企业发展到一定规模，自有资金就很难满足企业发展需求，对外部资金的需求也就愈加迫切。但由于各种原因，使中小企业融资渠道相对狭窄，资金短缺成为制约中小企业发展的主要瓶颈。根据ACCA在最近发布的《中小企业融资的全球议程》中指出，世界各地的小企业都面临着同样的问题：如何融资。全球估计有4.2亿~5.1亿家中小企业，它们的资金需求总额接近4万亿美元（美通社，2012）。因此，中小企业如何进行融资对全球经济至关重要。

中小企业融资困难实际上是中小企业发展过程中存在的一个世界性的、长期悬而未决的问题。早在1931年，英国迈克米兰委员会（Macmillan Committee）发表的《迈克米兰金融与工业报告》（The Report of Committee on Finance and Industry，1931）就公布了该委员会对英国金融业与工业产业发展关系的研究成果以及该委员会提出改进英国金融体系以便适应产业发展需求的建议，其中，报告用了大约300字的篇幅描述了中小企业融资缺口的问题，这段报告描述，被后人概括为“中小企业融资缺口”理论（Raymond Frost，1954）。

时至今日，中小企业融资难仍然是世界性的问题（Centre for entrepreneurship，2013）。解决中小企业融资缺口问题的核心是拓宽中小企业的融资渠道，创新中小企业的融资形式。

就目前各个国家已经采取的措施看，传统的中小企业融资渠道主要有直接融资和间接融资两种渠道，其中间接融资渠道是指以银行等金融机构为中介进行的融资渠道，该渠道的主要形式包括：银行贷款，保险市场，融资租赁，政府金融机构贷款或者政策性贷款等形式；直接融资是指企业在证券市场上通过发行股票和债券方式筹集创业和经营资金。渠道的主要形式则包括：天使基金，风险投资，发行企业债券等。

从目前研究的结果来看，中小企业融资的主要来源渠道仍然是银行，与此同时，银行也是融资成本最高的一种融资渠道（巴曙松，2013）。银行贷款的名义利率虽然并不很高，但是实际上的成本却很高，其主要原因是：银行在向中小企业放贷的同时，除了索取利息以外，还有很多隐性的诉求，这些诉求包括客户必须在该银行有与其贷款相对应的一定比例的存款，客户必须购买该银行的理财产品等硬性的要求，进而增加了客户的综合贷款成本。此外，由于交易成本高、信息不对称等原因，银行往往不愿意贷款给中小企业。目前，中国中小企业的融资现状是，30%以上的中小企业融资要通过非正规渠道解决，发展资金中有60%以上来自于业主资本和内部留存收益，银行贷款只有20%左右，因各种原因而被银行拒贷的中小企业超过56%，中小企业的资金供需矛盾相当突出。

2008年金融危机的出现对于中小企业来说更是雪上加霜。一方面，中小企业继续大量资金来解决资金流转问题；另一方面，银行的“惜贷”趋势更加明显，尤其是面向中小企业贷款时显得更加谨慎。如何破解中小企业融资难的课题成为摆在政府和金融机构面前的重要课题。在这种背景下，债券融资作为一种新型的融资方式得到了理论界和实务界的关注。

本文试图对中小企业集合债、中小企业集合信托债和中小企业集合票据等三种债券融资方式的背景、现状进行梳理，剖析中小企业利用债券融资过程中存在的问题，探索未来中小企业债券融资的发展方向。

二、中国中小企业债券融资的三种方式：内容与特征

目前，面向中小企业的债券融资主要有三种方式：中小企业集合债、中小企业集合信托债和中小企业集合票据。三种方式产生的背景不同，内容和特征也存在差异。

（一）中小企业债券融资的三种方式

（1）中小企业集合债。

中小企业企业债由国家发展与改革委员会（简称发改委）核批，

于2007年推出首批试点。中小企业因规模小，数家企业合作发行一支，故称“中小企业集合债”。自2007年首发至2009年年底，共有6省市发行7支中小企业集合债券，共为66家企业募集资金40.01亿元，户均募资6062万元；2010年—2011年3月，北京、河南、江苏3省市又发行3支中小企业集合债券，共为31家企业募集资金13.81亿元，户均募资4455万元，利率最低5.03%，最高7.80%（国务院促进中小企业发展工作领导小组办公室，2011）。

（2）中小企业集合信托债。

中小企业集合信托债的核心是“以政府财政资金为引导，吸引社会资金有效参与”。资金来源由地方政府扶持资金、担保公司及风险机构资金、银行发行理财产品募集的社会资本组成，募集资金由信托公司以信托贷款形式投向融资需求的小企业群，到期后由企业按期依约偿还本息，故称“中小企业集合信托债”。

中小企业集合信托债的特点是：利益分享上理财投资优先、政府引导资金第二位（本金回收）、风险投资机构第三受益。风险分担上按照风险投资机构出资、政府引导资金、社会理财投资依次承担。目前，中小企业集合信托计划由银监会监管，于2008年8月由浙江省杭州市西湖区政府率先发起。2010年，全国共有4省市发行24支中小企业集合信托，共为94家企业募集资金9.215亿元，户均募资980万元，利率最低6%，最高10.75（国务院促进中小企业发展工作领导小组办公室，2011）。

（3）中小企业集合票据。

中小企业集合票据是指2个以上10个以下具有法人资格的企业，在银行间债券市场以统一产品设计、统一券种冠名、统一信用增进、统一注册方式共同发行，约定在一定期限还本付息的债券融资品种。中小企业集合票据由中国银行间市场交易商协会（简称交易商协会）注册管理，于2009年11月推出。截至2010年年底，全国共有8省市发行

18 支中小企业集合票据，共为 90 家企业募集资金 56.11 亿元，户均募资 6234 万元，利率最低 3.15%，最高 6%（国务院促进中小企业发展工作领导小组办公室，2011）。

（二）主要特点

三种集合发债，都是为解决无法从银行获得贷款的中小企业群体而发售的直接融资债券，但它们之间也存在实质性的差异，主要表现在运作模式、发行对象和期限、风险分担方式等三个方面。

（1）运作模式不同。

中小企业集合债需发改委审批，面向投资机构和社会融资的企业债，经债券市场发行直接为中小企业融资；而中小企业集合信托债则采取市场化运作，无须审批，由信托公司运营，委托银行监管，贷款对象由政府、银行、担保和信托机构组成的信托计划管理团队筛选决定；而中小企业集合票据则是在银行间债券市场发行的约定在一定期限内还本付息的中小企业直接融资债券。

（2）发行对象和期限不同。

中小企业集合债主要面向中型企业，期限 3 至 5 年；中小企业集合信托债以成长性好的小微型企业为主，期限 6 个月至 2 年；中小企业集合票据以中型企业为主，发行分短期（1 年）和中期（3 年）。

（3）风险分担方式不同。

中小企业集合债主要由担保公司或信用能力较高的大机构全额承担风险；中小企业集合信托债由风险投资机构首先承担风险；中小企业集合票据的风险则由风险投资机构和担保公司联合承担。

三、三种债券融资方式的实施情况：问题与效果

从三种债券融资方式的实施情况看，各融资方式均具有一定的优

势，同时也暴露出一些问题。

（一）三种融资方式的各自优势

（1）分布特点。

从分布看，小企业数量多的东南沿海省市倾向于发行信托债融资。中部省市（含东北）前两年组织中小企业集合债较多，但成功率不高，现倾向于小企业集合信托债。西北部省市区对各类模式持观望和试行探索。

（2）融资需求特点。

从融资需求看，优强企业倾向发行集合票据，小型科技型企业倾向发行集合信托债，有募投项目的中型企业倾向发行集合债券。

（3）实际成效。

从实际成效看，2007 年深圳市发行的 10 亿元“07 深中小债”到 2009 年年底在二级市场默默无闻，无任何成交量。浙江发行的集合信托债已有成功案例：2010 年 2 月回收的一年期文化创意产业类集合信托债，发行前后对比，29 家发债企业营业收入平均增长 74%，总资产平均增长 87%，已获得银行跟进贷款 3000 万元，且有 3 家企业获风投机构 4425 万元跟进投资。而参与发行的企业中，有 16 家此前从未拿过银行贷款。

（4）发展态势。

从发展态势看，集合债券各地酝酿多，发行少。集合票据和集合信托债呈上升趋势，尤其集合信托债，由于手续简便、不受企业规模和行业限制，易复制等优势，推广和发展势头明显。

（二）存在的主要问题

三种债券融资方式在实施过程中，也出现了一些问题。

（1）中小企业集合债的问题。

目前，中小企业集合债存在三方面的问题：一是审批程序烦琐。尽管国家发改委已将审批制改为核准制，但发债申请逐级上报获批，快则三个月，长则1—2年；二是担保难。2007年银监会叫停银行对以项目债为主的企业债进行担保，须AA级以上的担保机构才有担保资质。地方有此资质担保机构甚少，难操作；三是发行成本优势不明显。各类中介（评级机构、会计师事务所、律师事务所、担保机构、代理券商等）收取数十万费用致使隐性成本增加。

（2）中小企业集合信托债的政策制约。

中小企业集合信托债的问题主要体现在政策上的制约。2009年7月银监会下发《关于进一步规范商业银行个人理财业务投资管理有关问题的通知》，对认购集合信托理财产品的对象做出限制，提高了购买客户的条件。同年12月又下发《关于进一步规范银信合作有关事项的通知》，对信托公司发行理财产品提出更严要求，客观上限制了小企业集合信托债的推广。

（3）中小企业集合票据。

集合票据尚处于探索阶段，虽然目前有8个地方政府发行了18支票据，但实施效果仍然有待实践的检验。

从整体上看，中小企业集合信托债推广价值较高。其理由可以概括为四个方面：一是解决了发行集合债券、集合票据要求企业规模偏大、审批周期过长、募集资金单一等问题，为众多融资需求额度小、行业分散的优质小微企业开辟了新的债券融资途径；二是为社会资本提供了一个风险相对较小、收益相对较高的理财产品，为提高金融要素供给，改善融资结构有重要意义；三是成功引入风险投资，实现“债权先行，股权跟进”，打通了融资到投资之间的通道。风险投资机构可直接遴选和培育具有增长潜力的小企业，债权到期，股权投资跟进；四是克服传统财政“点对点”扶持或“撒胡椒面”，资金放大效果不明显、资金回收难、效果难评估等不足，具有资金放大明显、资金循环使用、绩效较易评价等优点。

四、三种债券融资方式的经验与教训

通过近几年的探索，三种中小企业债券融资方式形成了一定的经验，也存在一些需要解决的问题。以下是对三种融资方式经验和教训的初步总结 。

（一）政府主导的利弊：成也萧何败也萧何

（1）政府牵头，多方配合，共同推进。

中小企业债券融资工具是近年来中小企业融资方式的重大创新，发展时间短，对于中小企业、政府部门等来说，都需要在实践中不断探索和多方的积极努力。中小企业债券融资工具的发行往往涉及承销商、担保及增信机构、再担保机构、评级机构、审计和法律咨询机构、业务监管机构等，关联方较多，程序复杂，周期较长。成功发行的中小企业债券融资工具的一条基本经验是政府部门发挥牵头协调作用，组织制定总体规划，优选企业，协调部门、中介和企业，加快工作进度；同时加强宣传，提高产品认可度和信誉度，通过财政资金贴息等支持方式适当降低发行成本。

（2）通过财政资金扶持适度降低综合融资成本，调动中小企业积极性。

中小企业发行债券费用主要由发行费和利率组成，其中发行费由承销商、担保机构、评级机构、审计机构、律师事务所等中介机构收费组成，加上发行利率，综合融资成本相对较高。为降低融资成本，鼓励更多中小企业进行债券融资，成功发行中小企业债券融资的省市多数给予财政资金支持。主要做法有：一是提供 1 ~ 2 个百分点贴息；二是对发行前期中介费用按一定比例给予补贴；三是积极支持发行债券融资的中小企业申报高新技术企业、中小企业发展专项资金、技改贴息等扶持资金。财政扶持政策激发了中小企业参与热情，提升了中小企业债券融资的效果和影响力。

（3）对备选中小企业优中选优，建立循环发行机制。

优选合格的中小企业是成功发行中小企业债券融资的基础和前提条件。多数省市政府制定了严格的中小企业筛选条件：一是发债企业必须符合国家产业政策，有较强的盈利能力和较高的成长空间，募集资金有良好投向，支持地方经济支柱型企业、高新技术企业、高成长性企业、节能减排型企业、技术改造型企业和重点上市后备企业等。二是发债企业具有较好的担保资源，包括可用于抵押或质押担保的财产或相关权利，或者能够寻求到信用级别优于自身的第三方提供担保。三是发债企业具有较高的信用等级。四是行业选择上，有的省市要求入选企业所属行业分布均衡，行业关联度较低，以规避行业集中带来的风险；有的省市则要求入选企业所属行业关联度较高，既便于同业互保，也可降低协调成本。

（二）中小企业债券融资的风险控制

自《中国银行业监督管理委员会关于有效防范企业债担保风险的意见》（银监发〔2007〕75 号）禁止商业银行为企业债提供担保以来，选择优强担保机构或有效担保模式提高债项信用评级，已成为中小企业债券融资发行成功的关键。为此，中国不少省市积极探索创新，创造出许多值得研究的风险控制模式，有效实现增信，降低融资成本，提高了市场及投资者信心。目前，债券融资主要出现了三种风险控制模式。

（1）分层担保模式（大连模式）。

以大连为代表的分层担保模式是指由一家大型国有企业（大连港集团有限公司）提供一级担保，由大连市企业信用担保有限公司、联合创业集团有限公司提供二级担保，二级担保人为一级担保人提供反担保。

（2）集合担保模式（河南模式）。

以河南为代表的集合担保模式由注册资本1亿元以上的4家担保机构组成统一担保人，对外以不可撤销的连带保证责任向投资人提供集合担保；对内责任界定清晰，各担保机构对各自推荐的发行人全额承担第一代偿次序和最终代偿责任。未得到全额偿付和及时代偿的债券部分，其他统一担保人按照约定的方式和权重比例分担偿付责任。在此基础上，再由河南省政府出资成立的河南省中小企业担保集团股份有限公司为统一担保人提供再担保。

为了控制债券风险，河南省政府要求，对于每一组集合债券的发行，必须专门成立由统一担保人、再担保机构、主承销商、评级机构、律师事务所等多方组成的风险管理委员会（存续期为成立之日至当期债券本息全部清偿完毕之日止），负责对集合债券实施全程监控。由统一担保人按发债总额10%设立风险准备金，委托专业机构管理，防止流动性风险。

（3）增信模式。

增信模式是部分省市引入专业债券信用增进机构与当地担保机构合作提供增信和担保的模式。2009年人民银行所属银行间市场交易商协会设立中债信用增进投资股份有限公司，资本金60亿元，资信等级3A级，为发债企业提供信用增级。另外，为了增强债券信用级别，降低融资成本，有的省市还通过引入较高信用级别、规模较大的企业主体提升集合发行人的信用级别。

（三）中小企业债券发行面临的主要问题

中小企业债券在发行过程中也面临着发行周期长、门槛高、担保困难、发行费用高、认知度低、市场化程度不高等问题，需要在今后的实践中加以解决。

（1）发行周期较长，环节较多，发行时间不可控。

目前中小企业集合债券、集合票据等发行要经过征集筛选发行人、选择承销商、财务审计、信用评级、出具法律意见、落实担保及反担保、制作申报材料、主管部门审批等多个环节，其中企业投资项目还需获得相关部门的立项备案与环保批复等，程序繁多令企业望而生畏。从已发行情况看，中小企业债券融资发行周期一般为6个月至1年半。此过程中，申报企业资金需求状况、市场和投资环境等均可能发生改变，发行周期过长与中小企业融资需求特点不相适应。

（2）发行门槛较高，一般中小企业难以达标。

有的省市为保证发行成功、起到示范良好作用，筛选发行人时除要求满足净资产、注册资本、连续盈利等条件外，还设定其他条件对企业优中选优，甚至以上市标准筛选，造成发行门槛较高，伤害了部分企业的积极性。

（3）担保问题突出。

能否落实担保是制约中小企业债券融资顺利推进的关键。不少省市反映，集合债券、集合票据发行受制于担保问题而进展缓慢：本地担保机构规模小、实力弱，不能满足担保条件；规模较大的担保机构放大倍数已接近上限，难有开展业务的空间；为降低风险，担保机构往往要求发债企业提供反担保，但不少成长性高的科技型企业自身固定资产较少，难以满足抵押条件。

（4）发行费用偏高。

发行中小企业债券融资成本除票面利率外还要承担较高的中介费用。以2010年发行的部分集合票据为例，北京5支集合票据总发行成本年利率为7.2%；黑龙江集合票据总成本为8.46%（政府补贴一个百分点后降为7.46%）；内蒙古集合票据总成本为6.2%。这与银行贷款利率（目前为6.31%）相比优势不大。如果再考虑到时间成本及发行不确定性，综合成本很高。

（5）不少中小企业对债券融资缺乏了解，积极性不高。

从第一支中小企业集合债发行至今4年，债券融资对大多数中小企业尤其是中西部地区仍属新生事物，政府与企业对相关政策、发行流程、专业知识等缺乏理解。部分省市反映，中小企业融资观念落后，依赖银行信贷，对信息披露和规范事项心存顾虑，对于债券发行的复杂程序和审批周期心存畏难。

（6）过度依赖政府，市场化程度不够。

目前，地方政府在中小企业债券融资发行中承担在筛选确定发行人、选择主承销商、担保机构等中介机构时发挥主导作用；担保机构又多以政策性、国有担保机构为主，有的甚至要求政府兜底风险。应当说，政府的主导在中小企业债券融资发行初期是必要的，但要促其可持续发展必须逐步建立“市场主导、政府引导”的机制。

五、完善中小企业债券融资的政策建议

中小企业债券融资在短短数年内取得了快速发展，三种融资方式具有各自的特点和优势，在实施过程中也出现了一些新的问题。中小企业债券融资是解决中小企业融资难的有效手段，可以从以下几个方面进行完善。

（1）减少政府干预，优化发债环境。

中小企业集合债券、集合票据、集合信托等债券融资分别涉及国家发改委、人民银行、银监会和交易商协会等相关部门或机构的审批管理程序。为全面推进中小企业债券融资，应加强部门间的沟通协调，进一步简化审批程序，缩短审批时间，指导地方推进中小企业债券融资工作。鼓励地方中小企业主管部门加强与地方发改委、金融办、人民银行分支行、银行监管部门等部门和机构合作，根据不同融资产品市场的条件和要求，分层次对企业进行辅导，做好前期培育和协调等准备工作，

建立循环发行机制。

（2）加大对债券融资的财政支持，适度降低成本。

为鼓励和推动各地中小企业债券融资发行工作，降低企业融资综合成本，并鼓励地方政府财政给予配套资金，主要用于对成功发行集合债券、集合票据、集合信托、短期融券的中小企业给予贴息补助；对参与集合发债的担保机构担保额给予适当风险补偿，支持担保增信机构为中小企业债券融资服务。

（3）加大宣传和培训力度，提升企业和社会认知度。

政府应当鼓励地方开展债券融资培训，编制《中小企业债券融资指南》，提高中小企业对债券融资的认识。发挥地方中小企业主管部门的作用，积极开展中小企业债券融资推介活动，积极组织承销商等中介机构为基本符合发行条件且具有发行意向的中小企业开展培育和辅导，调动企业参与积极性。

（4）建立健全中小企业债务发行担保机制。

政府可以考虑进一步加大财政支持力度，综合运用资本注入、税收减免、风险补偿和奖励补助等多种方式，支持担保机构特别是再担保机构加大对中小企业债券融资服务能力。鼓励担保、再担保机构针对中小企业集合债券、集合票据特点，创新担保模式，探索互保、联保等多种有效担保方式。

参考文献

[1] 美通社（PRNews wire）. ACCA 全球论坛呼吁更多政府部门关注中小企业［R］. 北京，中国，2012，6.

[2] CENTRE FOR ENTREPRENEURSHIP. SMEs AND LOCAL DEVELOPMENT：Financing SMEs and Entrepreneurs 2013：An OECD Scoreboard Final Report［R］. 2013，4－17.

[3] 巴曙松．小微企业融资发展报告［R］．中国博鳌亚洲论坛 2013 年年会，2013，4.

[4] 国务院促进中小企业发展工作领导小组办公室．我国中小企业债券融资情况分析及政策建议［N］．中小企业简报，2011，14.

[5] 陈明伊，朱有干．中小企业私募债券融资风险及其控制［J］．商业会计，2013，3.

[6] 廖福英．我国中小企业债券融资偏好的理论分析［J］．市场论坛，2009，4.

[7] RAYMOND FROST. THE MACMILLAN GAP 1931 – 53［J］. Oxf. Econ. Pap. 1954，6（2）：181 –201.

[8] 张强，李远航．健全中小企业直接债券融资体系［N］．光明日报，2011，3.

[9] 赵卫东．中小企业直接债券融资须持续创新［N］．经济日报，2012，4.

[10] 朱英，陈万江，王小芳．我国中小企业债券融资实施路径探析［J］．时代经贸，2013，2.

中小企业业务持续发展计划与保险企业的作用

高千穗大学　恩藏三穗

摘　要：本文主要论述了中小企业的业务持续发展计划和保险公司的作用。本文对日本东部大地震中备受瞩目的中小企业的BCP制定现状进行调查，笔者认为缺乏技术、人才、资金，即能力的制约，是阻碍BCP制定的重要原因；企业正确把握本公司的风险、认识交易和资金筹集的具体优点是推进BCP制定的要素。另外，通过对现有网络活用和过去商品内容和销售方法的转换的分析，探讨了作为风险管理业务核心角色的损害保险公司在中小企业BCP制定中的可能性。

关键词：业务持续发展计划　企业价值提升　风险控制

一、问题的提出

2011年日本东北地区大地震后，关于业务持续性发展的社会新闻大幅增加。大企业为了将受灾时的损失降到最低，纷纷埋头于制定业务持续发展计划，即BCP（Business Continuity Plan）。然而，对于受灾损失惨重的中小型企业来说，由于缺乏制定BCP的经验，加上受资源制约无法全力投入，所以进展十分缓慢。

当然，BCP 的制定是不能单靠企业本身来实现的。作为风险管理业务的延伸，部分财产保险公司推出了支援企业制定 BCP 的业务。由于目前的老龄化、经济低迷以及规制缓和等现象的存在，财产保险的发展环境变得越来越严峻。为了应对这种变化，以大型保险公司为中心，业务多元化发展的趋势越来越明显。在这一过程中，财产保险公司通过子公司完成风险管理业务，或者通过风险管理业务开展本公司的商品销售等以提高收益。尤其是经历了受灾企业的严重损失等事件之后，财产保险公司增强了肩负 BCP 制定等风险管理重任的角色意识。由此，人们对于风险的认知也大大改变，财产保险公司也更加确信风险管理业务发展的可能性。

因此，本文根据对日本东北地区大地震中备受瞩目的中小型企业的 BCP 制定现状以及重要性的调查，探讨作为风险管理业务核心角色的财产保险公司在中小企业的 BCP 制定中的可能性。

二、企业对 BCP 意识的增强

（一）BCP 制定的必要性

业务连续性（Business Continuity，BC）是指由于遭受灾害和事故，为避免带来事业中断的恶劣影响，依靠残存的能力到目标恢复时间为止使重要的业务持续运转，是经营战略不可或缺的特性如图 1 所示。作为风险管理的一环，可以用业务连续性管理（Business Continuity Management，BCM）减轻因业务中断造成的损失。BCM 包括为解决业务持续计划的策划制定、实效性的增强、组织的固定化、计划的运用、重新评估管理程序等。

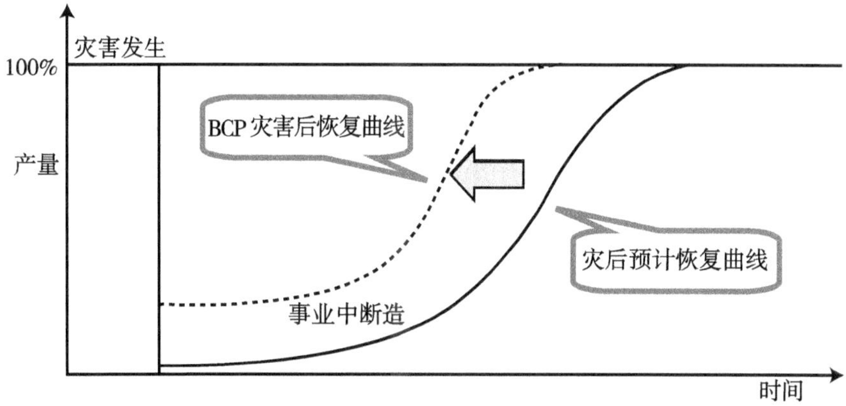

图1　业务中断损失对BCP的影响

资料来源：内阁府《平成20年版防灾白皮书》内阁府主页。

日本东北大地震发生后，许多机构和企业开始关注BCM，意识到制定BCP的必要性。因此，本论文将聚焦BCP的策划、制定，讨论BCP对企业经营的影响。2005—2012年，由于地震、流感等风险的威胁，制定BCP的日本企业逐年增加如图2所示。值得说明的是，东北大地震后，对原本经济基础薄弱的中小企业的援助成为重要课题。日本政府除了利用已有的中小企业金融稳定基金和其他与地震灾害相关的各种救灾款项外，还专门设立了日本东北大地震事业团体再生支援机构，旨在解决面向中小企业的再担保问题，即政府从金融机构购买债权，为中小企业持续开展业务提供支援。日本东北大地震前，只有部分大企业购买了地震险，多数中小企业由于没有购买地震险，不得不全面依赖政府和行政的支援。

可见，对于企业而言，越来越不能无视包括地震在内的大规模自然灾害发生时的风险。日本文部科学省下设的一个团队专门研究东京发生直陷型地震风险，通过模拟发现：如果东京湾北部发生里氏7级地震，东京湾沿岸大部分地区的震感要超过原来估计的6级，达到7级。而且6级震感的地区将进一步扩大，因此有必要对早先模拟提出的“死亡

1.1 万人、经济损失 112 万亿日元”的受灾规模进行重行评估①。因此，无论规模大小，越来越多的日本企业认识到，有必要将应对自然灾害造成的风险作为重要的经营课题。

早在 2006 年 2 月，日本中小企业厅发表《中小企业 BCP 策划制定运用指南》，根据策划制定者的等级分为基础、中级、高级 3 个层次，分别就 BCP 策划、制定、运用和相关对策进行培训。东北震灾后的 2012 年，《中小企业 BCP 策划制定运用指南》第 2 版新设了更加简单易懂的 BCP 制定入门课程，强化对中小企业的启蒙活动。然而，时至今日并非所有中小企业在推进 BCP 制定方面付出了努力，仍然存在诸多亟待解决的问题。

在美国，2001 年 9 月 11 日恐怖袭击发生后，BCP 已经得到提倡。2005 年，已经有 39% 的美国中小企业完成数据导入。从美国的经验看，不能片面地强调在中小企业普及 BCP 的困难，关键还是对灾害风险的认识。企业如果遭遇一次灾害，其损失可能难以估量，甚至危及企业的延续性，而 BCP 的制定有望降低这种风险，值得企业经营者关注。

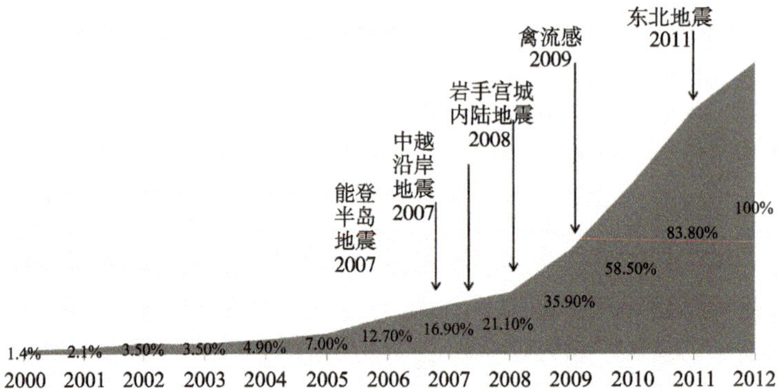

图 2　日本企业制定 BCP 的比例

资料来源：中小企业厅（2012）、根据 64 页制成。

① 朝日新闻（夕刊）2012 年 3 月 23 日第 15 版。

（二）企业间在 BCP 制定方面的差异

以中小企业为对象的 BCP 制定虽然是政策的争论点，但现实中其普及却十分缓慢。东京海上日动风险咨询公司进行的一项调查表明，东北大地震前制定 BCP 的企业中，仍然维持原计划的企业只有不到 50% 。灾后，“重新评估”已有 BCP 或者“计划重新评估”的企业有 46. 6% ，“已计划制定”新的计划或者“计划制定”的企业有 41. 1% ，两者合计接近 9 成。

但是，从中小企业的整体情况看，形势不容乐观。帝国数据于 2011 年 4 月、2012 年 2 月两次针对逾万家企业的业务持续计划展开调查。结果显示：虽然大企业以震灾为契机推进了 BCP 的制定，但中小企业却完全没有进展。有 3 成大企业在灾后已完成导入，相反，大地震过去 1 年后，中小企业却没有进展，导入该计划的中小企业仅占不到 1 成。以下，对日本中小企业未指定 BCP 的原因进行分析。

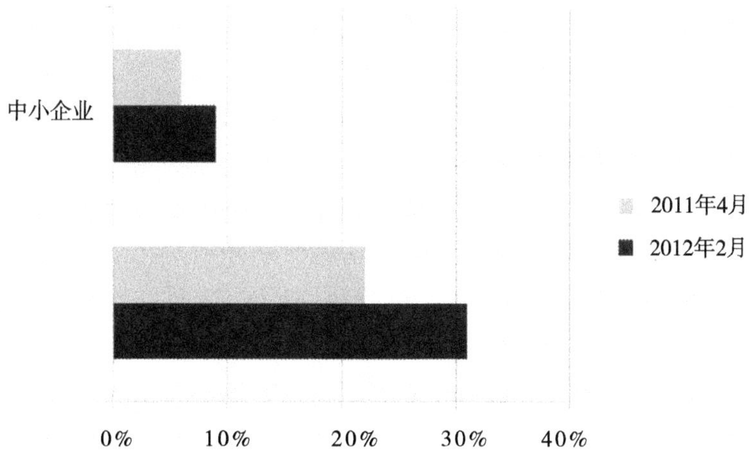

图 3　企业规模与企业 BCP 制定

资料来源：帝国数据总库《关于 BCP（业务持续计划）的企业的意识调查》2012 年 3 月 27 日根据第 8 页制成。

三、阻碍中小企业 BCP 制定的重要原因

（一）与 BCP 制定的相关资源不足

根据《中小型企业白皮书 2012 年版》的调查结果，中小企业虽然意识到 BCP 制定的重要性，但存在策划制定的工具和资源不足的问题。的确，与大型企业相比，中小企业在人力资源等方面受到制约，也不具备与计划制定相关的具体专业技术。不可否认，这种能力差距成为 BCP 普及程度不同的原因之一。

如图 4 所示，将大地震后未制定 BCP 的原因按公司规模进行了分类整理。结果显示，列出“没有专业技术（不清楚制定的方法）”所占比例最高，无论是大企业还是中小企业，其比例均超过 40%。其他原因包括：“本公司不需要”“没有人手”“没有时间”“会产生费用”等。

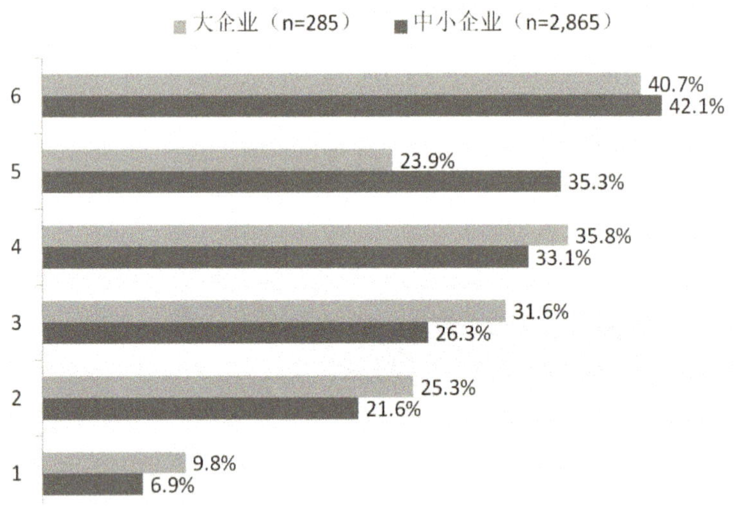

图 4　企业未制定 BCP 的原因

资料来源：帝国数据银行《针对 BCP 的企业意识调查》2011 年 6

月 27 日，p4。

其中，1 为“其他”，2 为“费用成本”，3 为“没有时间”，4 为“没有人手”，5 为“本公司不需要”，6 为“没有专业技术”。

（二）对风险的认识不足

值得关注的是，35.3%的中小企业认为“本公司不需要”，仅次于“没有专业技术”。同等规模企业中，将“人手不足”“会产生费用”列为理由的比率并无明显差距。与之相比，在 BCP 的必要性认识方面，大型企业与中小企业之间的差异十分明显，将“本公司不需要”列为未制定 BCP 之理由的中小企业比例比大企业高出 12 个百分点以上。换言之，不同规模的企业对于风险的认识程度存在明显差异。那么，为什么发生灾害风险相对较大的中小企业反而认为“没有必要制定 BCP”呢？

帝国数据的调查结果从一个侧面说明，日本中小企业对于自身风险的认识不足。因此，在地震风险高的日本，需要转变人们“地震保险没有必要”的观念。佐藤主光等（2012）通过对加入地震保险的行为进行分析后发现，地震保险得不到普及的理由是：有些家庭没有意识到“受灾者仅仅依靠生活救济方面的保障是难以恢复的”。另外，对受灾时公共补贴的较高期待也导致他们购买地震保险的意愿降低。换言之，那些抱着类似“到最后国家总会做点什么”错误期待的家庭阻碍了地震保险的普及。中川雅之等（2012）通过研究居民对公寓抗震性能的选择发现，偏好低抗震性公寓的群体中约有一半并不了解现居住公寓的抗震性，而且，公寓抗震性越差，了解公寓抗震性的居民比例也越低。当然也存在这样的可能性，即原来偏好低抗震性公寓的居民由于收入较低，无法得到充足的信息而进行消费。上述两项研究的结果说明，对于自身及周围风险没有正确认识的人，容忍了更大风险发生的可能性。

小泉国贸（2012）运用“基本概率偏好”这一灾害心理学的概念探讨了中小型企业 BCP 制定的制约要素。“基本概率偏好”是指，虽然知道平时几乎不发生的事一旦发生就会很糟糕，但还是逃避现实地觉得这种事不会发生在自己身上。如：新泻县一家制造企业遭遇了2004年新泻县中越地震，但由于当时损失不大，震后也没有采取针对性的措施。结果，在2007年的新泻县中越冲地震中，该企业许多设施遭到严重破坏，损失巨大。该企业主称："原以为今生不会第二次发生这么大的地震了"。这就是"正常化的偏见"。

由此可见，妨碍中小型企业BCP制定的因素中，不仅包括知识和专业技术不足、人力资源和资金不足等客观因素，也有企业自身对自身及周围风险认识不到位等主观原因。因此，促进BCP制定单靠为中小企业提供容易理解、易导入的工具是不够的，必须帮助他们提高风险意识，把握自身在灾害应对方面的"瓶颈"。

（三）对BCP效果的认识不足

中小企业没有充分地认识到BCP制定的益处。2006年，大阪府产业开发研究所以雇佣规模在50人以上299人以下的576家制造企业为对象，就BCP的效果开展调查。调查按照"已制定BCP"和"未制定BCP"将企业进行分类，结果如图5所示。

调查表明，对"BCP制定所期待的效果"的回答最多的是"员工意识提升"，已制定企业（77.4%）和未制定企业（72.9%）没有很大的差异。至于"顾客的信赖提升"，已制定企业是61.3%，与之相对未制定企业是49%，两者之间产生了10个百分点以上的差距。从其他方面看，回答"提升本公司的形象"的比例均为29%，没有差异。通过上述分析不难看出一个十分明显的倾向，即如果员工的认识停留在"本公司形象的提升"或"企业形象提升"等模糊的层面，不能意识到能够带来"企业价值提升"等具体利益，中小企业是不会积极推进BCP制定的。因此，为了促进中小企业积极地制定BCP，有必要让他们意识到：正确领会并妥善处理本公司的风险与提升企业价值息息相关。

四、BCP制定在提升企业价值方面的作用

制定业务持续发展计划对于提升企业价值的作用主要表现在两个方面：一是保障企业在行业中的地位；二是有利于筹集资金。

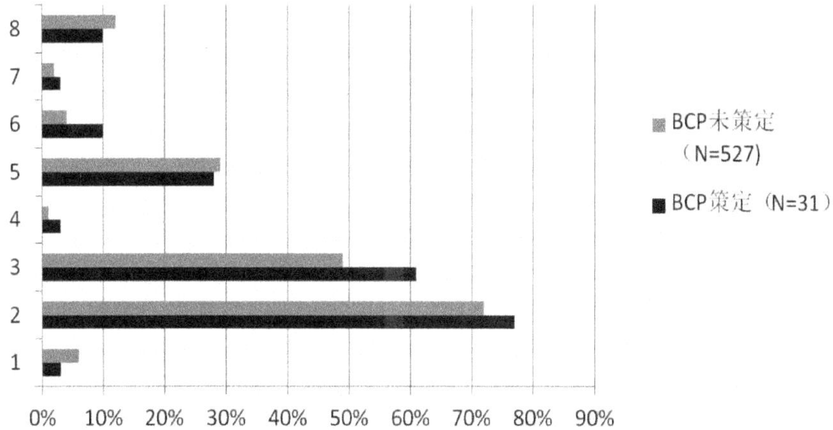

图5　BCP制定所期待的效果

资料来源：大阪府产业开发研究所（2010），根据第65页制作。

其中，1为“有利于吸引人才”，2为“员工意识的提升”，3为“增强客户的信赖”；4为“吸引新的客户”，5为“提升公司形象”，6为“提升业绩”，7为“其他”，8为“没有特别期待的效果”。

（一）保障企业在行业中的地位

对于中小企业来说，在灾害风险日益显著的今天，确保公司在行业、在市场中的地位是一个重要的战略问题。那些已经实施业务持续计划管理的企业，即使陷入供给链中断等极端情况，也有望在短期内恢复。也就是说，企业在应对灾害能力方面的评价有望成为提高市场占有率、增加商品或服务的销售渠道的手段。

不仅如此，BCP 的制定还有利于企业的灾后恢复和重建。原因很简单，因为制定 BCP 的过程中，已经明确竞争对手以及灾害对本企业产品和市场的影响等与供应链整体密切相关的问题。日本中小企业厅（2012）的问卷调查结果也显示，2011 年地震前认为“已经掌握供给链整体情况”的大企业不到 3 成，但震后这一比例提高到 40% 以上。而且，回答“没有采取任何把握供应链整体情况”的企业所占比例降到了 30% 以下。可以预见，今后“能够有效应对灾害”的评价影响实际交易的趋势会更加明显，企业需要增加这方面的战略考量。同样，这种意识对于中小企业十分必要。

（二）有利于筹集资金

是否指定业务持续计划还会影响企业融资，因为该计划能够给企业价值带来实质性的改善。如果考察一下日本政策投资银行（DBJ）的“DBJ BCM 信用等级融资”就可以发现 BCP 对于企业融资的影响。日本政策投资银行在综合评价企业在防灾和减灾对策、BCP 策划制定、BCM 的基础上，确定利息等融资条件。评价时，主要考察组织运营的解决方法（风险控制）和财务的解决方法（风险财务），根据防灾和减灾对策以及业务持续性对策的内容设置 100 个问题，而且要对风险管理总监（CRO）和危机管理负责人进行当面询问。最终取得资格的企业按照五个等级被授予相应标识。

日本政策投资银行从 2006 年开始推出信用等级融资制度。从历年实施情况看，2011 年的增加趋势十分明显。2006—2010 年间，通过该制度实现融资的企业平均每年不超过 10 家，年融资总规模都在 150 亿日元以下。然而，2011 年东北地区大地震以后，半年内（2011 年 8 月至 2012 年 4 月）实现融资的企业达到 26 家，融资规模接近 300 亿日元（蛭间芳树，2012 b）。企业参与的动机除了融资目的之外，还包括意识到引入针对风险管理体制的第三方评价、改善投资收益状况等。

三井住友银行也从2011年开展“SMBC业务连续性评价融资”，实行同样的解决方法，采用的是MS&AD保险集团的国际风险评价框架。此外，考虑到今后也有同样的资金需求，地方银行中，滋贺银行“BCP支持贷款”等从2000年下半年以后开始实行。由于中小企业自然地认识到风险并积极应对，所以企业价值的环境正在不断改善。

对于那些迄今为止还没有认识到BCP制定有利于提升企业价值的中小企业来说，有必要提升他们对BCP制定的认识。下一节探讨保险公司在BCP制定中扮演的角色。

五、保险公司在BCP制定中扮演的角色

保险公司在BCP制定中扮演的角色主要包括两方面：一是现有网络的运用；二是改变原险种内容和销售方法。

（一）现有网络的运用

在促进中小企业BCM的方案中，往往强调专业技术、人力资源、信息这些因素的重要性。然而，如果考虑到虽有行政方面支持，制定BCP的企业数量仍然没有明显增加的现状，就有必要重新审视针对中小企业的支援问题。

小岛修矢（2013）在考察针对中小企业的财产险后，强调财产保险代理店作为中小企业风险管理的关键角色，有必要发挥更重要的作用。在日本全国20万家代理店中，能够积极参与中小企业风险管理的专业代理店有3.5万家，超过保险产品销售人员的数量。因此，代理店作为推进风险管理的中坚力量，其潜力有待进一步发挥。然而，目前保险代理公司和保险经纪人要成为有效的支援机构，仍然有许多需要解决的课题。为了将其培养成风险管理的核心组织，需要各种协会和团体的支持。此外，财产保险公司与销售代理店的责任分担问题需要进一步

讨论。

近年来，许多财产保险公司与中小企业的网络团体进行合作，作为地区风险管理的核心机构发挥着作用。通过这种合作，综合性保险销售的营业能力得到强化。例如，全国中小企业团体中央会联手商工组合中央金库和日本财产保险实施的《中小企业 BCP 支援制度》就是一个成功案例。该制度以中小企业厅提交的关于利用中小企业组合进行 BCP 制定的业务调查报告为基础，从 2008 年开始实施。调查主体包括全国中小企业团体中央会、都道府县中小企业团体中央会、中小企业组合等，涵盖约 300 万家公司对下属中小企业进行 BCP 合作状况的调查和评价。以上述评价为基础，全国中小企业团体中央会向商工组合中央金库和日本财产保险发放推荐信，建议日本财产保险将给风险状况良好的企业在“企业费用、利益综合保险”的保险费上给予上限为 10% 的优惠。

另外，原本预测在 2012 年发生东海地震的静冈县的中小企业团体中央会、商工组合中央金库，以及日本财产保险联手对县内中小企业的 BCP 制定的后援业务得以开展。虽然地震并未发生，但这是首次以都道府县为单位进行的活动。静冈县中小企业团体中央会旗下大约有 950 个组织、9 万个公司加盟。以这些中小企业为对象，本部、东部事务所、西部事务所分配了共 4 个指导人员，向这些企业推荐 BCP 制定方面的专家。日本财产保险不仅在需要支付的保险费上给予了遭受台风和流感而受到损失的企业 10% 的优惠，还与静冈县中小企业团体中央会、商工组合中央金库进行合作，并举办了面向中小企业的研讨会。

保险公司不仅单独向本地区的中小企业提供支持，还通过中小企业拥有的现存网络，提高了 BCP 制定的实效性。因此，以 BCP 制定的启蒙活动为切入点，通过改善渠道、宣传 BCP 制定在降低保费、提高融资能力方面的积极作用的尝试有利于促进 BCP 的制定。

（二）改变原险种内容和销售方法

东北地区大地震后，日本一些保险公司于2013年首次发售了针对因灾害造成营业收入减少的险种。过去面向的保险产品中，虽然存在针对火灾造成业务中断，从而减少收益的特殊协议，但针对地震导致业务中断的情形往往纳入免责条款的内容。该险种以中小企业为对象，当南海板块发生8.4级以上地震造成损失时，保险公司负责赔偿收入的减少额以及持续经营所需要的费用。如因供给链和交通网络遭到破坏导致生产无法继续造成的损失，或者为了继续营业需要支付给员工的补贴、设置临时店铺需要的费用等成为补偿对象。保额为100万日元的年保费在4.5万日元到6.2万日元之间，灾害发生之后即可赔付。保险公司开发BCM相关险种的另一个考量是，通过推出此类险种能够强化与中小企业的业务往来，进而获得车险、火灾险以及其他的保险合同。

现阶段，日本中小企业受灾后对行政支援的期待程度较高。然而，行政支援毕竟有限，因此不得不通过自身努力，如制定BCP等努力强化本风险管理。同时，保险公司能够提供风险控制方面的服务，如提供防灾措施、减灾措施、风险财务管理等方面的信息和支援。对保险而言，如果能够意识到这种全方位的服务意味着新的商机，完全能够全面接手相关业务。

在2013年召开的金融能力会议上，东京海上日动火灾公司总经理永野毅指出："以东北大地震为契机，个人、企业对风险的意识都明显增强。中小企业不只是支付保险金……如拓展海外业务时需要风险管理方面的咨询，制定BCP需要得到指导。因此，保险公司能够做的事情很多"。由此可见，在火灾险、建筑物险等市场难以进一步扩大的大背景下，对财险企业而言，制定BCP策划、相关的广义上的风险管理存在着巨大的市场潜力。

六、总结

小企业由于规模小，存在人手不足等困难。如果换一个角度看，正因为业务种类和从业人员有限，反而能够准确地把握 BCP 的必须保障和经营资源。然而，现实情况是，中小企业 BCP 策划制定进展缓慢，与大企业的差距进一步拉大。

本文探讨了阻碍中小企业 BCP 制定的主要因素，并对促进中小企业 BCP 制定进行了系统的考察。有人认为，缺乏技术、人才、资金，即能力方面的制约是妨碍中小企业制定 BCP 的主要因素。这种观点可以说准确地把握了企业的现实。不过，值得说明的是，这种观点的一个重要前提是：中小企业和大企业一样，对于自身经营过程中面临的风险有着充分的认识。然而，现实情况是，中小企业不能正确认识自身面临的风险，造成对风险的过度容许。此外，制定 BCP 的优点并未得到广泛认同。因此，对于这些企业来说，正确认识到自身风险，以及制定 BCP 在促进交易、融资等方面的益处成为推进 BCP 制定的重要要素。

本文还探讨了在促进 BCP 制定过程中保险公司的作用。事实上，中小企业和大企业一样，在 BCP 策划、制定方面存在技术层面及其他层面的困难，单纯依赖政府支援很难实现灾后重建。因此，对于以为企业提供风险管理服务的保险企业来说，这一市场潜力巨大。具体而言，作为财产保险公司销售渠道的代理店、中小企业的已有网络有望发挥更重要的作用。此外，保险公司还有可能推出包括地震在内的新险种，实现相关保险产品的组合营销，从而进一步拓展业务。

参考文献

[1] 大阪府产业开发研究所．依靠 BCP 提高防灾能力和企业活力——

以拥有高抗灾能力的产业城市为目标［J］．产业开发研究史料（大阪），2010，117：1－131.

［2］小川裕克．向着有实际效用的事业持续经营的实现——从东日本大地震学到的［J］．产业经济研究所期刊（中部大学），2012，22：201－218.

［3］恩藏三穗．我国保险市场中中小企业的位置［J］．亚洲研究，2011，12：63－69.

［4］恩藏三穗．保险公司和 CSR 活动的方向性．石田重森，江头总治郎．落合诚一选集代表，保险学保险法学的课题和展望［M］．成文堂，2011：197－216.

［5］恩藏三穗．地震保险的意义和角色以风险控制为出发点［J］．保险学杂志，2013，619：147－161.

［6］小泉国贸．对 BCP 制定普及的实践研究［J］．政策情报学会刊，2012，6（1）：137－146.

［7］小山太郎．BCP 制定的重要因素分析［J］．产业经济研究所期刊（中部大学），2012，22：257－271.

［8］佐藤主光，斋藤诚．针对地震保险加入行动情境营销的效果，选自中川雅之．从人类行动看地震的风险管理［M］．劲草书房，2012：133－169.

［9］小岛修矢．关于大地震后保险的责任中小企业的风险财政，选自柴健次太田三郎．本间基照编著．大震灾后的风险管理和信息公开［M］．同文馆出版，2013：143－156.

［10］日本财产保险风险管理．风险管理实务手册［M］．日本效率协会管理中心，2010.

［11］田代邦幸，黄野吉博．日本企业事业持续管理的现状［J］．产业经理，2012，72，2：139－152.

［12］中小企业厅．中小企业 BCP 制定运用指导方针［R］．2006.

［13］中小企业厅．中小企业白皮书 2012 年版［R］．2012.

［14］东京海上日动风险咨询．实践事业持续管理（第 3 版）［M］．同文馆出版，2013.

［15］中川雅之，斋藤诚．预期理论和公寓抗震性能的选择，斋藤诚中川雅之编著，从人类行动看地震的风险管理［M］．劲草书房，2012：179－206.

［16］蛭间芳树．防灾评级融资［J］．高压气体，2012，49：37.

［17］蛭间芳树．通过《防灾评级融资》旨在提高危机管理能力［J］．金融财政事务，2012，63：18－22.

［18］横尾浩一郎．中小企业的 BCP［J］．中小企业及组合，全国中小企业协会，2012，806：10－13.

企业成长中的公司品牌发展研究[①]

中央财经大学　孙国辉　杨一翁

摘　要： 本文通过总结分析前人研究成果，从“内在性”角度提出公司品牌的构成要素，并基于此，借助于“外化性”工作即传播和体验，让企业利益相关者得以感知，从而树立良好的公司品牌形象。并由此得到未来需要实证研究检验或实践应用验证的研究模型，即公司品牌发展模型。

关键词： 公司品牌　产品品牌　品牌形象

一、问题提出

中小企业在成长过程中，提高品牌知名度和美誉度、建设知名品牌是其重要任务。现实中，企业不仅要建立产品品牌的知名度，更要建立公司品牌的知名度。原因在于，就消费心理和消费行为的一般规律来看，人们在评价某事物时，非常重视其来源、出生和背景，大多数消费者在进行购买决策时遵循“公司→产品”的思路，即在考虑购买某款产品时，认为来自“大宅门”的背景会使产品在质量、安全和服务等

① 本研究为2012年度中国教育部人文社会科学研究项目《基于中国企业跨国化经营的公司品牌影响机制研究》的阶段性成果，项目批准号：12YJA630104。

各方面更有保证，也就是说公司的“背书”作用巨大。并且，当今消费者也会直接关注企业产品及服务经营以外的有关信息，例如企业社会责任履行、企业的愿景与目标、企业的个性特征、企业的社会声誉，等等。因而，研究公司品牌的建立与发展，具有重要的现实意义和理论价值。

二、公司品牌研究的产生

理论界对公司品牌相关问题的研究可追溯到20世纪60年代，直至20世纪90年代，“公司品牌”的概念被提出如图1所示，自此以后的20余年里，公司品牌一直是品牌学术界的重要研究领域，但很多基本问题仍是众说纷纭。

（一）20世纪60年代品牌形象理论产生

1963年，“广告之父”Ogilvy提出了“品牌形象”（Brand Image）的概念，认为品牌形象不是产品固有的，而是消费者对产品的质量、功能、外观和价格等因素的认识与评判，每一则广告都应是对构成整个品牌形象的长期投资。Ogilvy提出了如何通过广告来塑造良好的品牌形象。Ogilvy这里的品牌形象主要指“产品品牌形象”（Product Brand Image），而面向的对象主要是消费者。几乎与此同时，“公司形象”（Corporate Image）的概念也开始在相关文献中广泛出现。Bristol认为公司形象是“公司在普罗大众心智中所创造的印象”。Winick认为公司形象是：“个人对于公司的感知，这些感知基于其对于公司的体验、回忆和印象的总和”。Easton和Enis在同一时期也提出了类似的观点。从这些见解可以看出，公司形象是一个比产品形象内涵丰富得多的概念，它是指社会公众对于公司的整体感知，而不仅仅是对产品的感知，且感知的主体不仅仅是消费者，也包括了其他社会公众。

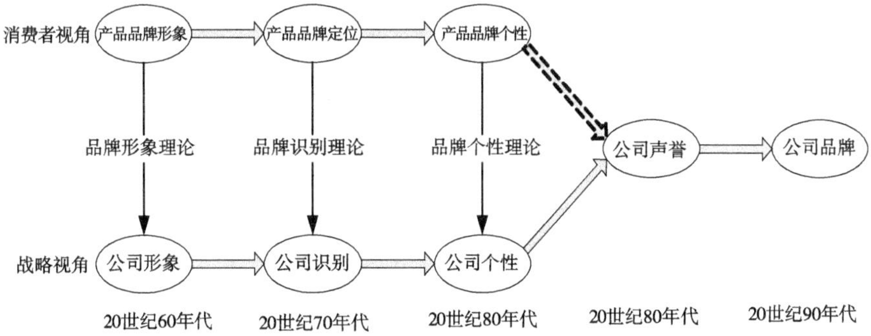

图 1　有关公司品牌研究的相关脉络

（二）20 世纪 70 年代品牌识别理论产生

Ries and Trout 在 1972 年提出了“定位”（Positioning）的概念，他们撰写了一系列名为“定位时代”的文章，刊载于美国专业期刊《广告时代》（Advertising Age）上，影响巨大。1980 年，Ries and Trout 将之前的观点集结成书，出版了《定位》一书，这标志着品牌定位理论的成熟。Ries and Trout 认为品牌定位是“公司对未来的潜在消费者的心智所下的功夫，也就是把产品定位在公司未来潜在消费者的心中”。给产品定位的目的就是在消费者的心智中找到合适的位置，从而使消费者能以合适的、理想的方式联想起某种产品或服务，从而实现公司潜在利益的最大化。可以看出，品牌定位理论最早是面向消费者，关注的是产品在消费者心智中的差异化特征，这也就涉及到“产品品牌识别”（Product Brand Identity）的概念。20 世纪 60 年代至 20 世纪 80 年代，是品牌识别系统发展的全盛时期，IBM、麦当劳、可口可乐和松下等企业先后导入品牌识别系统，并大获成功，纷纷跨入了国际知名品牌的行列。此时，品牌定位理论也得到发展，Kotler 认为定位是：“对公司的产品进行设计，从而使其能在目标消费者心目中占有一个独特的、有价值的位置的行动。定位的实质是使本公司和其他公司严格区分开来，并且通过市场定位使消费者明显地感觉和认知到这种差别，从而在消费者心目中留下特殊的印象。定位的目的在于影响消费者的认知心理，增强企业及其产品的竞争力，扩大产品的知名度，增加产品的销售量，从而提高企业的经济效益”。可以看出，虽然“定位”针对的目标群体依旧是消费者，但是该定义已经突出了“公司”的概念（“定位的实质是使本公司和其他公司严格区分开来”），这就涉及到了“公司识别”（Corporate Identity）的概念。

（三）20 世纪 80 年代品牌个性理论产生

Sirgy 在 1982 年首先提出品牌个性（Brand Personality）的概念，指出任何品牌或产品都应该具有独特的个性。之后，Aaker（1997）运用心理学对品牌个性维度进行发展，开发并测试了一套品牌个性量表（BPS），提出了“真诚”（Sincerity）、“刺激”（Excitement）、“能力”（Competence）、“精致”（Sophistication）和“粗犷”（Ruggedness）这五大品牌个性维度。Aaker 的品牌个性量表成为品牌个性研究的经典，但是这套量表主要是针对产品品牌，主要面向的是消费者，描述的主要是产品品牌的人格化的性格特点。以 Aaker 的研究为基础，后续研究将产品品牌个性研究扩展到公司层面，提出了“公司个性”（Corporate Personality）的概念，并进行了一系列的相关研究（Davies，2001，2004；Roper and Davies，2007；Keller and Richey，2006）。相比于产品品牌个性，公司个性的内涵要更为丰富。

三、公司品牌与产品品牌的区别

公司品牌，从视觉意义上来定义，是指一个名称、名词、标记、符号，或设计，或是上述要素的组合，用于识别某一个公司，并且使该公司与其竞争对手区别开来。而从经济意义上来看，公司品牌是指全体利益相关者对于公司的产品服务、专业能力、创新能力、社会责任能力、文化和战略等各方面感知的总和，是社会大众对某一特定公司的所有联想。所以，它等同于“公司品牌形象”这一概念。从这一意义上来看，公司品牌扮演着多重角色：

① 公司品牌是公司旗下众多品牌的“背书者”，能够让各方利益相关者感受到来自于产品背后的强大的公司力量的支撑。

② 公司品牌是集合公司旗下众多品牌的“品牌屋”。

③ 公司品牌是吸引各方利益相关者选择该公司的“导航仪”。

④ 当公司中某些产品品牌发生危机时，强势公司品牌是最好的“保护伞”。

⑤ 公司品牌能够让公司与各方利益相关者之间建立起一种情感上的“契约关系”，是公司的一项重要资产，是公司竞争优势的源泉。

基于以上含义，公司品牌与产品品牌的区别，主要体现于表 1 所示。

表 1　公司品牌与产品品牌的主要区别

	公司品牌	产品品牌
品牌层级	顶层	中、高层
关注焦点	组织及其属性	具体的产品/服务
作用群体	全体利益相关者	消费者
管理职责	首席执行官	品牌经理/营销总监
一般职责	全体人员	营销人员
职能部门	全体部门	主要是营销及相关部门
学科基础	多学科交叉	市场营销学、消费者行为学
生命周期	公司生命周期	产品生命周期
品牌时效	长期	中、短期

四、公司品牌的构成要素

（一）公司品牌三要素模型

Hatch and Schultz（2001）提出了公司品牌三要素模型（也称为公司品牌工具箱模型，如图2所示），认为公司品牌由三个要素组成。

①愿景（Vision）：最高领导者对公司的愿望。

②文化（Culture）：企业的价值观、行为和态度，也就是公司全体员工对公司的感觉。

③形象（Image）：外部利益相关者对公司的整体感知或印象。

企业建设和发展公司品牌的任务就在于减少和消除远景与文化、远景与形象以及文化与形象之间的差距，三者之间相互统一。

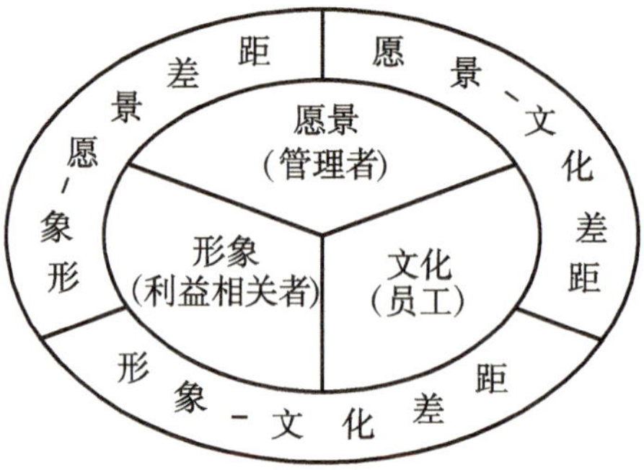

图2　公司品牌的构成要素与公司的任务

（二）公司品牌四要素模型

Knox and Bickerton 在公司品牌三要素模型的基础上，提出了公司品牌四要素模型如图3所示，认为公司品牌管理主要包括四个方面：愿景管理、形象管理、文化管理和竞争格局管理。

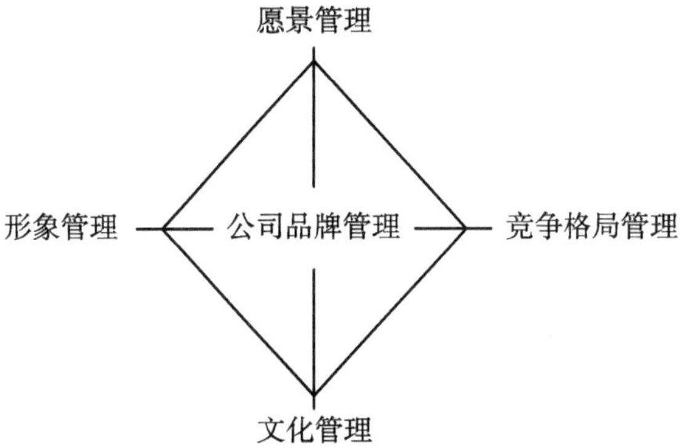

图 3　公司品牌管理的任务

（三）公司品牌六要素模型

Balmer（2006）提出公司品牌六要素模型（6Cs，如图 4 所示），认为公司品牌由六个要素组成：特征（Character）、文化（Culture）、传播（Communication）、概念化（Conceptualizations）、拥护者（Constituencies）和承诺（Covenant）。

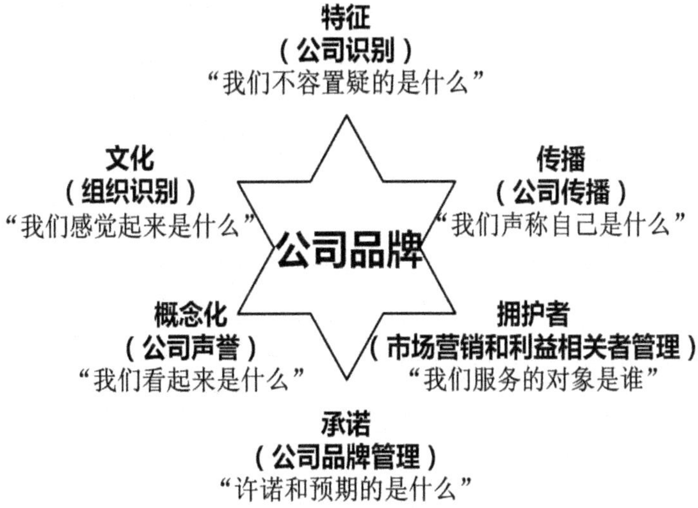

图 4　公司品牌六要素模型

（四）公司品牌七要素模型

Aaker（2004）提出公司品牌七要素模型，认为公司品牌由如下七个要素组成：

①历史传统。

②资产与能力。

③人员。

④价值观与优先事项。

⑤本土化或全球化导向。

⑥公司社会共鸣。

⑦公司绩效与规模。

（五）简评

从以上主要观点可以看出，由于各专家、学者研究的视角和目的不同，总结的品牌要素各有不同。严格地讲，三要素、四要素和六要素，均是从公司品牌建设和发展任务的角度提出。只有七要素，是从公司品牌要素的“内在性”提出。这种“内在性”是指，企业在其内部通过哪些方面的塑造，并通过后来“外化性”工作即对外沟通，使这些方面为社会公众所认知，从而建立独特的公司品牌形象。

五、研究模型——公司品牌发展模型

基于以上“内在性”的观点，本研究通过综合分析各家观点提出，公司品牌包含五个内在要素：愿景目标 、公司文化 、公司能力 、产品服务、社会责任 。

在成长过程中，企业进行公司品牌发展，首先需要从内部入手，做好以下五个方面的工作：

①公司愿景、目标规划。

②公司文化建设。

③公司能力塑造。

④产品、服务质量保证。

⑤社会责任履行。

其次，在以上工作基础上，加强“外化性”工作，即公司品牌要素传递工作，使以上五方面工作为利益相关者所感知，从而建立独特的公司品牌形象。

公司品牌要素传递途径包括传播和体验，其中，传播包括大众传播、广告传播、网络传播和人际传播；体验包括产品服务消费 、直接间接受益 、工作实习和参观考察 。

最后，包括内部与外部的各利益相关者会对公司产生总体感知与评价，即公司品牌形象。

综上所述，企业成长中的公司品牌发展模型，并成为研究模型如图5 所示，有待于未来进行实证研究或直接应用于实践以得到验证。

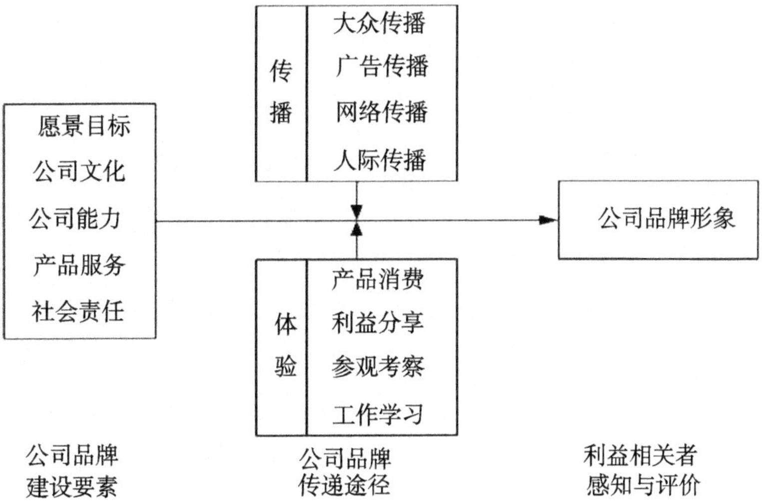

图5　研究模型：公司品牌发展模型

参考文献

[1] Aaker, D. A. Leveraging the Corporate Brand [J]. California Management Review, 2004, 46 (3): 6–18.

[2] Aaker, J. L. Dimensions of Brand Personality [J]. Journal of Marketing Research, 1997, 34 (3): 347–356.

[3] Balmer, J. M. T. Corporate Brand Management Imperatives: Custodianship, Credibility, and Calibration [J]. California Management Review, 54 (3): 6–33.

[4] Balmer, J. M. T. Corporate Identity and the Advent of Corporate Marketing [J]. Journal of Marketing Management, 1998, 14 (8): 963–996.

[5] Balmer, J. M. T. Corporate Identity, Corporate Branding and Corporate Marketing [J]. European Journal of Marketing, 2001, 35 (3/4): 248–291.

[6] Balmer, J. M. T., Gray, E. R. Corporate Brands: What are They? What of Them? [J]. European Journal of Marketing, 2003, 37 (7/8): 972–997.

[7] Balmer, J. M. T., Greyser, S. A. Corporate Marketing: Integrating Corporate Identity, Corporate Branding, Corporate Communications, Corporate Image and Corporate Reputation [J]. European Journal of Marketing, 2006, 40 (7/8): 730–741.

[8] Balmer, J. M. T., Greyser, S. A. Managing the Multiple Identities of the Corporate [J]. California Management Review, 2002, 44 (3): 72–86.

[9] Hatch, M. J., Schultz, M. Are the Strategic Stars Aligned for Your

Corporate Brand? [J]. Harvard Business Review, 2001, 79 (2): 128-134.

[10] Hatch, M. J., Schultz, M. Bringing the Corporation into Corporate Branding [J]. European Journal of Marketing, 2003, 37 (7/8): 1041-1064.

[11] Hatch, M. J., Schultz, M. The Cycles of Corporate Branding: The Case of the Lego Company [J]. California Management Review, 2003, 46 (1): 6-26.

[12] 王海忠, 赵平. 公司品牌形象对经销商关系导向的影响——基于主导地位制造商的中国实证 [J]. 中国工业经济, 2008, (3): 93-100.

[13] 王海忠, 赵平. 品牌原产地效应及其市场策略建议——基于欧、美、日、中四地品牌形象调查分析 [J]. 中国工业经济, 2004, (1): 78-86.

[14] 王长征, 寿志刚. 西方品牌形象及其管理理论研究综述 [J]. 外国经济与管理, 2007, 29 (12): 15-22.

[15] 吴水龙, 卢泰宏, 蒋廉雄. 公司品牌研究述评 [J]. 外国经济与管理, 2009, 37 (3): 30-37.

[16] 吴水龙, 卢泰宏. 公司品牌与产品品牌对购买意向影响的实证研究 [J]. 管理学报, 2009, 6 (1): 112-117.

[17] 吴水龙. 公司品牌对产品评价影响研究的新进展 [J]. 外国经济与管理, 2009, 31 (12): 45-50.

创业生态系统的探索性研究：概念形成、内部特征与平衡机制[①]

中央财经大学　周卫中　林嵩　葛建新

摘　要： 影响创业活动的因素除新创企业外，还包括供应商、顾客、竞争者、政府、行业协会、咨询服务机构等。这些要素并不是孤立存在的，而是处于一定的系统关系中。基于这一认识，笔者试图建构“创业生态系统”概念，通过对自然生态系统和创业生态系统的比较，探讨创业生态系统的内部特征、运行模式和调节机制，并指出如何应用此理论观点鼓励和发展创业活动。

关键词： 创业活动　创业生态系统　平衡机制

创业活动对于区域经济发展和社会转型的巨大意义已经成为社会各界人士的共识。然而，从创业活动发展的实际效果来看，却存在着不尽如人意之处。大量新创企业过早的退出市场，即使一些企业能够在市场上勉强维持，也难以实现创业之初的理想。这一现象是由于多方面的原因造成的。现有研究中，学者关注较多的是企业战略、创业者特征等个体层面的因素对创业活动的影响。

然而，创业活动并非简单的组织层面的发展流程。这一组织的产

① 基金项目：中国国家社会科学基金一般项目“创业生态系统的理论探索与实证研究”（批准号 10GBL041）。

生、发展、成熟、蜕变受到了不同层面、不同主体、不同领域的社会元素的影响，展现出复杂的演化特征。因此，立足于这一研究视角，必须将创业活动放置于一个更大的社会背景之内，考察多元化的社会要素与之发生联系的作用机制，从而描述创业活动的总体演化规律。基于此，笔者试图拓展创业生态系统这一个交叉领域的概念，进而探讨创业生态系统的运行特征与平衡机制。

一、现有研究综述及概念发展

与创业生态系统研究密切相连的研究是组织生态学研究。在这一领域，众多学者积极应用生态学的相关理论研究组织存在和发展过程中的现象和机理。至今为止，组织生态学已经获得了很多学者的关注，相关的研究著述也非常丰富，但是，就其理论的总体架构而言，还处于探索阶段，缺少系统而全面的研究框架。

创业生态系统的研究同样处于起步阶段。Aldrich（1990）、Tan（1998）、Carroll&Khessina（2005）等学者借助生态学的视角分析了创业环境中的不同要素对于创业过程的影响，但他们并没有从整体上建构创业生态系统概念，也没有规范的实证性研究。

在生态学中，生态系统指在一定的空间内生物成分和非生物成分通过物质循环和能量流动相互作用、相互依存而构成的一个生态学功能单位。参照这一定义，我们可以把创业生态系统定义为由新创企业及其赖以存在和发展的创业生态环境所构成的，彼此依存、相互影响、共同发展的动态平衡系统。基于这一概念发展，我们可以对纷繁复杂的生态系统要素进行科学分类，集合出若干具有共同特性的子系统，以刻画生态系统的结构特征。创业生态系统如图1所示。

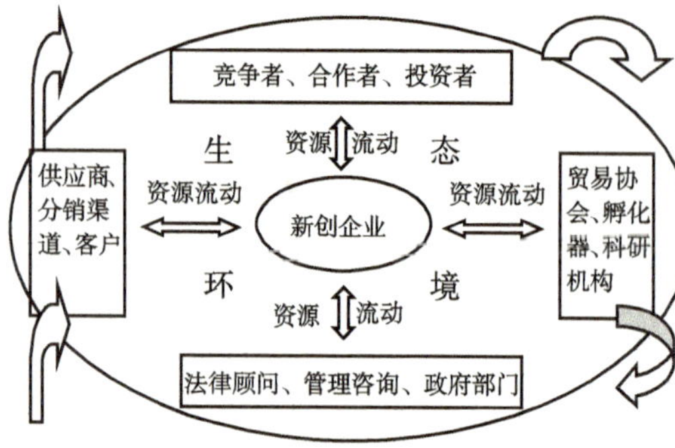

图 1　创业生态系统概念示意图

在这一概念的内在构成中，新创企业是其核心，也就是说，创业生态系统的发展必须以新创企业的成长作为核心线索，创业生态系统必须服务于创业活动；新创企业外部的作用力量来自于生态环境中的不同元素，事实上，不存在一个虚拟的环境概念，正是这些不同要素的综合作用，形成了一个创业环境的整体概念；各个要素之间存在着复杂的作用机制，而不是简单的单向或双向的联系，这也使得相关的理论拓展工作存在一定的难度。

二、创业生态系统的构成要素及运行模式

创业生态系统概念源自于自然生态系统，但是又与后者有着较大的差别。从生物个体、物种、种群等方面看，创业生态系统与自然生态系统的构成要素具有明显的区别，如表 1 所示。

表1 创业生态系统与自然生态系统的比较

要素	自然生态系统	创业生态系统
生物个体	完整的具有生长、发育和繁殖等功能的生物有机体。	新创企业个体，拥有独立的组织结构，致力于捕捉创业机会。
物种	在生物圈内，具有相同基因频率、形态和生理特征的生物个体的集合。	一类具有相似资源能力，追逐类似机会的新创企业。
种群	在一定自然区域内，同一物种的个体的集合体。	在一定区域范围内，具有相同资源能力，追逐类似机会的新创企业集合群。
亚群落（混合种群）	在一定自然区域内，由一定种类的具有类似特征功能的生物种群所组成的集合。	在一定区域范围内，资源和能力类似，创业项目存在密切联系的新创企业集合。
群落	在一定的自然区域内，相互之间有直接或间接关系的各种生物的总和。	在一定区域范围内，存在相互竞争、相互协同、相互联系的关系的新创企业集群。
生态系统	一定的空间内生物成分和非生物成分通过物质循环和能量流动相互作用、相互依存而构成的一个生态学功能单位	新创企业及其赖以存在和发展的创业生态环境所构成的，彼此依存、相互影响、共同发展的动态平衡系统。
生产者	利用简单的无机物制造食物的自养生物。	利用资源制造商品或提供服务的组织或个体。
消费者	为了维持及繁衍生命而消化或吸收有机物的生物体。	购买、消费、使用商品或服务的组织或个体。
食物网（链）	生产者所提供的物质、能量通过一系列的取食和被食关系传递而形成的网络关系。	在生产方所提供的商品或提供通过市场交易传递给消费方的过程中形成的网络关系。

续表

要素	自然生态系统	创业生态系统
生态位	在特定时空内，一个生物单位对各类资源的利用和对环境适应性的总和。	在特定区域内，新创企业对各类资源的利用和对环境适应性的总和。
生态因子	对生物生长有影响的环境要素。	对新创企业的成长有影响的环境要素。
生态环境	生物个体和群体生活的具体生态环境。	创业活动主体所处的经营环境，如区域人文环境、基础设施、政策环境等。
能量流动	能量在自然生态系统中的流转。	价值在创业生态系统中的流动。
物质流动	物质在自然生态系统中的流转。	物质在创业生态系统中的流动。
信息传递	信息在自然生态系统中的传递。	知识与信息在创业生态系统中的流动。
进化	在一个种群中导致延续多代的可遗传性变化过程。	新创企业通过战略调整或技术创新所取得的商业模式的进步与完善。
突变物种	遗传物质的可遗传性改变。	新创企业对于经营模式和战略方案的重大突破和改变。
协同共进	为适应环境，各种群通过相互作用相互适应而共同进化。	在外部环境或内部因素的作用下，各类创业种群既竞争又合作，协同发展的过程。

上述比较表明：创业生态系统和自然生态系统在很大程度上存在着相似之处，在生态系统内部的构成以及不同要素之间的作用机制方面，这些相似之处更为明显。因此，将自然生态系统的相关理论沿用于创业生态系统有其便利之处。同时，应当注意到，由于构成主体本身的不

同，新创企业和生物体在运行机制方面也存在明显的不同之处，这就导致将自然生态系统的相关原理导入的时候，必须根据创业生态系统的独特特质，开发独有的内在特殊属性。

三、创业生态系统的内在特征

通过对创业生态系统的内在运行模式的探讨，不难发现，创业生态系统之所以能够顺利运行，是因为其具有以下四个特征。

（一）创业生态系统的内部运行动力

自然生态系统中生物体的活动通常基于自然本能，它对于自然环境和其他生物活动的反应往往是被动的适应关系。在创业生态系统中，由于创业活动的组织者和实施者——创业者的存在，使得创业生态系统的运行机制带有很大的主观色彩。新创企业的战略方案和行动特征与创业者的主观特质密不可分，创业者的价值取向和行动意图会引导新创企业的经营模式和发展方向（Bygrave&Hofer，1991；Stewart 等，1998），正如积极主动者和谨小慎微者所领导下的企业必然展现出不同的成长模式。

同时，由于创业者的主观能动性的存在，在新创企业的发展过程中，企业不再被动消极地适应经营环境和市场压力，而是主动采取恰当的战略措施来影响环境，从而在一定程度上改造经营环境。共同发展的过程中，创业者个体心理的理性与非理性的共同存在，使得微观创业活动的演变过程也具有理性与非理性的两重性，这些都加剧了创业生态系统的复杂性。

（二）创业生态系统的价值维系机制

自然生态系统的存在和发展机制取决于内部构成单位之间的联系，

生产者和消费者通过食物链链接在一起，物质和能量在整个系统内稳定有序的流转，从而保证了自然生态系统的持续存在。创业生态系统内部的众多要素能够整合在一起，形成一个完整而稳定的运行系统，也是依托于一系列的要素流动所形成的维系机制。这一维系机制从表面上看，是商品或实物的流通，也就是新创企业积极购进上游厂商所提供的半成品或原材料，为下游的企业或消费者提供各类商品的流转过程，其实质则是创业生态系统内部的价值流转关系。

根据波特的观点，企业的生产和销售过程可以分为既相互独立又相互联系的多个价值活动，这些价值活动形成一个独特的价值链。如果把价值链的分析视角拓展到单一的企业之外，在整个生态系统内分析其价值流转过程可以发现，在新创企业识别机会、开发创新项目，实现市场成长的过程，也是其不断与外部组织发展联系汲取价值的过程，这些价值获取和交换过程是双向的，通过以新创企业为中心的整合和流转过程，最终形成生态系统内部的价值网络，从而维系整个创业生态系统的运转。

（三）创业生态系统的制度依赖性

创业生态系统在为创业活动提供一个存在和发展的环境的同时，自身也受到一系列制度因素的影响，这些制度因素包括了国家或区域范围内的政治、经济、法律、文化等要素。一方面，创业生态系统内部的构成单位的行动方案，将会受到特定的区域制度因素的正面或负面影响，例如，在鼓励创业、提倡冒险的文化氛围下，会有更多的人加入创业者的队伍，而风险投资、创业中介服务机构等组织的活动也会更为活跃，这在国内外创业活动发展迅速的地区都得到了佐证。另一方面，创业生态系统内部的运行机制同样也受制于区域制度环境。

例如，一些实证研究显示支持创业活动的政策实施效果展现出较强的不一致性，在一些地区行之有效的创业促进政策，在其他地区的效果则不甚明显（Minniti，2008；Cumming，2007）。究其原因，主要是不同区域的制度环境存在差异，进而影响了生态系统内的价值流转机制。因此，对于创业生态系统的理解，不仅要深入分析判明系统内部的构成要素以及之间的联系，还需要关注影响和制约创业生态系统的一系列外生要素，从而从更深的层次认识创业生态系统的运行机制。

（四）创业生态系统的演化特征

由于区域的制度环境始终在不断变化之中，创业生态系统也展现出一定的演化特征。以美国硅谷地区的创业活动发展为例，从 20 世纪 50 年代开始，为了在军备竞赛以及太空技术上保持领先，美国国防部门投入了大量的资金用于开发先进技术，直接推动了硅谷的技术基础设施和配套行业的发展，相关产业的创业活动发展迅速。20 世纪 60 年代至 20 世纪 70 年代以来，随着半导体工业、微处理器和个人计算机产业，以及互联网及 IT 技术的发展，众多拥有技术背景的创业者借助新技术的发展契机技术挖掘全新创业机会，带动了硅谷地区的数次创业浪潮，并且形成了硅谷特有的开放的商业环境，风险投资、银行家、会计人员、律师、咨询顾问、猎头等一系列与创业活动密不可分的专业人士都在此经常出没，个人之间、企业之间也更愿意积极地推进合作，沟通和交流变得更为频繁，这些都形成了特有的硅谷创业生态系统特征。

可以看出，随着一系列与创业生态系统相关的外生因素的不断发展，创业活动本身、支持创业活动发展的要素都在不断发展变化之中，而且从总体上展现出由单一的构成元素到多元化的参与主体，由简单孤立的影响过程到系统复杂的作用机制的演化特性。

四、创业生态系统的自我平衡和调节特征

创业生态系统的内部运行动力、价值维系机制、制度依赖性、演化

特征共同作用之下，使得创业生态系统的发展也呈现一定的规律性，并使得创业生态系统研究的边界不断扩大，并成为组织研究的有益话题。

在上述四个要素的作用下，创业生态系统的发展体现出自我平衡和调节特征，这也正是创业生态系统的最关键评价标准。自然生态系统的平衡性是指生态系统通过发育和调节所达到的一种稳定状况，系统内的生物种类组成及数量比例、营养结构联系和物质与能量流动都能够维持相对稳定性。生态失衡的情况下，生态系统就会在短时间内发生结构上的变化，变化的结果往往是不利的，生态系统重新回到和原来相当的状态往往需要很长的时间，一些变化甚至是不可逆转的。在创业生态系统的语义范畴中，生态平衡指的是创业活动的发展以及与外部环境之间的交流和联系达到的稳定状况。从我们所设定的创业生态系统结构来看，存在如下三个层次的平衡关系：

在微观层面，创业生态系统的平衡意味着就单一的新创企业而言，能够通过有效的渠道从外部吸收资源，通过企业内部的整合，完成商品生产并且提供给消费者，在为社会提供价值的同时实现自身的价值最大化。因此，微观层面的创业生态平衡实际上指的是微观创业活动的投入和产出之间的稳定和均衡。在这一过程中，虽然由于个体的市场判断或是经营策略有误，创业活动可能过早失败，但是这种物质、价值或其他要素的流转是畅行的，没有什么人为的障碍。在中观层面，创业生态系统的平衡意味着对于众多的新创企业所形成的创业群落，不仅能够有效获取资源，形成市场开发活动，实现创业项目的商业价值，同时，在这些群落内部众多的新创企业能够通过一定的分工合作链条整合在一起，形成良好有序的协同效应，而不是简单的聚集在一个区域内部。在创业群落内部，随时都会有企业因为经营失败退出市场，同时也随时会有新的创业者加入到群落中来，从而保持着创业群落的稳定性。在宏观层面，创业生态系统的平衡意味着在整个社会经济系统中，创业群落，以及其他支持创业活动的组织、机构、部门都能够和谐共处，充分发展的创业活动在不断创造价值与财富的同时，也为整个系统带来了稳定的价值和资源。因此，在新创企业不断创立、成长、成熟的过程中，系统中的其他组织也在持续成长，与创业活动之间的联系也在不断丰富和稳定。

创业生态系统的平衡对于创业活动的发展意义重大。从微观层面，虽然个体创业的成功与否主要取决于创业者的创业素质和创业机会的商业价值，生态平衡却能够为个体创业提供更有力的支持，提升创业成功的几率。在中观层面，创业生态平衡能够充分推动区域范围内创业群落的形成，使得创业活动通过以群落方式整合在一起，发挥协同合作的效应，降低创业成本，从而吸纳更多创业者加入。在宏观层面，创业生态平衡则保证了在较长时期，区域内创业活动发展的持久动力，个体新创企业或是创业群落都不可能孤立存在，创业活动需要源源不断地从外部生态环境中汲取资源，整个生态系统的平衡和稳定为这种需求提供了解决方式，同时，创业活动的市场价值和社会价值又反过来进一步促进了创业生态系统的整体发展。因此，从区域发展的角度认识创业生态系统最为关键的是解读这一系统的平衡稳定性。

创业生态系统平衡依托于其内部的调节机制。自然生态系统内部存在着较为有效的调节机制，在生物种群达到一定密度之后，环境气候、疾病、生物竞争等生物过程对会对种群产生影响，这样，经由生态系统内部一系列传导机制的作用，能够促进生态系统形成新的平衡。在创业生态系统内部，主要的调节机制是市场的价格机制和竞争的优胜劣汰。新创企业在市场上的经营活动能否取得成功，根本上取决于市场竞争因素。同样，企业与生态系统内部其他的组织之间的合作和联系也依赖于市场交易机制。这就充分保证了系统内部的价值流转是良性有序的。同时，创业生态系统的调节机制还意味着创业生态系统内部存在一定的阀值，如果创业活动的经营环境恶化到了一定程度，创业生态系统内部的负面因素超过其阀值，其固有的调节机制也会失去作用，从而导致整个创业生态系统失衡。

五、创业生态系统研究的实践意义

创业生态系统研究具备很强的现实意义。我国创业活动一直保持较为活跃状态。根据清华大学中国创业研究中心的《全球创业观察中国报告——基于2007年数据的分析》（高建等，2006），国内的全员创业活动指数在全球范围中一直名列前茅，2007年在参加全球创业观察的42个国家中排在第6位，但在国内不同区域的创业活跃程度存在差距，这种差距还在不断拉大，根据《全球创业观察中国报告》的调查显示，这一差距主要是由于区域的私人财富、技术发展、人力资本水平和市场需求的不同造成的，这四项因素越高的地方创业越活跃。除了上述四个因素以外，其他与区域创业活跃度相关的因素还包括产业结构变化、失业水平、人口增长和创业文化等。上述研究充分印证了笔者的相关观点。

基于创业生态系统的讨论，我们认为，为了提升区域创业活动的活跃程度，并且积极促进创业活动对于经济、社会的推动作用，可以从以下三个方面进行努力。

首先，从个体创业活动的发展来看，应当积极立足于创业生态系统的整体性支持作用，开发和发展适宜的创业机会，实现创业目标。创业者在识别可能的创业机会时，应当仔细分析区域的创业生态系统状态，看看这一系统的当前状态是否有利于创业活动的开展。在有利的创业氛围中，各项外部组织都能为创业活动提供资源，此时，创业者的行动可以积极大胆，果断探索创新的经营领域，在创业生态系统存在发展障碍时，则应当适当收缩阵线。紧密防御已经开拓的领域，等待更好的时机进一步发展。除了新创企业以外，创业生态系统内部的各个构成主体都应该对生态系统的属性特征，尤其是平衡机制进行识别，选择最有利于己方的行动模式。创业生态系统如同一般均衡理论中的产品市场一样，当各个行为主体都选择了个体利益最大化方向行动时，这一生态系统也是最优的。

其次，从区域发展的层面看，创业生态系统的发展需要一系列的制度条件。这就意味着在创业生态系统的建设方面，政策决策部门大有可为。创业生态系统的构成之中，新创企业当然是主要成分，但是创业园、行业协会、投资机构、咨询公司等不同组织的存在也是非常必要的，因此，政策部门的首要工作应当是在区域范围内采用相应的优惠和鼓励政策，鼓励和发展更多的与创业活动存在联系的组织。政府部门的作用力无法直接作用于创业活动，但是，通过这些组织机构，能够间接鼓励区域内部的创业活动。进一步而言，创业生态系统的发展还需要注重其内部的平衡协调机制。如同自然生态系统一样，创业生态系统的平衡依赖于特定的制度环境，在制度环境存在压力或障碍的时候，即使创业生态系统内部的组织机构数目众多，仍难以提供创业活动所必需的资源和条件，这就要有关部门积极探索政策的实施空间，在区域范围内改进制度环境，利用制度因素影响和塑造创业生态系统，引导创业生态系统推进创业活动发展，充分发挥创业生态系统的积极作用。

最后，创业生态系统应当与其他的商业系统相适应，从而促进整个商业生态系统的良性发展。创业生态系统是区域产业链条上的单一环节，在这一链条上，还存在其他重要的商业系统。如同不同生物群之间的有机联系一样，这些系统之间也存在着复杂的作用机制。但是，总体上看，它们之间是相互依存的共生关系。这就使得创业生态系统的理解超越了单一的创业活动，而是将视角投放到更大范围的企业活动中，通过有力的政策手段满足整个商业生态系统的协调发展来促进创业生态系统的发展。

参考文献

[1] Aldrich H. E.. Using an Ecological Perspective to Study Organizational Founding Rates [J]. Entrepreneurship Theory and Practice, 1990, 7: 7-24.

[2] Tan Sen Suan Ecological Perspectives in Entrepreneurship: Science and Sustainability [A]. International Council For Small Business Singapore Conference Proceedings. Nanyang Business School1, 1998.

[3] Carroll G. R., Khessina O. M.. The Ecology of Entrepreneurship [A]. in Agrawal R., Alvarez S. A., Sorenson O.. Handbook of Entrepreneurship: Disciplinary Perspectives, New York: Kluwer, 2005.

[4] Bygrave, W. D., and Hofer, C. W.. Theorizing about entrepreneurship [J]. Entrepreneurship Theory and Practice, 1991, 16 (2): 13-22.

[5] Stewart W. H., Watson W. E., Carland J. C., Carland J. W.. A Proclivity for Entrepreneurship: A Comparison of Entrepreneurs [J]. Small Business Owners, and Corporate Managers. 1998, 14: 189-214.

[6] Minniti M. The Role of Government Policy on Entrepreneurial Activity: Productive, Unproductive, or Destructive [J]. Entrepreneurship Theory and Practice, 2008, September: 779-791.

[7] Cumming, D.. Government Policy towards Entrepreneurial Finance: Innovation Investment Funds [J]. Journal of Business Venturing, 2007, 22 (2), 193-235.

[8] 高建，姜彦福，李习保，程源．全球创业观察中国报告——基于2005年数据的分析 [M]．北京：清华大学出版社，2006.

中小企业的社会资本研究架构：基于现有研究的回顾[①]

中央财经大学　林嵩

摘　要：笔者对现有的社会资本研究进行了梳理，归纳其演变线索，并且分析了现有社会资本研究的考察焦点。基于上述分析，文章面向中小企业研究领域，提出了一个以社会资本为研究线索的分析构架。

关键词：社会资本　社会网络　组织成长

社会资本（social capital）这一概念的出现应当追溯到20世纪初Hanifan的研究，他用社会资本这一概念来解释人们的日常生活中一些不可直接接触的无形资产，例如个体或家庭之间的善意、友谊、同情、社会交往等（Batt，2008）。20世纪80年代以来，在众多的研究领域，围绕着社会资本的理论研究和实证分析都得到了充分的发展。这些不同的领域包括家庭研究、青年行为问题、教育问题、公共健康、社会生活、经济发展，等等。然而，在理论的触角不断深入到围绕社会资本的方方面面的同时，很多学者也承认针对社会资本以及相应的研究问题尚缺乏一个系统性的研究框架，即使对于社会资本概念本身，也存在着不同的认识（Adler&Kwon，2002；Steinfield等2008；Batt，2008）。基于此，

① 国家自然科学基金资助项目“基于中国实践的创业网络理论研究与管理模式构建”（批准号70702006）。

笔者试图对于现有的社会资本研究进行归纳和整合，进而结合组织领域的研究需要提出一个整体性的分析构架。

一、社会资本的概念演进

在现有的研究中，存在的一个共识是社会资本是一个伞状的概念（umbrella concept），这意味着很多领域的社会活动和社会现象都能应用社会资本来解释，这就使得它的定义呈现出一定的多样性（Batt，2008）。根据 Adler&Kwon（2002）的研究，同时进一步搜集整理近年来的社会资本研究，笔者将 20 世纪 90 年代以来较有代表性的社会资本概念探讨进行整理，如表 1 所示。

从社会资本的研究轨迹来看，这一概念的演进过程显示出较为明显的阶段性发展特征。20 世纪 90 年代之前的社会资本研究较为零散，缺乏针对社会资本概念本身的系统性研究。直到 Coleman 的研究出现之后，这一领域的研究问题和研究线索开始相对集中。大量的研究都引用了 Coleman 关于社会资本的概念定义，并且在其基础上探讨社会资本所能够带来的效益和效用。这是一种强调概念产出的研究视角。1995 年之后，社会资本的概念探讨视角从强调产出演化为强调过程，也就是说，研究人员更多的是从实现效益的方式和过程角度分析社会资本的概念内涵。这种变化显示研究人员对于社会资本的认识在不断深入——不仅要分析社会资本能够带来什么，同时还进一步探讨如何实现这些。在这些研究中，Adler&Kwon（2002）关于社会资本的综述最为系统和全面。2002 年之后的研究中，大多沿用了 Adler&Kwon 对于社会资本的定义和维度划分，在一些实证性质的研究中尤是如此。

表1　现有社会资本的概念定义

研究人员	社会资本的概念定义
Coleman（1990）	社会资本是由其功能定义的。它不是一个单一的实体，而是一些有着共同特点的不同实体：它们都是由社会结构的一些方面构成的，它们推动该结构中某些个体的具体行动。
Boxman，De Graaf，&Flap（1991）	个体拥有的可以随意支配、提供支持和资源的人士的数量。
Schiff（1992）	社会结构的一系列元素，可以影响人们之间的联系，是完成产出和实施功能输入的依据。
Bourdieu & Wacquant（1992）	社会资本拥有一个互相熟悉和认可的、或多或少制度化的持久网络，会使个人或组织的实际或虚拟的资源总和增加。
Loury（1992）	人们之间自然发生的、促进或支持获得市场中重要的技能和特点的社会关系。
Burt（1992）	朋友、同事和更一般的接触人群，通过他们可以获得机会以使用个体的金融和人力资本。
Portes & Sensenbrenner（1993）	在集体里想要采取行动的共同期望，这些期望会影响集体的经济目标和成员追求目标的行为，即使这些期望不是针对经济领域的。
Putnam（1995）	为了实现共同利益而进行协助和合作的网络、规范、社会信任等社会组织的特点。
Thomas（1996）	在公民社会中为了实现集体发展的那些自愿的方式和过程。
Brehm & Rahn（1997）	促进有关集体行动问题解决的公民间的合作关系网。
Fukuyama（1997）	人们为了集体和组织内部的共同目的而合作的能力。社会资本可以简单地定义为，集体成员进行合作而共享的一些非正式价值或规范。

续表

研究人员	社会资本的概念定义
Inglehart（1997）	促成自愿合作的广泛网络形成的一种信任和容忍的文化。
Pennar（1997）	社会联系的网络，可以影响个体行为并且进一步影响经济产出。
Nahapiet & Ghoshal（1998）	实际的和潜在的资源，嵌入于个体或社会组织拥有的联系网络中，这样社会资本包含了网络以及能够通过网络流动的资产。
Portes（1998）	依靠社会网络或其他社会结构中的成员关系来确保利益的社会成员的能力。
Woolcock（1998）	在个体的社会网络中固有的信息、信任、规范等方面的互惠关系。
Knoke（1999）	社会成员在组织内和组织之间创造和动员其社会联系从而得到其他社会成员所拥有资源的过程。
Lin et. al.（2001）	认为社会资本是一种嵌入在社会结构和联系的资源，这一资源能够通过特定目的的行动获取或激发。
Bowles and Gintis（2002）	社会资本一般用来指代信任、对合作的关注、在群落中生活以及惩罚那些还未参与群落的个体的意愿。
Adler& Kwon（2002）	社会资本定义为个体和群体能够得到的商誉，他的资源存在于社会成员的社会联系的结构和内容中，其影响力来自于它为成员所带来的信息、影响力和一致性。
Mitchell& Bossert（2007）	社会资本包括结构的和认知的两个方面，结构维度是网络连接所显示出来的行为特征，如参与程度，而认知维度则反映了参与者的态度，例如信任和规范
Batt（2008）	把社会资本看成动员、使用和获益通过现在和未来的资源通过社会的以及企业内和企业间的网络。

从 20 世纪 90 年代末开始，基于社会资本概念认识的不断深入，很多学者开始借助一些规范的研究方法探讨社会资本的概念维度。正如很

多学者所共同承认的。社会资本事实上由很多不同的现象所构成，例如文化、制度、社会规范、个体之间联系网络等。针对不同的研究目的，研究人员尝试识别社会资本中最为重要的内涵，并且借助实证数据进行研究，取得了一定的成果。尽管如此，社会资本的整体性理论框架还相当少见，特别是针对特定研究领域的应用框架。基于这一现实，笔者试图在归纳和整合社会资本研究的基础上，面向社会资本的重要应用领域——组织成长领域，提出一个较有针对性的研究构架。

二、社会资本的研究焦点

从现有的研究来看，针对社会资本的理论研究主要集中于以下几个方面。

（一）社会资本的概念构成

在这一方面存在几种较有代表性的研究：一些学者将社会资本分为耦合型（bonding）社会资本及桥接型（bridging）社会资本（Putnam等，1993；Gittel&Vidal，1998；Steinfield 等，2008）。耦合型社会资本源自于彼此了解的个体之间的联系所带来的社会资本，例如家庭成员、关系紧密的朋友和邻居等。这一类型的联系与社会关系研究中常常提到的强联系（strong tie）非常接近，通常被认为是更广泛意义上的社会网络的构建基础（Sabatini，2008）。桥接型社会资本通常是由相对分散的联系所带来的。桥接（bridging）一词反映的是网络为不同的社会成员创造联系桥梁的能力（Sabatini，2008），类似于一般意义上的弱联系（weak tie），它能够充分促进各类社会信息的扩散，并且进一步促进了市场交易行为的发生。除此之外，Sabatini（2008）同时提出了与之并列的第三类资本：连接型（linking）社会资本，它描述了将个体或群体与拥有更多资源的实体连接，这一连接允许个体或群体从外部联系中获得资源、创意和信息，使其能够达到更为有效的运行状态。

另外一类较为典型的社会资本维度划分方式是由 Nahapiet&Ghoshal（1998）提出的，他们将社会资本分为结构（structural）维度、认知（cognitive）维度和联系（relational）维度。结构维度指的是社会资本所依托的社会网络的结构性特征，这些特征包括网络的连通性、集中度以及链接基本属性，这实际上是构成社会资本的基础。认知维度主要指构成社会网络的不同个体或群体之间的分享、陈述、阐释等活动过程，它们是社会网络的存在和运行机制。联系维度则反映了在社会网络中所存在的信任和一致性。实际上，这一维度是构成其他两个维度内容的基础，并且能够持续影响后者。Nahapiet&Ghoshal（1998）的研究对之后的研究影响较大。很多研究都将这一维度分类方法作为一个基础前提，探讨社会资本与其他要素之间的作用机制（Anderson&Jack，2002）。

（二）社会资本的来源

在这一方面，一个共有的认识是，形成和维持联系对于社会资本的积累来说是一个前提（Steinfield 等，2008）。这里所探讨的联系不仅包括个体或群体之间的二元关系，同时还包括了众多联系所构成的社会网络。从上面所讨论的社会资本概念定义中也可以清晰地看出这一点（Coleman，1990；Adler&Kwon，2002）。在这一共识下，很多学者进一步探讨了社会联系以及相应的社会网络与社会资本的关系。

社会网络的存在使得网络的参与者通过网络内部的连接来实现共同行动，并且借助联系来交流彼此的资源。因此，社会网络的存在对于社会资本来说是一种基础性的支持（Brehm&Rahn，1997）。Coleman 指出网络结构的密闭性（closure）——参与者的联系程度促进了网络内部的行动，并且能够充分维持这一行动的规范，这就加强了社会资本在网络内部的流动。Burt（1992）则指出分散化的网络能够提供更多的信息，他特别强调了结构空洞（structural hole）在社会资本的形成中的重要作用。由于在较为普遍的情况下，信息更多的是在群体内部而不是群体之间传播，为了更多的汲取社会资本，群体与群体之间的链接，即结构空洞更为重要。Coleman 和 Burt 的观点差异反映了他们对于群体内聚性收益和外部汲取性收益的不同看法（Adler&Kwon，2002）。

还有一些学者进一步考察了社会网络的一些属性对于社会资本的影响，尤其是网络关系的内容属性以及蕴含在链接中的信任等机制。Burt（2000）认为链接的内容能够持续影响社会网络所带来的价值。例如与不同类型的群体或组织的联系能够带来的资源和信息必然存在不同。这意味着社会联系的具体内容能够在很大程度上影响社会资本的构成。Putnam（1993）指出网络关系的信任和规范同样能够在很大程度上影响社会资本的产生和获取，在网络参与者之间的信任度更高的情况下，网络中的个体或群体能够加强网络关系的效率，提升社会资本的获取程度。这些研究都进一步推动了社会资本产生来源方面的探讨。

（三）社会资本的影响力

在个体或群体的发展过程中，社会资本发挥着多层次、多元化的影响力。

社会资本的正面影响：社会资本最为直接的正面影响是相关的信息资源，对于处于社会网络内部的企业来说，社会资本促进了更广阔范围信息资源的获取，提升了信息的质量、实用性和时效性。Burt（1997）的研究显示了社会资本促进信息在网络中扩散的过程，在这一过程中，网络的参与者都能从中受益。Podolny&Page（1998）的研究显示了组织间的网络以及社会资本能够帮助企业获得新的技术和知识相关的信息。社会资本另一类较为显著的正面影响是个体或组织的影响力和控制力。依赖社会资本，这些组织或个体能够建立起声望和合法性，进而实施网络中其他参与者的影响，完成既定的目标。社会资本的正面影响还包括它为社会网络内部各个参与者所带来的协调一致性（Krackhardt& Hanson, 1993)。社会网络本质上是一种软约束，它依靠与社会资本密切相关的社会规范和信仰鼓励或抑制参与者的行为，能够进一步培育社会的凝聚力，降低控制的成本，从而促进了市场交易行为的发生，提升了行动的经济价值。

社会资本的负面影响：这一方面常常被很多研究所忽略。事实上，在一些情况下，社会资本的负面影响甚至会超过了它的正面收益(Adler&Kwon, 2002)。社会资本的建设需要资源的持续投入，其成本不可忽视，而且，在很多情况下，这些投入是无法回收的。因此不恰当或过分的投入都有可能使得个体或组织陷入社会资本的困境。同时，社会资本的显著正面效益也会有可能使得个体或群体过分依赖社会联系，从而降低了拓展新的资源获取渠道以及自主创新的能力。这种惰性在行为环境发生巨大的变革的时候，常常成为个体或群体发展的障碍。

三、中小企业研究领域的社会资本研究构架

中小企业发展是社会资本的重要应用领域。中小企业的资源较为匮乏，如果仅仅依靠自身力量实现组织成长目标将会有较大困难，如果能够积极利用社会资本的有利作用，将能够提升组织成长的效率。众多研究人员已经探讨了在中小企业成长过程中社会资本的重要作用。尽管如此，能够从整体上分析社会资本与中小企业成长之间的作用机制，从而为中小企业的建设和发展提供系统性建议的还非常少见。这一现实为笔者提供了一定的研究机会。笔者认为，面向中小企业领域的社会资本研究构架围绕企业成长为核心，以社会资本为线索，并且应当在如下三个方面进行探索，这三个方面也对应着前面所提到的社会资本研究中的讨论焦点。

(一) 与企业成长密切相关的社会资本概念内涵

正如众多学者所指出的，社会资本是一个伞状的概念，可以用于解

释很多研究领域的问题。在中小企业社会资本同样具备很强的适用性。尽管如此，为了促进社会资本的相关研究在中小企业领域的蓬勃发展，仍然需要从基础上界定一个独属于这一领域的社会资本概念，并且对社会资本的概念内涵和维度构成进行探讨，以揭示与中小企业成长这一议题最为密切相关的社会资本概念构成。中小企业的研究背景和研究范畴不同于社会科学领域的其他问题，因此，基于中小企业成长的研究基础重新界定社会资本概念有助于进一步理解社会资本在中小企业发展中的重要作用。这一概念的界定需要结合实际案例的考察以及大样本调查数据来印证概念内涵的一致性和可靠性。

（二）社会资本对于中小企业成长的影响及推动作用

从现有的研究来看，社会资本对于中小企业成长的影响是方方面面的，同时，这些影响之间也存在着复杂的联系。孤立地看待社会资本对于中小企业的组织成员、组织战略，或是组织竞争优势的影响并不可取。必须建立一套完整的框架，理清这些不同的作用机制，识别对于中小企业成长最为重要的影响，以进一步提升中小企业管理者对于社会资本的利用程度。这也是中小企业有效管理社会资本的必要基础和前提。不同影响关系的理清需要更深入地分析社会资本的概念内涵，结合中小企业成长中最为关键的成功要素，整合清晰完整的作用机制链条。这需要进一步的规范性研究和实证性研究。

（三）中小企业成长范畴中社会资本的获取来源

正如在上一部分所总结的，在大量的研究领域，研究人员基本上都承认社会资本是建立在社会关系网络的基础之上的。在中小企业领域，中小企业同样需要通过不断拓展网络关系来获取社会资本。与一般个体或群体的社会网络存在不同，中小企业的社会网络参与者往往是中小企业活动链条中的上下游组织或是同属于一个成长平台上的竞争者或合作对象。因此，一方面，网络关系的参与者类型相对较少，另一方面，网络关系的构建和发展要更多的依托于规范合理的合作契约，而不是简单随意的个体联系。这些特点都为中小企业范畴中的社会资本的获取带来了不一样的研究议题。在未来的研究中，可以进一步研究中小企业的网络关系与社会资本之间的关系，结合典型创业案例或大样本的调查资料以全面论述可行的社会资本获取渠道。

四、总结及讨论

本文归纳和整理了社会资本研究的最新研究文献，并且从中小企业成长的理论视角对社会资本的研究框架进行拓展。社会资本对于中小企业具备重要的意义，依靠在广泛的社会联系中所汲取的社会资本，中小企业能够获取更多的信息、资源，推动中小企业创新活动和经营拓展行动。同时，中小企业也需要警惕社会资本可能的负面影响，使得中小企业能够充分有效地利用社会资本。借助笔者所提出的研究构架，有助于中小企业提升主动识别并且发展外部网络关系的意识，促使中小企业的管理者整合能够利用的信息和支持要素，尽可能的拓展社会资本的正面影响，并且通过一系列有效的战略实施方案和控制措施，形成持续竞争优势。在未来，还需要对笔者所提出的理论框架进行进一步的细化，对于所涉及到的作用机制进行更为深入而详细的论述，并且充分借助一些实际数据来验证笔者所提出的框架，从而完善社会资本研究。

参考文献

[1] Adler P., Kwon S.. Social Capital: Prospects for a New Concept [J]. Academy of Management Review, 2002, 27 (1): 17-40.

[2] Anderson A. R., Jack S. L.. The Articulation of Social Capital in En-

trepreneurial Networks: A Glue or Lubricant [J]. Entrepreneurship and Regional Development, 2002, 14: 193 -210.

[3] Batt P. J.. Building Social Capital in Networks [J]. Industrial Marketing Management, 2008, 37: 487 - 491.

[4] Brehm J., Rahn W.. Individual - level Evidence for the Causes and Consequences of Social Capital [J]. American Journal of Political Science, 1997, 41 (3): 999 - 1023.

[5] Burt R. S.. Structural Holes: The Social Structure of Competition [M]. Cambridge, MA: Harvard University Press, 1992.

[6] Burt R. S.. The Contingent Value of Social Capital [J]. Administrative Science Quarterly, 1997, 42: 339 -365.

[7] Burt R. S.. The Network Structure of Social Capital [J]. Research in Organizational Behavior, 2000, 22: 345 -423.

[8] Gittel R., Vidal A.. Community Organizing: Building Social Capital as a Development Strategy. Sage Publications [M]. Newbury Park, CA. 1998.

[9] Krackhardt D., Hanson J. R.. Informal Networks: The Company Behind the Chart [J]. Harvard Business Review, 1993, 71 (4): 104 -111.

[10] Mitchell A. D., Bossert T. J.. Measuring Dimensions of Social Capital: Evidence from Surveys in Poor Communities in Nicaragua [J]. Social Science & Medicine, 2007, 64: 50 - 63.

[11] Nahapiet J., Ghoshal S.. Social Capital, Intellectual Capital, and the Organizational Advantage [J]. The Academy of Management Review, 1998, 23: 242 -266.

[12] Podolny J. M., Page K. L.. Network Forms of Organization [J]. Annual fleview of Sociology, 1998, 24: 57 -76.

[13] Putnam R. D. , Leonardi R. , Nanetti R. Y. . Making Democracy Work: Civic Traditions in Modern Italy [M] . Princeton University Press, Princeton, 1993.

[14] Sabatini F. . Social Capital as Social Networks: A New Framework for Measurement and an Empirical Analysis of its Determinants and Consequences [J] . Journal of Socio - Economics, 2008, 6: 1 - 14.

[15] Steinfield, C. , Ellison N. , Lampe C. . Online Social Network Use, Self - esteem, and Social Capital: A Longitudinal Analysis [J] . Journal of Applied Developmental Psychology, 2008, 7: 1 - 12.

大学生创业倾向的研究：基于社会认知理论的实证分析

中央财经大学　朱飞　汪莉

摘　要： 本文将社会认知理论中的自我效能概念引入大学生创业倾向研究中，探究了大学生自我效能的影响因素，同时验证了自我效能对大学生创业倾向的影响，进而识别出高创业倾向的大学生个人特质。基于772份对北京大学生群体的有效问卷，在检验各相关概念信度与效度后，利用OLS回归分析检验了以自我效能、创业倾向为核心的假设模型，得出如下结论：在大学生群体中，创新能力、自尊、风险承受能力都对自我效能产生正向影响，其中创新能力的正向影响最为显著；自我效能对创业倾向有显著的正向影响。

关键词： 自我效能　创业倾向　创新能力　自尊　风险承受能力

一、引　言

近些年来，社会认知理论中的自我效能概念被广泛应用于各领域。在创业领域，中外的学者们也从不同的角度探讨了自我效能对创业各项活动的影响，并且得出了不同的结论与建议，但是大多集中于自我效能对企业绩效、创业决策等企业创建后的创业活动的影响。关于自我效能对创业倾向影响的研究还处于探索阶段，特别是针对大学生群体进行的大样本实证研究相对较少，这就使得现有研究成果对自我效能在创业领域的应用研究不够全面。因此，本文研究大学生自我效能创业倾向的影响，识别有创业倾向的群体，这对于解析创业心理、制定鼓励创业的政策都具有意义。

二、文献综述

由于本文核心是探究大学生个人特质对创业倾向的影响，而自我效能是联结这两者间的变量，因此，以自我效能为主线，本文对现有自我效能相关研究以及自我效能在创业领域的研究进行了回顾。

自我效能（self－efficacy）的概念最早是由美国心理学家 Bandura 提出。后来，Maddux（1995）将它定义为“对影响自己生活的事件的控制能力的信念”。Bandura（1997）在一系列研究基础上修改完善，将自我效能最终确定为“对自己具有组织和执行达到特定成就的能力的信念与自我感知”。这也是目前普遍所采用的自我效能的定义，它强调自我效能是对自我的感知，并非实际具有某种能力。由于创业活动是人类的一种行为方式，它与个体的心理、思维方式密不可分，因此，自我效能的概念也被引入到了创业研究中。在创业领域，自我效能被定义为“创业者关于自己能够完成创业任务并取得成功的信念”（Gist&Mitchell，1992）或是“个体相信自己能胜任创业中的职务并出色完成创业任务”（Boyd&Vozikis，1994）。这些定义都是在自我效能原有定义基础上与创业活动相结合，反映了个体对其从事创业活动能力的自信与成功的期望。

自 Bandura 提出自我效能以来，此概念受到了各领域学者的关注，并开展了广泛的研究。Bandura（1986）指出影响自我效能的四个因素为亲历的掌握性经验、榜样影响、他人的劝说、个人的生理和情绪状态。Gibson 和 Dembo（1984）的研究表明，若老师能促使学生获得能被掌握、熟练运用的经验，那么学生的自我效能就高。这与 Bandura 提出影响自我效能四个因素中的亲历的掌握性经验正好相符。此外，Malen（1998）等人的研究发现，男性对其职业的兴趣、个人能力和完成工作的信心等方面的评价要明显高于女性。Froman 和 Owen（1999）认为自我效能的差异与文化因素有相当大的关系。以上研究都从外在的因素，如个人经历、性别、文化阐述了其对自我效能的影响。

在自我效能与创业倾向研究方面，早在 1994 年，Boyd&Vozikis（1994）就自我效能是创业倾向和行为的重要先决条件提出了一套理论上的模型。随后，Chen、Greene 和 Crick（1998）通过实验性研究，证明了自我效能是个体创业活动过程中表现出的对自己能力的自信，并积极促进了学生创业活动的展开。Han Zhao、Scott 及 Gerald（2005）在其著作中提出并验证了有关创业自我效能的五个结论：创业相关课程的学习能提高创业自我效能，先前的创业经历能提高自我效能的水平，风险承受能力与自我效能成正相关，而女性的自我效能水平低于男性，较高的自我效能对创业倾向产生正向影响。

从现有的研究来看，对自我效能的研究涉及多个领域。这一概念引入创业领域后，大多数是从其与企业绩效、创业决策等的关系入手，而自我效能与创业倾向关系的研究却很少，而且将研究对象设定于大学生群体的并不多。事实上，创业倾向是个人是否从事创业的意向，这种意向必然是与个人的心理特征、动机等相关，进而与自我效能就会存在一定的关系。丁明磊等人（2009）在总结前人研究的基础上，归纳出创业自我效能与创业倾向将是联结创业领域特质研究、创业行为和认知研究的关键概念和切入点，他提出应当基于社会认知观，围绕创业自我效能与创业倾向展开研究。但他并没有深入地做出定量研究分析。此外，创业型经济已成为 21 世纪的重要经济形态，大学生又是未来社会生产力的主力军。对大学生创业倾向进行研究，能推动社会生产力的发展，实现经济高速增长，可谓是意义重大。而对该群体创业倾向的研究还处于探索阶段。向春和雷家骕（2011）以清华大学为样本，得出创业态度与创业倾向显著正相关，性别、专业、生源地等会影响创业态度和创业倾向。但并没有深入探讨大学生自身特质，对其自我效能前因变量的探讨更为少见。综上所述，基于现有的研究，针对大学生群体，探究以自我效能为核心的各因素对创业倾向的影响是本文进行研究的出发点。

三、框架设定与概念界定

Bandura（1986）在社会认知理论（Social Cognitive Theory）中提出了有关认知和行为相互作用的三种模式，其中包括 B = f（P←E）这一模式。其中 E 指外界环境和物理条件；P 指个体的信念、期望、态度和知觉，如自我效能；B 指个体行动、决策等。该模式的内在含义为，外界环境对个体作用结果是使其形成特定的个人特质。对于大学生群体来说，随着年龄的增长，这些特质对大学生信念、态度、行为等产生的影响要大于外界环境，同时是更为直接的影响因素。依据社会认知理论的认知 - 行为作用关系，本文假定对大学生个体产生影响的主要是个人特质而非环境。而在陈昀（2012）等学者针对创业现状和研究展望的研究中指出，现有文献表明分析个体认知活动是区分创业者与非创业者的关键；个体深层认知结构决定个体的自我效能感，进而影响创业意愿。综上所述，本文所设定的研究框架如图 1 所示：

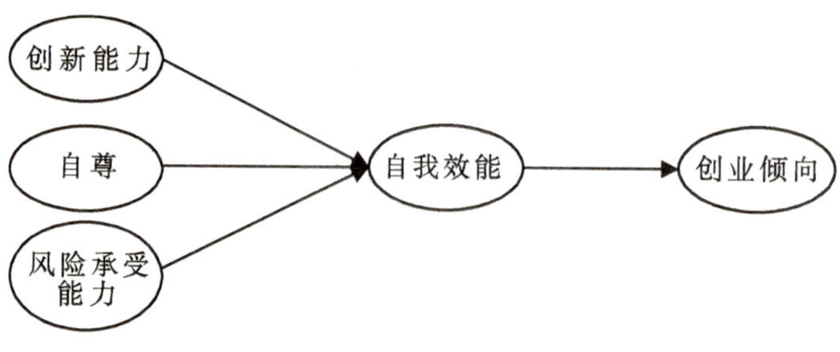

图 1　本文研究框架

结合本文设定的研究框架，对各概念进行界定。

（一）自我效能

自我效能是关于自我的感知（Bandura），是对自己能做什么、成功的几率有多大的评估。自我效能涉及到动机成分，会根据新的经验和信息不断变化，它会决定个体行为的选择、完成任务投入的努力、面对逆境的坚持程度以及思维模式和情感反应模式等（丁明磊等，2010）。它被认为是决定人生成功的重要因素（Bandura，1989）。因为自我效能是能促使个体去完成某项事物的内部力量与信念，那么，具有高的自我效能的个体对其行为带来相应影响或产出有较高的预期，对自己有能力采取相应行动也有乐观的态度。在这种高预期与乐观态度的影响下，个体就会积极采取行动，即使面对困难与逆境，也会表现出自我实现、获取成功的强烈愿望。由于自我效能对个体认识、思维都产生了重要影响，对达到既定目标，获得成功具有推动作用。

从现有自我效能研究回顾中发现，对其影响因素的探究多是将Bandura提出的四方面影响因素加以拓展，探究外部因素对自我效能的影响。本文认为，外部因素对个人特质的塑造会产生很大的影响，但随着年龄的增长，外部因素的影响会削弱，个人特质趋于定型，大学生群体便是如此。因此，应当从个人特质而非外部因素出发分析大学生群体的自我效能。Gist和Mitchell（1992）认为，风险趋向型的个体在处理高风险的情景时会表现得很愉悦，同时相比于其他人不会觉得风险有那么大，他们更期望体验令人振奋的职业生涯，从而获得支配成果、得到积极回报的成就感，这样就拥有了更高的自我效能。黄飞和张建新通过对中学生的自我效能、自尊与积极/消极情感关系的调查，指出自我效能与积极情绪、自尊正相关。此外，本文认为创新能力与个体的自我效能也存在关系。具有创新能力的人容易产生新的灵感与想法，也更能获得社会认可与竞争优势，从社交网站“Face book”打破以往交友模式的创新便可以看出这一点。由于创新能力带来的成功会使个体对自己完成任务的能力产生正面的感知，自我效能就会相应的提高。因此，本文决定从衡量个体个人特质的创新能力、自尊、风险承受能力来探究其对自我效能的影响。

（二）自我效能影响因素

创新能力（innovation）：创新能力泛指产生新想法或者用新思路将想法付诸实施的能力（Amabile，1996）。具备创新能力的个体拥有相关的知识和技能，并且能运用认知能力和所学知识进行创造或对现在事物改进、完善，并且这种寻求改变的动机会比较强烈。在此过程中，个体通过各种行为方式实现自己的新想法，解决出现的各种问题，采取新的意见去改进工作质量和效率。由此可以看出，创新能力强的个体在有强烈改变现状的动机上，个体希望通过创新获得成功，从而认为自己有能力采取相应行动改变现状，进而产生提升自我效能的效用。

自尊（self - esteem）：自尊是个体在社会实践过程中所获得的对自我的积极的情感性体验，它是主客体相互作用的产物（徐维东等，2005）。自尊是基于对自身的整体评价，对表现自我、获取认同的本能倾向。它是一种潜在的心理力量，能鼓舞人们不断克服困难、取得进步，尤其是在逆境中，自尊心是走出阴影的强大动力。自尊心较强的人勇于承担责任，进行尝试，这就说明在特定情景下，相对于其他人，他更相信自己能达到自己预期的目的，而且本能地有想通过行为获取社会认可的倾向，也会一直坚持下去，自我效能会更高。

风险承受能力（risk - taking）：风险承受能力是指“对给出情景，成功获取收益可能性的感知”或“个人冒险或保守的趋势”。可见，风险承受能力是个体对外界不确定因素的感知与生理判断，这种感知与判断会影响个体决策——积极应对或消极回避。风险承受能力较强的人愿意为了利益做出尝试，敢于冒险，更倾向于通过一系列高风险、高收益的活动取得成就，满足自我实现的需要，因此自我效能较高。

从以上各项指标的具体论述可以看出，创新能力、自尊、风险承受能力都对达到预期目标的信心、满足自我实现的动机有很大的提升作用。基于此，本文提出以下假设：

H1：创新能力能提升自我效能。

H2：自尊心能提升自我效能。

H3：风险承受能力较强的人具有更高的自我效能。

（三）自我效能对创业倾向的影响

许多学者用创业倾向（entrepreneurial intention）这一词语来描述个体具有创业的倾向程度。创业倾向是在从事创业前起主导作用的心理因素和行为动力，它反映出对待创业的态度及从事创业实践的意愿。既然创业倾向是一种心理因素和动力，那么，个体个人特质必将起到关键作用。创业出现的原因实质是“对独立的追求”“对社会成就感的需要”（McClelland，1961）。Collins 和 Moore（1964）也强调了个性特质对从事创业的重要作用。根据之前的论述可知，自我效能是对个人特质的评价。自我效能高的个体对其行为带来相应影响或产出较高的预期，对自己有能力采取相应行动也有乐观的态度，有一种想要表现自己的强烈欲望，坚持不懈地追求既定目标，而“新的创业者具有执著的信念和高度的信心，能够坚持他们的事业到最后成功”（Shaver&Scott，1991）。刘万利等人（2011）的研究也表明创业自我效能感是创业者产生创业意愿的一个重要前导变量。因此，自我效能高的个体能对创业机会有较高的感知，促使创业者抓住机会，提高创业动机，从而更容易进行创业。因而，自我效能与创业倾向间存在着正向关系。

在第一部分已经论述了创新能力、自尊、风险承受能力对自我效能有提升作用。综上所述，创新能力、自尊、风险承受能力促进了高的自我效能产生，高的自我效能进而促进创业倾向的提升。下面以创新能力影响路径为例来说明这一过程。Baker 指出偶然灵感是企业创办的关键部分，这种灵感在面对顾客的不停改变的需求时会成为一种组织性的技巧。他所提到的偶然灵感就是某些个体所具备的创新能力。富有创新能力的个体，不仅易于实现新产品的研发、新市场的开发，甚至可能在新的领域实现前所未有的开拓，创造出一种全新的商业模式。个体对自己这种创新能力具有较积极感知时，就会产生高的自我效能，有现实这种创新能力的欲望，个体就可能选择创业，建立先行者优势，获得新的商机与市场发展潜力。因此研究得到：

H4：自我效能对创业倾向具有正向的影响。

三、数据收集和分析

（一）数据收集

问卷情况：要测量的主要指标是基于现有文献中的创造力量表、自尊量表、风险承受能力量表、创业自我效能量表、创业倾向量表这几个测量量表，通过预测试，加以调整、改编而得（测量量表内容如表 1 所示）。正式工作从 2011 年 11 月份至 2012 年 1 月份，历时近三个月。

被试情况：本次问卷调查主要针对中央财经大学、北京邮电大学、北京交通大学、北京科技大学、对外经贸大学和北京大学等高校，共发放问卷 1000 份，回收 853 份。剔除不合格样本后得到最终有效问卷中央财经大学 76 份，北京邮电大学 151 份，北京交通大学 160 份，北京科技大学 136 份，对外经贸大学 167 份，北京大学 72 份，共计 762 份，有效率 76.2%。在数据处理过程中，针对部分问卷缺失的状况，采用了均值插补的方法，由于问卷整体的缺失率很低，这种插补对数据分析的影响可以忽略不计。

分析工具：SPSS 17.0、AMOS 4.0。

（二）描述性统计

表2给出了本研究中变量之间的描述性统计结果和简单相关系数。大部分理论性变量的Alpha系数都达到0.75以上，比一般认为的0.70的可接受水平更好，这说明量表具备良好的信度，问卷的内部一致性程度较高。简单相关系数和研究预期基本相同。

表1　本文所采用测量量表

	量表	编制人
创新能力	1. 当机会来临时，我能展现我的创造力。 2. 将新的想法付诸实施时，我能制订良好的计划和时间表。 3. 我能想出创造性的方法应对困难。 4. 我有很多创造性的意见。 5. 我主张用新的方法去实现目标，而不是墨守成规。 6. 我会想出新的、可实施的主意去提高速度。 7. 我会想出新的意见去提高工作质量。 8. 我主张用新的方式完成任务。	Leonidas A. Zampetakis
自尊	1. 我是一个有价值的人，至少与其他人在同一水平上。 2. 我感到自己有许多好的品质。 3. 我能像大多数人一样把事情做好。 4. 我对自己持肯定态度。 5. 总的来说，我对自己是满意的。 6. 我希望我能为自己赢得更多尊重。 7. 我确实是时常感到毫无用处。 8. 我常认为自己一无是处。	Rosenberg，1965

续表

	量表	编制人
风险承受能力	在以下各种情况出现意外时，您的风险承受能力 1. 在选择大致职业方向时。 2. 在选择具体工作时。 3. 在进行一项投资时。 4. 在选择大学时。 5. 在网上购物时。 6. 在婚姻问题上。	Kogan, Walliadis, 1960
自我效能	1. 在持续压力下，我能够高效工作。 2. 我有创造力和研发能力。 3. 我能发展和维持与潜在投资者的良好关系。 4. 我能为新的产品或服务发现新的市场机会。 5. 我有能力雇佣和培训关键员工。 6. 我能营造出让员工勇于尝试的环境。	Alex F. De Noble, Dong Jung. Sanford B. Ehrlich, 1999
创业倾向	1. 我做好为自主创业做一切事情的准备。 2. 我的职业目标是成为企业家。 3. 我会尽我所能创办并经营我自己的公司。 4. 我下定决心在未来创办一家公司。 5. 对于创办企业，我持有严谨的态度。 6. 我有在未来经营一家企业的坚定信念。	Francisco Linan, Yi－Wen Chen, 2009

表2　描述性统计结果和简单相关系数

变量	均值	方差	1	2	3	4	5
1. 创新	4.72	1.38	(0.91)				
2. 自尊	5.20	1.33	0.61**	(0.87)			
3. 风险承受能力	4.67	0.99	0.42**	0.44**	(0.77)		
4. 自我效能	4.71	1.19	0.67**	0.59**	0.50**	(0.87)	
5. 创业倾向	4.13	1.62	0.45**	0.27**	0.42**	0.54**	(0.88)

注：“**”在0.01水平（双侧）上显著相关，“*”在0.05水平（双侧）上显著相关。

（三）自我效能与创业倾向的验证性因子分析

利用 AMOS 4.0 对影响自我效能三个变量（创新能力、自尊、风险承受能力）、自我效能、创业倾向测量指标进行了验证性因子分析，得到结果如表 3 和表 4 所示：

表 3　影响自我效能三个变量验证性因子分析

<table>
<tr><th></th><th></th><th>标准化载荷</th><th>标准差</th><th>P 值</th><th>拟合效果</th></tr>
<tr><td rowspan="8">创新能力</td><td>A1</td><td>0.714</td><td></td><td></td><td rowspan="8">Discrepancy = 10.075
GFI = 0.935
NFI = 0.945
IFI = 0.950
CFI = 0.950
RMSEA = 0.096</td></tr>
<tr><td>A2</td><td>0.646</td><td>0.038</td><td>0.000</td></tr>
<tr><td>A3</td><td>0.764</td><td>0.045</td><td>0.000</td></tr>
<tr><td>A4</td><td>0.710</td><td>0.046</td><td>0.000</td></tr>
<tr><td>A5</td><td>0.767</td><td>0.049</td><td>0.000</td></tr>
<tr><td>A6</td><td>0.813</td><td>0.046</td><td>0.000</td></tr>
<tr><td>A7</td><td>0.814</td><td>0.047</td><td>0.000</td></tr>
<tr><td>A8</td><td>0.699</td><td>0.046</td><td>0.000</td></tr>
<tr><td rowspan="8">自尊心</td><td>B1</td><td>0.827</td><td></td><td></td><td rowspan="8">Discrepancy = 6.478
GFI = 0.960
NFI = 0.962
IFI = 0.967
CFI = 0.967
RMSEA = 0.085</td></tr>
<tr><td>B2</td><td>0.826</td><td>0.035</td><td>0.000</td></tr>
<tr><td>B3</td><td>0.721</td><td>0.038</td><td>0.000</td></tr>
<tr><td>B4</td><td>0.806</td><td>0.036</td><td>0.000</td></tr>
<tr><td>B5</td><td>0.730</td><td>0.037</td><td>0.000</td></tr>
<tr><td>B6</td><td>0.660</td><td>0.040</td><td>0.000</td></tr>
<tr><td>B7</td><td>0.384</td><td>0.048</td><td>0.000</td></tr>
<tr><td>B8</td><td>0.460</td><td>0.048</td><td>0.000</td></tr>
<tr><td rowspan="6">风险承受能力</td><td>C1</td><td>0.771</td><td></td><td></td><td rowspan="6">Discrepancy = 8.557
GFI = 0.964
NFI = 0.936
IFI = 0.943
CFI = 0.943
RMSEA = 0.080</td></tr>
<tr><td>C2</td><td>0.799</td><td>0.049</td><td>0.000</td></tr>
<tr><td>C3</td><td>0.629</td><td>0.050</td><td>0.000</td></tr>
<tr><td>C4</td><td>0.589</td><td>0.050</td><td>0.000</td></tr>
<tr><td>C5</td><td>0.380</td><td>0.055</td><td>0.000</td></tr>
<tr><td>C6</td><td>0.467</td><td>0.060</td><td>0.000</td></tr>
</table>

表 4　自我效能与创业倾向的验证性因子分析

		标准化载荷	标准差	P 值	拟合效果
自我效能	D1	0.554			Discrepancy = 6.912
	D2	0.690	0.071	0.000	GFI = 0.979
	D3	0.803	0.089	0.000	NFI = 0.978
	D4	0.807	0.086	0.000	IFI = 0.981
	D5	0.736	0.049	0.000	CFI = 0.981
	D6	0.716	0.092	0.000	RMSEA = 0.088
创业倾向	E1	0.639			Discrepancy = 8.327
	E2	0.795	0.070	0.000	GFI = 0.968
	E3	0.799	0.071	0.000	NFI = 0.966
	E4	0.849	0.072	0.000	IFI = 0.970
	E5	0.435	0.059	0.000	CFI = 0.970
	E6	0.803	0.070	0.000	RMSEA = 0.098

由上述检验可知，所涉及的变量均具有较好的效度，因此可以进一步对整个模型进行假设检验，即进行 OLS 回归分析。

（四）假设模型检验

根据理论建构部分的设定，本文所要检验的假设命题如图 2 所示：

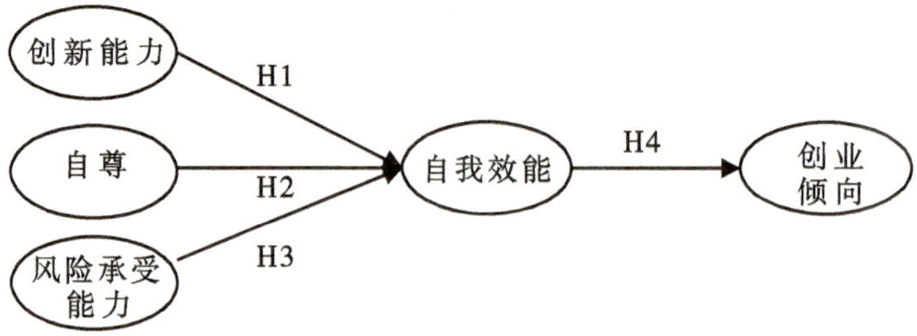

图 2　本文研究假设与待检验结构模型

模型的检验结果如表 5 所示：

表 5　自我效能与创业倾向 OLS 回归分析检验

假设命题	标准化系数	整体 R^2	P 值	检验结果
H1：创新能力→自我效能	0.435	0.538	0.000	得到验证
H2：自尊→自我效能	0.234	0.538	0.000	得到验证
H3：风险承受能力→自我效能	0.216	0.538	0.000	得到验证
H4：自我效能→创业倾向	0.541	0.292	0.000	得到验证

从检验结果来看，本文假设均得到验证。根据数据检验结果，在对自我效能的影响中，创新能力对自我效能的贡献最大，每一个单位的创新能力的提升能影响到 0.435 个单位的自我效能的改善。自尊对自我效能的影响也是显著的。现在的大学生大多是独生子女，有着强烈的自尊心，他们一旦做出选择，就会全力以赴地去做。他们的父母也往往会对子女有较高的期望，出于自尊心强而带来的不服输和渴望成功的心理，大学生也愿意不断付出。这种情况下，拥有较强的自尊心的学生，会更看重自己肩上的使命，相应地带来效能提升。风险承受能力对自我效能的影响是每一个单位的风险承受能力的提升能影响到 0.216 个单位的自我效能的提升。对于调查对象在校大学生而言，他们处于为人生事业积淀、奋斗时期。这一时期，风险承受的意愿、能力会相对较强。当他们愿意为获取成功而承担更多的风险时，他们会自我鼓舞，对自我的感知相对良好，相信自己定会成功。

自我效能和创业倾向的影响系数也较大，超过了 0.5，说明自我效能在大学生是否选择创业的决策过程起着至关重要的作用，这与社会实际情况正好相符。在调查过程中与大学生交谈时，作者发现有从事创业意愿的同学表现出积极乐观的态度与对自己的相信与肯定。而从俞敏洪、马云等这些成功的创业家个人特质上，也可以侧面看出个体的自我效能与创业密切相关。

四、研究讨论与展望

通过 OLS 回归对影响自我效能的因素以及自我效能对创业倾向影响的分析，研究得出以下结论：在大学生群体中，创新能力、自尊、风险承受能力对自我效能产生正向影响。自我效能与创业倾向存在显著的正向关系。在研究过程中，本文基于社会认知理论中个体感知与行为的相互作用模式，将大学生创业倾向的研究分为几个层次。首先，分析由于以往的经验、经历等塑造出的个体特质，如创新能力、自尊、风险承受能力等。这一点是与 Bandura 原有社会认知理论中的"环境因素"有所差别，但结合研究对象的特征，这一调整是合理的。其次，探究这些趋于定型的个体特质对自我效能会产生哪些影响。在此基础上，本研究将自我效能与创业倾向相结合，便可以很清晰地看到在创业倾向中起作用的个体特质。这一研究思路理清了个人特质对创业倾向的作用过程，并得到了有效的验证，因此，本文的研究是一个有益的探索。

在这些影响因素中，研究发现创新能力对自我效能作用效果最显著。创新能力较强的人对自己有着较高的期望，对未来满怀期待和信心，相信自己能做出一番业绩，这种对自身未来的高期望和本身实力所带来的自信心就会相应带来自我效能的大幅提升，自我效能的提升又可促使创业倾向的提升。在实际创业活动中，创新是当今社会强有力的竞争力，它能帮助企业开拓新市场，建立先行者优势，是企业成长的重要动力。因此，本文的探究说明了创新能力对自我效能的影响进而对创业倾向产生影响，又有助于在创新与创业活动成功这一方面进行更深入的研究。

此外，本文探究一方面识别了具有创业倾向的大学生应具备的个人特质，另一方面，创新能力、自尊、风险承受能力以及自我效能等与遗传、个人以往各种经历密切相关，在短期内是很难重新塑造或改变的。

而从本文的研究结论可以推断，大学生创业这一行为的发生与个体本身的创新能力、自我效能等因素有很大的关系，并不能由外界硬性规定或强求发生。而创新能力、自我效能的形成与发展应该与个体早期的经验、经历有关。

虽然本次研究的大部分命题得到了验证，但也不得不承认从理论探究和实证研究方面存在着一些问题。虽说本文着重探究了个人特质对创业倾向的影响，但忽略了创业政策、创业教育等外部因素，若两方面相结合，会使大学生创业倾向的研究更加完整。在实证研究方面，本文的问卷量表多来自国外实证研究的结果，虽然根据我国的情况做了适当的改动，但难免会有文化沟通上的问题使得结果略有偏差；其次，本次问卷的发放集中在北京的六所高校，而且这些学校都是国家重点高校，未涉及其他省份城市大学生创业倾向的状况。在未来的研究中，应当进一步完善改进，结合客观实际来验证本研究的相关命题，同时也可以对此研究进行长期追踪，对比不同时期大学生创业倾向的变化、环境变化或地域的不同对大学生创业倾向的影响及选择创业后成功率等，为大学生从事创业提供更具借鉴意义的研究结论。

参考文献

[1] Maddux J E. Self – efficacy, adaption, and adjustment: theory, research, and application [M]. New York: Plenum Press, 1995.

[2] Bandura A. Self – efficacy: the exercise of control [M]. New York: W. H. Freeman and Company, 1997.

[3] Bandura A. Social foundation of thought and action: A social cognitive theory [M]. Englewood Cliffs, NJ: Prentice Hall, 1986.

[4] Gibson B, Dembo M. Teacher efficacy: a construct validation [J]. Journal of Education Psychology, 1984, 76 (4): 569 – 582.

[5] Malen E A, Stroh L K. The influence of the gender on job loss coping behavior among unemployed managers [J]. Journal of Employment Counseling, 1998, 35 (1): 26-39.

[6] Boyd N G, Vozikis G S. The influence of self-efficacy on the development of entrepreneurial intentions and actions [J]. Entrepreneurship Theory and Practice, 1994, 18 (4): 63-67.

[7] Chen C C, Greene P G, Crick. Does entrepreneurial self-efficacy distinguish entrepreneurs from managers? [J] Journal of Business Venturing, 1998, 13 (4): 295-316.

[8] Han Zhao, Scott E, Gerald E. The mediating role of self-Efficacy in the development of entrepreneurial intentions [J]. Journal of Applied Psychology, 2005, 90 (6): 1265-1272.

[9] 丁明磊，刘秉镰．创业研究：从特质观到认知观的理论溯源与研究方向 [J]．现代管理科学，2009 (8): 20-22.

[10] 向春，雷家骕．大学生创业态度和倾向的关系及影响因素——以清华大学学生为研究对象 [J]．清华大学教育研究，2011, 5: 017.

[11] 陈昀，贺远琼．创业认知研究现状探析与未来展望 [J]．外国经济与管理，2012, 34 (12): 12-19.

[12] 丁明磊，孙士强．创业自我效能特征及影响因素研究 [J]．商业研究，2010 (012): 29-32.

[13] Bandura A. Human agency in social cognitive theory [J]. American Psychologist, 1989, 44 (9): 1175-118.

[14] Gist M E, Mitchell T R. Self-efficacy: A theoretical analysis of its determinants and malleability [J]. Academy of Management Review, 1992: 183-211.

[15] 徐维东，吴明证，邱扶东．自尊与主观幸福感关系研究 [J]．心

理科学，2005，28（3）：562－565.

[16] McClelland D C. The Achieving Society [J]. Princeton，NJ：D. Van Nostrand，1961.

[17] Collins O F，Moore D G. The Enterprising Man [M]. East Lansing：Michigan State University，1964.

[18] Shaver K G，Scott L R. Person，process，choice：the psychology of new venture creation [J]. Entrepreneurship Theory and Practice，1991，winter：23－42.

[19] 刘万利，胡培，许昆鹏．创业机会真能促进创业意愿产生吗——基于创业自我效能与感知风险的混合效应研究［J］．南开管理评论，2011，5：83－90.

已有知识与创业机会识别的关系研究
——基于创业警觉性的中介作用

中央财经大学　周卫中　耿勇　陈祥英

摘　要： 本文从已有知识、创业警觉性、创业机会识别的关系入手，构建基于创业警觉性中介作用的已有知识与创业机会识别关系的模型，通过实证研究证明三者之间的相互关系及相互作用机制，进而提出加强创业者的机会识别能力的对策建议。研究表明：已有知识对创业机会识别具有显著的正向影响。商业构想警觉性、信息警觉性均对创业机会识别具有显著的正向影响。已有知识对创业警觉性的商业构想警觉性、信息警觉性两个维度均有显著的正向影响。创业警觉性的商业构想警觉性、信息警觉性两个维度均在已有知识与创业机会识别之间起部分中介作用。

关键词： 已有知识　创业警觉性　商业构想警觉性　信息警觉性　创业机会识别

一、引言

20 世纪 80 年代以来，社会转型和各种新技术的发展与应用，带来了世界范围内的创业热潮。各国都把创业作为取得国家竞争优势的重要手段，并采取各种政策与措施促进创业企业的发展。创业企业作为一个特殊的经济群体，为国民经济的发展提供了重要的动力，已经成为拉动经济增长的重要引擎。

学界对创业研究的关注源于创业活动为国家和地区带来的增长活力，为社会带来的创新意识与创新精神，以及为创业者带来的巨大财富。20 世纪 70 年代以来，创业研究从作为经济学、管理学、心理学等成熟学科的附属研究，发展到有着稳固研究主题的新兴领域，形成了一定的研究体系和知识积累。“创业机会”是创业活动中的关键因素，一方面，创业机会本质上是一种顾客的潜在需求，是由环境变化产生的，独立于创业者之外而客观存在于环境之中。另一方面，创业机会也是一种满足需求的方式，是由创业者创造出来的满足顾客需求的方式和手段。创业机会管理的研究对于学科发展，实践发展都具有重要意义。目前，创业机会识别与评价等的研究已成为国外创业研究的核心和主流。

随着中国对创业活动的重视，以及创业活动本身独特性、复杂性，越来越多的研究人员纷纷投入到创业研究中。我国创业研究成果多集中于创业过程中的战略、影响因素、绩效等，对创业初始阶段之前的问题关注较少，这与国外的创业机会的主流研究有所不同。创业研究倾向于从机会观的视角来解答“为什么有的人能够成功发现、评估和利用创业机会”，将创业过程、创业者、创业机会纳入到一个整体框架之中。其中，创业机会识别作为整个创业过程的开端备受重视。学界从创业机会属性、创业者个人两个视角研究了创业机会识别的影响因素，并认为创业警觉性是影响创业者机会识别能力的关键因素，诸如已有知识、个人特质、社会网络等个人特征都可能通过创业警觉性对创业机会识别产生影响。创业警觉性如何在创业机会识别各影响因素中发挥中介作用的研究较少，以中国为背景的实证检验研究缺乏。

本文试图从已有知识、创业警觉性、创业机会识别的关系入手，构建基于创业警觉性中介作用的已有知识与创业机会识别关系的模型，通过实证分析检验已有知识对创业机会识别的作用、创业警觉性对创业机会识别的作用、已有知识对创业警觉性及其商业构想警觉性、信息警觉性两个维度的作用、创业警觉性及其商业构想警觉性、信息警觉性两个维度在已有知识和创业机会识别的关系中发挥的中介作用等，在此基础上提出提升创业者机会识别能力的政策建议。

二、文献综述

创业机会是创业研究的核心问题，相关研究主要集中在创业机会来源、创业机会概念界定、创业机会识别、创业机会对创业行为的影响等领域[①]。创业机会识别作为创业活动的开端及其与创业机会评价、开发之间密不可分的关系，成为创业研究的核心与重点。关于创业机会识别概念的研究主要有过程观、能力观和结果观。Bygrave & Hofer（1991）认为，创业机会识别是感知新的机会，并且通过建立新的企业追寻机会的过程。Kraekhardt（1995）则指出，创业机会识别是感知新业务的盈利性并从现有创意中筛选机会的过程，可以从是否为广泛意义上有利可图的机会及是否对特定创业者具有价值两个方面进行判断。同时，创业机会识别包括机会搜寻和机会评价的过程，是一种能否识别、创造性识别机会的能力（Ardichvili&Cardozob，2003）。因此，创业机会识别是在某个重要的时刻点上，创业者在追寻还是放弃某个创业机会间所做的决策。

创业机会识别的过程、能力及结果的差异受到很多因素的影响，主流研究认为它主要受到两个因素的影响：创业机会本身的属性因素和创业者个人因素。其中创业者个人因素包括创业警觉性、已有知识、个人特质、社会资本等。Kirzner（1973）首次将“警觉”应用在创业领域，提出了“企业家警觉”的概念，并用创业警觉性来概括创业者与非创

① 除此四个重要研究领域外，还有一些其他关于创业机会的重要研究，如创业机会的评价，我们在此将其包含在广义的创业机会识别研究中。

业者的区别。认为具有较高创业警觉性的人会对所处环境中的各种信息保持高度敏感，这使得他们敏锐地发现厂商和消费者之间存在的问题、市场上未满足的需求或者新资源组合方式等，从而提高其发现机会的几率。随后的研究表明，创业警觉性对机会识别能力有正向影响，即较高的创业警觉性提高了创业机会的识别（Hisrich，1990）。警觉性高的创业者更容易发现机会；成功企业家的洞察力强于一般人（Hills 等，1997）。研究者基本认同创业警觉性是创业机会发现的关键影响因素，但对于创业警觉性影响创业机会识别的途径在理论上还比较少。

已有知识是创业者或潜在创业者识别创业机会的一个重要影响因素，它可以影响创业警觉性，对创业机会识别能力也有显著影响。个体不同的已有知识构成了自己独特的知识走廊，知识走廊的构成对机会识别有重要影响。创业者更倾向于关注与他们以往的知识积累相关的信息和机会，而且这些以往经验会从多方面对创业机会的识别产生影响（Shane&Venkataraman，2000）。与顾客问题有关的已有知识产生更多的机会识别，而且这些机会具有更高的创新性（Shepherd 等，2005）。已有知识的积累主要受创业者以往工作经历、创业经历以及所接受过的教育培训等因素的影响（Sigrist，1999）。

综上所述，创业机会识别作为创业活动的开端，得到了学者们的广泛关注。学者们从创业警觉性与创业机会识别、已有知识与创业机会识别、创业机会识别影响因素方面进行了研究，但缺少三者之间关系的综合研究，缺少创业警觉性的中介变量研究。所以，本文综合研究三者的关系，将创业警觉性作为中介变量，并分析其影响机制。

三、模型构建与研究假设

（一）模型构建

随着创业机会识别研究的重要性日益凸显，理论界提出了一些与机会识别与开发有关的模型。创业机会识别三阶段模型：机会搜寻（opportunity searching）、机会识别（opportunity recognition）、机会评价（opportunity evaluation）三个阶段（Lindsay&Cram，2002）。模型结构如图 1 所示。他们认为创业机会识别与评价并非完全割裂的两个过程，而是在创业机会识别的过程中不断进行评估，机会评价伴随机会识别的整个过程。

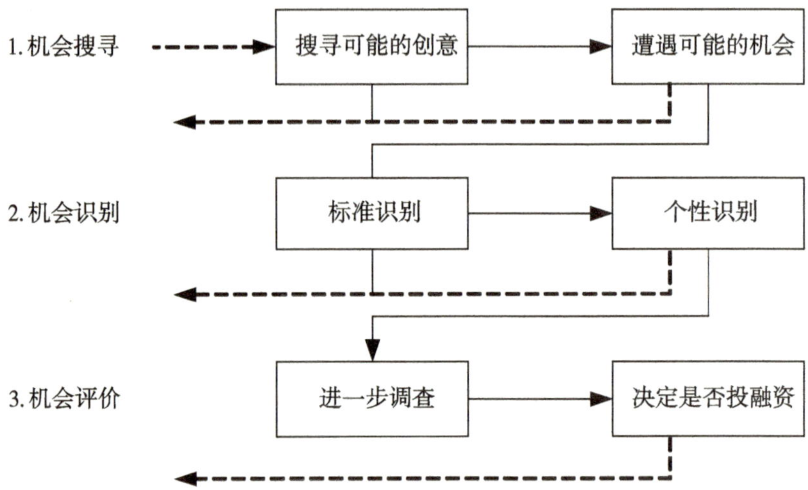

图 1　创业机会识别过程三阶段模型

企业家能力创业机会识别模型（Ardichvili，2003）。企业家的个人特质与创业警觉性正相关，这种相关性基于自我效能，同时创业警觉性与创业机会的发现和开发正相关，企业家的市场知识和社会网络关系有助于提高创业警觉性，从而成功识别创业机会。该模型对创业警觉性的中介作用做了初步验证，但没有分维度探究创业警觉性发挥中介作用的具体机制，相关结论是否适用于中国背景也有待探索。模型结构如图 2 所示。

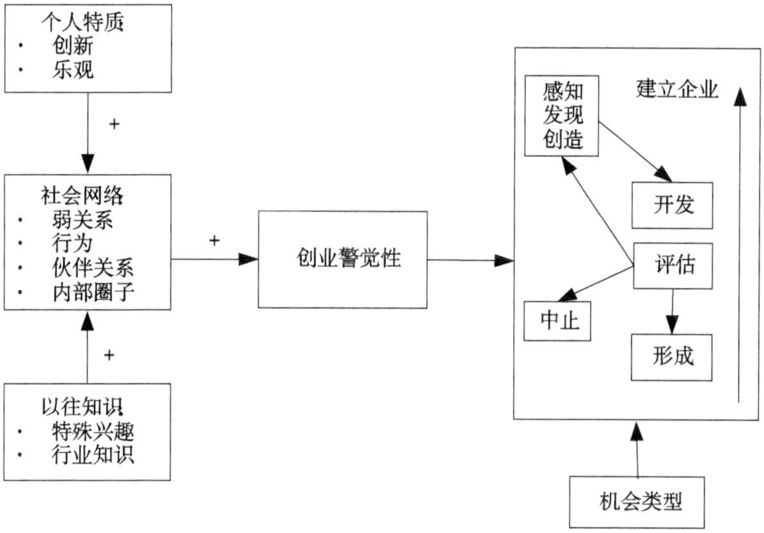

图 2　基于创业警觉性的机会识别综合模型

创业机会识别和研究理论模型（林嵩等，2005）。机会本质上是某种能够实现价值的新的市场需求；在机会识别的过程上，机会识别是一个动态的，反复进行机会搜索、识别、评价的过程，并不是纯粹和单向的；在机会识别影响因素上，认为机会本身的属性与创业者个人因素一样，都会影响机会识别过程；在机会对新企业绩效的影响上，认为创业机会的选择和新创企业后期的成长及战略制定紧密相关。模型结构如图 3 所示。

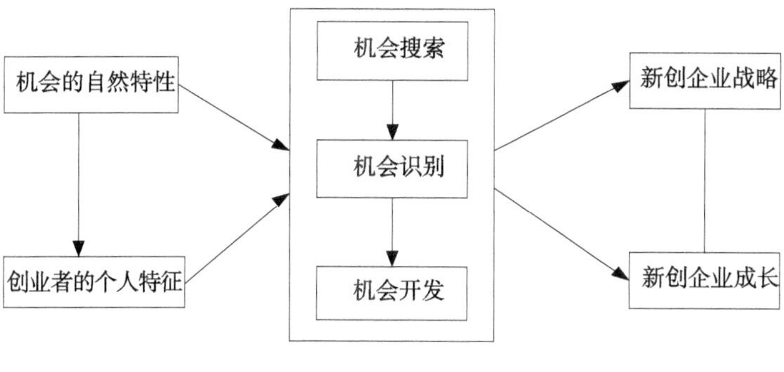

图 3　创业机会识别和创业研究的理论模型

已有研究表明：已有知识对创业警觉性和创业机会识别都有着显著的正向影响。创业警觉性对创业机会识别有显著的正向影响。本文构建创业警觉性中介变量的创业机会影响因素模型。模型结构如图 4 所示。

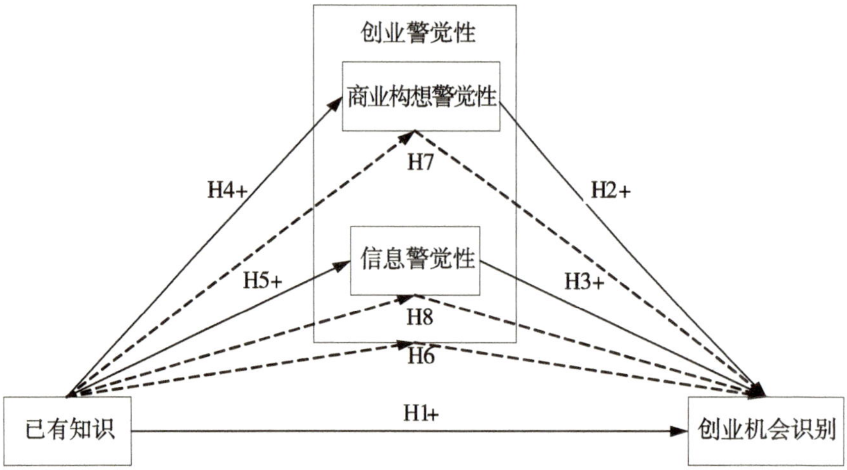

图 4　已有知识、创业警觉性与创业机会识别的关系模型

该模型的框架由四部分组成：一是创业者的已有知识影响其创业机会识别能力；二是创业警觉性影响创业机会识别能力；三是已有知识影响创业者的创业警觉性；四是创业警觉性及其两个维度在已有知识和创业机会识别的关系中起中介作用。本文根据模型的四个部分提出了相应的研究假设。

（二）研究假设

在已有知识对创业机会识别的影响上，很多学者提出与创业者的生活和工作相关的知识会对创业机会识别产生积极影响。创业开始时创业者的已有经验能够增强个体在高度不确定与时间压力情境下对事物的决策能力（Sarasvathy，1998）。已有知识触发了企业家对新信息价值的感知，使机会更容易被创业者发现，企业家只发现那些与其已有知识相关的机会（Shane，2000）。管理经验能够促使创业者更深入和深刻地了解新创企业的各个方面（Shepherd 等，2005）。根据上述分析，本文提出以下假设：

H1：创业者的已有知识对创业机会识别具有显著的正向影响。

相对于创业警觉性低的个体而言，对外部环境的关注便于从环境中识别出机会，而更完整和成熟的心理图式更容易使创业者对该机会的预期价值有更加清晰准确的认知，从而更容易成功地识别机会。创业警觉性分为商业构想警觉性和信息警觉性，较高的商业构想警觉性可以帮助创业者迅速准确地预知到潜在商业机会未来的价值，从而带来创业者对商业机会的感知和发现。较高的信息警觉性使创业者更易于关注到环境中存在的机会和信息，也会直接或间接地发现创业机会（Ko&Butler，2003）。根据上述分析，本文提出以下假设：

H2：创业者的商业构想警觉对创业机会识别具有显著的正向影响。

H3：创业者的信息警觉性对创业机会识别具有显著的正向影响。

企业家的创业警觉性越高，创业机会发现与开发的成功率就越高（Ardichvili 等，2003）。高的创业警觉性往往与企业家的创造力和乐观等个人特质、社会网络、特别的爱好、市场知识相关。已有知识一方面增强创业者对信息的理解能力，另一方面对商业构想警觉性的构建起到积极作用，使商业构想过程更加顺利，进而推动创业警觉性对机会的敏感性和感知、评价过程。根据上述分析，本文提出以下假设：

H4：创业者的已有知识对商业构想警觉性有显著的正向影响。

H5：创业者的已有知识对信息警觉性有显著的正向影响。

个体特质与外部环境的匹配可以提高创业者的警觉性，而创业警觉性又对机会识别能力有正向的影响，即较高的创业警觉性提高了机会发现的概率（Hisrich，1990）。个人特征、社会网络、已有知识通过创业警觉性的中介作用影响创业机会识别。创业警觉性在已有知识与创业机会识别的关系中发挥着一定的作用，其商业构想警觉性、信息警觉性也可能分别起着一定作用。根据上述分析，本文提出以下假设：

H6：创业警觉性在已有知识对创业机会识别的影响中起中介作用。

H7：商业构想警觉性在已有知识对创业机会识别的影响中起中介作用。

H8：信息警觉性在已有知识对创业机会识别的影响中起中介作用。

四、研究样本与统计分析

（一）样本和数据来源

本文通过构造结构化的量表，对已有知识、创业警觉性与创业机会识别进行抽样调查。在前人研究的基础上，参考国内外已有的较成熟的量表，考虑问卷设计的基本原则，构建已有知识、创业警觉性、创业机会识别量表。如表1所示。

表1　已有知识、创业警觉性与创业机会识别量表

请根据您的实际情况，在相应的位置打"√"	完全不同意↔完全同意				
1. 我创立新事业之前，就学习过新事业相关的背景	1	2	3	4	5
2. 我创立新事业之前，就有过与新事业相关的工作经验	1	2	3	4	5
3. 我创立新事业之前，我的朋友或家人也从事于新事业相关的行业	1	2	3	4	5
4. 我创立新事业之前，我常从朋友那里学习与新事业有关的知识	1	2	3	4	5
5. 我创立新事业之前，我就对新事业的市场很了解	1	2	3	4	5
6. 我创立新事业之前，我就知道新事业市场的顾客问题	1	2	3	4	5
7. 我创立新事业之前，我就已经有了关于服务未来顾客方式的想法	1	2	3	4	5

续表

请根据您的实际情况，在相应的位置打“√”	完全不同意↔完全同意				
8. 在日常生活中我总在琢磨新的信息	1	2	3	4	5
9. 我始终保持对信息的关注，以期从中受到创业启示	1	2	3	4	5
10. 我对新的业务设想总有一种特殊的敏感性	1	2	3	4	5
11. 我每天阅读杂志、报纸、期刊	1	2	3	4	5
12. 每天阅读报纸	1	2	3	4	5
13. 经常阅读期刊	1	2	3	4	5
14. 每天上网浏览信息	1	2	3	4	5
15. 即使对某个行业没有经验，我也能对其中的创业机会具有较好的判断力	1	2	3	4	5
16. 以往的时间里，我所识别出的多个创业机会之间，机会是互不相关的	1	2	3	4	5
17. 要识别出一个好的创业机会，我需要在某个行业或市场中进行深入调研	1	2	3	4	5
18. 在日复一日的例行活动中，我总是能够看到我身边存在的创业机会	1	2	3	4	5
19. 我对创业机会存在一种特殊的警觉性或敏感性	1	2	3	4	5

在量表设计的基础上，本文对分布在北京、天津、山东、江苏等全国 9 个地区的创业者或潜在创业者进行了调研。他们有些已经创立了自己的企业，有些有了明确的创业意向，正在创业准备当中，还有的是正在参加工作的人员。共发放问卷 235 份，回收 195 份，回收率 79.6%。经过筛选得到有效问卷 187 份，问卷有效率为 95.9%。

（二）信度与效度检验

在外在信度分析中，我们抽取了 20 名已经创业的创业者，先后回答了两次问卷，中间间隔时间为一周。结果显示两次问卷结果的相关系数为0.87，说明问卷具有较高的外在信度。我们重新选取了40个创业者填答问卷进行了内在效度检验，结果显示已有知识、创业警觉性、创业机会识别的三个变量题目的Cronbach's alpha系数均在0.8以上，说明问卷的内在信度可以接受。结果如表2所示。

表2　量表信度分析

量表	项目数	Cronbach's alpha
已有知识	7	0.829
商业构想警觉性	3	0.732
信息警觉性	4	0.702
创业机会识别	5	0.782

为了衡量问卷采用的测验指标能够在多大程度上测量出所衡量的对象，同时为后面的因子分析和回归分析做基础。本文对概念模型中的被解释变量创业机会识别、解释变量已有知识、中介变量创业警觉性进行了巴特利特球体检验和KMO检验。结果如表3所示。检验结果表明数据之间显著相关，可以做因子分析。

（三）回归假定条件的检验

（1）多重共线性。

本文通过方差膨胀因子（VIF）指数衡量解释变量多重共线性的存在情况，VIF的值越大表示变量的共线性越强。当VIF值大于0且小于10，即可看作不存在多重共线性。本文的多重共线性分析结果如表4所示。表中4个模型中的VIF值都满足0 < VIF < 10，由此可以判定，本文回归模型中的解释变量（包括控制变量）之间不存在严重的多重共线性问题。

表 3　变量 Bartlett 球体检验与 KMO 检验结果

创业机会识别 KMO 样本测度	0. 525	
创业机会识别 Bartlett 球体检验	近似卡方	340. 530
	自由度	10
	显著性水平	0. 000
已有知识 KMO 样本测度	0. 817	
已有知识 Bartlett 球体检验	近似卡方	494. 225
	自由度	21
	显著性水平	0. 000
创业警觉性 KMO 样本测度	0. 680	
创业警觉性 Bartlett 球体检验	近似卡方	316. 413
	自由度	21
	显著性水平	0. 000

表 4　模型多重共线性（VIF 值）检验结果

变量	模型 1	模型 2	模型 3	模型 4	模型 5	模型 6	模型 7	模型 8
	已有知识与创业机会识别	商业构想警觉性与创业机会识别	信息警觉性与创业机会识别	已有知识与商业构想警觉性	已有知识与信息警觉性	创业警觉性的中介作用	商业构想警觉性的中介作用	信息警觉性的中介作用
年龄	1. 043	1. 003	1. 010	1. 010	1. 019	1. 012	1. 019	1. 023
学历	1. 010	1. 009	1. 033	1. 033	1. 034	1. 038	1. 034	1. 038
已有知识	1. 033		1. 043	1. 043	1. 192	1. 246	1. 192	1. 163
创业警觉性						1. 223		
商业构想警觉性		1. 011			1. 154		1. 154	
信息警觉性								1. 154

（2）序列相关。

序列相关性可以通过计算 DW 值来进行检验，如果 $1.5 < DW < 2.5$，可以认为误差项之间不存在自相关。本文回归模型的 DW 值为 1.914，可以判定本文研究模型中不存在序列相关问题。结果如表 5 所示。

表 5　创业机会识别与自变量的误差序列相关检验

模型	R	R 方	调整 R 方	标准估计的误差	Durbin – Watson
1	0.435a	0.189	0.185	0.56619	1.914
a. 预测变量：（常量），已有知识。					
b. 因变量：创业机会识别					

（3）异方差。

本文对创业机会识别进行了残差项的散点图分析，结果如图 5 所示。异方差分析发现标准化预测值的散点图呈现无序的状态，无明显共变趋势。因此，可以断定本文的回归模型不存在异方差问题。

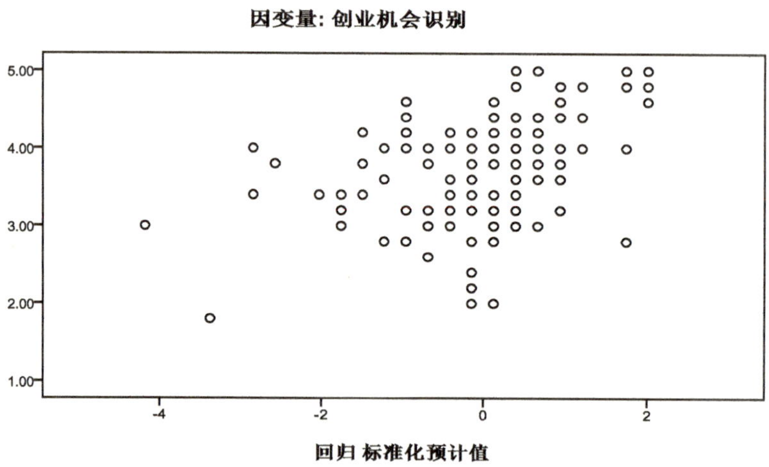

图 5　创业机会识别标准化预测值散点图

通过对多元回归三大假定条件的检验，可以判定本文回收的数据不存在多重共线性、序列相关和异方差问题。可以通过多元回归对样本数据进行分析来检验相关的假设。

（四）研究假设的实证检验

通过变量数据的信度效度分析、因子分析、相关和回归分析等，我们对前文提出的8个假设做了检验，假设验证情况如表6所示。

表6　已有知识、创业警觉性、创业机会识别关系模型检验结果

研究假设	验证结果
已有知识与创业机会识别	
H1：创业者的已有知识对创业机会识别具有显著的正向影响	通过
创业警觉性与创业机会识别	
H2：创业者的商业构想警觉对创业机会识别具有显著的正向影响	通过
H3：创业者的信息警觉性对创业机会识别具有显著的正向影响	通过
已有知识与创业警觉性	
H4：创业者的已有知识对商业构想警觉性有显著的正向影响	通过
H5：创业者的已有知识对信息警觉性有显著的正向影响	通过
创业警觉性的中介作用	
H6：创业警觉性在已有知识对创业机会识别的影响中起中介作用	部分通过
H7：商业构想警觉性在已有知识对创业机会识别的影响中起中介作用	部分通过
H8：信息警觉性在已有知识对创业机会识别的影响中起中介作用	部分通过

由上表可得，本研究提出的8个模型假设中，有5个假设完全通过了数据检验，只有与创业警觉性中介作用相关的三个假设获得了部分通过，证明创业警觉性及其两个维度均在已有知识和创业机会识别的关系中起部分中介作用，且信息警觉性的中介作用相比商业构想警觉性来说更为显著。经回归分析得出的各回归方程的系数汇总如图6所示，准确地描述了各变量之间的关系大小。

（1）已有知识对创业机会识别的作用机制。

创业者或潜在创业者的兴趣知识和产业知识越多，越有利于识别创业机会。已有知识对创业机会识别的作用部分是通过创业警觉性的中介作用实现的。主要原因在于：一是创业者或潜在创业者在以往的教育经历、创业体验、生活经验中收获的知识越多，就越能加深其对接触到的新的商业构想和信息的理解，从而更能意识到某些已经存在的商业构想和信息潜在的商业价值并对其进行关注，进而识别有价值的创业机会。二是已有知识会使创业者或潜在创业者产生很多不同于与其他人的创新性的见解和看法，这些见解和看法有可能在与客观需求的结合下，形成可以在现实中实施的商业机会。三是已有知识会对警觉性深层的心理图式的构建和提高起到一定的作用，使心理图式的激活更加灵活和通畅，进而增强了其对潜在创业机会的识别能力。

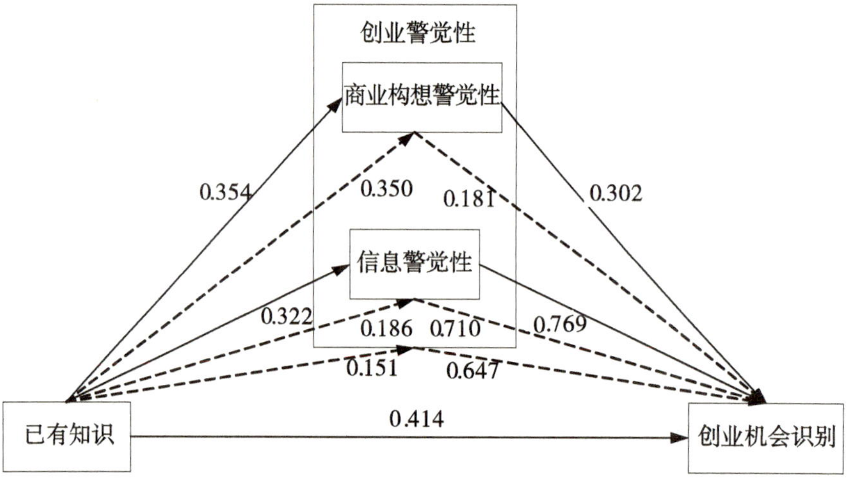

图6　模型各回归方程系数

创业警觉性只是起到了部分中介作用，已有知识还有可能通过其他机会识别影响因素的中介作用对创业机会识别施加影响，如个人特质、社会网络等。另外，丰富已有知识还会使创业者或潜在创业者的机会评价过程更加快速和准确，这也对他们的机会识别能力有重要影响。

（2）商业构想警觉性、信息警觉性对创业机会识别的作用机制。

商业构想警觉性、信息警觉性均对创业机会识别有显著的正向影响。实证结果表明：一是创业者或潜在创业者对商业构想的关注程度越高，越容易接触到有价值的商业点子和项目信息，最终发现好的商业机会。二是创业者或潜在创业者对信息和已有商业构想的关注程度越高，越容易发现新的机会、市场或顾客服务方式，从而启发和构建出新的想法和点子，在其他外界条件满足的情况下，这些商业点子就成为了创业机会。三是创业者或潜在创业者对信息和已有商业构想的关注程度越高，越容易产生主动搜集更多机会相关信息的行为，并对某些有价值商业构想相关的知识和信息进行收集和处理，使机会评价和机会识别过程路径更加通畅。在警觉性强度足够高的基础上，如果个人的其他相关因素也能达到相应的水平，就会最终导致创业机会的识别。

（3）已有知识对创业警觉性的作用机制。

已有知识和创业警觉性都是矢量，具有方向性，会指向某个具体的行业或市场。指向某一特定市场的已有知识越丰富，就越有利于增强创业者在该市场的创业警觉性。与该市场相关的知识越丰富，就越利于创业者或潜在创业者产生与其感兴趣的领域或者关心的产业相关的商业构想，也有利于感知接触到的其他商业构想的创新性和价值，从而对其产生更多的关注，进而提高其商业构想警觉性。丰富的已有知识会使个体更容易感知到某些商业信息的价值，从而促使其更加关注和重视某些信息。因此，足够的知识积累可以有效地提高创业者或潜在创业者的创业警觉性。

（4）创业警觉性在已有知识与创业机会识别之间起部分中介作用

已有知识对创业机会识别的作用部分是通过影响创业警觉性进而对创业机会识别施加影响。足够的已有知识会提高创业者或潜在创业者的商业构想警觉性（Alertness to business ideas）和信息警觉性（Alertness to information），进而提高创业机会识别能力。但创业警觉性只是起到了部分中介的作用。已有知识还可能通过其他诸如社会网络、个人特质等变量直接或间接地对创业机会识别产生影响。研究结果还显示，信息警觉性的中介作用是大于商业构想警觉性的。这是由于商业构想警觉性警觉的对象仅仅包括商业点子、商业构想等，范围较为狭窄，而信息警觉性广泛的警觉范围会为机会识别带来更多的可能性。

五、研究结论与建议

本文通过对已有知识、创业警觉性和创业机会识别三者关系模型的构建，模型实证分析得出：已有知识对创业机会识别有显著的正向影响。商业构想警觉性和信息警觉性均对创业机会识别有正向影响。已有知识对商业构想警觉性、信息警觉性均有显著的正向影响。创业警觉性在已有知识与创业机会识别的关系中起到部分中介作用，已有知识对创业机会识别的影响部分是通过创业警觉性进行的。商业构想警觉性和信息警觉性分别在已有知识和创业机会识别的关系中起到部分中介作用，且信息警觉性的中介作用相比商业构想警觉性更为显著。根据研究的结论，我们可以从以下几个方面提升创业机会识别能力。

（一）增加已有知识、加强创业警觉性，提高创业者的机会识别能力

创业机会的识别并非偶然事件，可以通过有意识地提高机会识别能力而做到。厘清已有知识和创业警觉性对创业机会识别能力的影响机制，可以指导个体通过培训、学习、社会实践等多种途径增加已有知识或直接提高其对商业构想和信息的关注程度，最终提高其机会识别能力，为机会的识别和开发打好坚实的基础。

（1）创业者可以通过增加已有知识存量提高自己的机会识别能力。已有知识包含极为丰富的内容，比较经典的划分方法是将其分为与创业

者的特殊兴趣有关的知识和与创业者工作经验有关的产业知识，创业者应该从已有知识的两个种类入手来增加自己的已有知识积累。创业者既可以在自己感兴趣的创业领域接受正规的教育、培训，也可以主动地对相关领域进行自主的学习和探索，还可以在创业之前积累某一行业的工作经验，对该行业形成比较深刻的认识。

（2）创业者可以加强对周围具体创业项目和各种商业信息的关注和思考，通过期刊、网络、协会等不同的途径寻找信息，对潜在的商业机会进行主动的搜索，以发现更多的创业机会。另外，创业警觉性是以心理上的慢性图式为基础的，创业者除增加自己的信息存量外，还要注重培养自身的思维能力，以便于在遇到潜在的创业机会时更快地激活心理图式以发现机会。

（二）创新创业教育与教学，提高创业者的机会识别能力

传统创业课堂教育的形式和方法可以增加大学生们与兴趣相关的已有知识，对提高创业警觉性和机会识别能力有积极影响。但与产业相关的，例如市场、顾客相关的已有知识可能涉及较少，因为这类知识大都必须通过真实的工作和创业体验才能获得。因此，未来的创业教育要有针对性地提高大学生的创业机会识别能力。

（1）在教学形式上，采取多样化的教学形式。努力推进创业教育教学模式的创新和转变，注重多样化的教学形式的应用，包括拓展训练、案例教学、商务剧场、头脑风暴法、创业模拟、实习实训等。这样才能使学生更多地参加到创业实践中来，最大化地发挥其潜能（周卫中等，2009）。通过亲身参与创业活动，使学生对完整创业过程有清晰的认识，并在创业情境中获得经验和知识的积累，增加其对创业机会的敏感性，提高其创业机会识别能力。

（2）在教学内容上，重视培养学生能力。创业教育不仅要注重知识的传授，更应注重思维的锻炼。创业警觉性的心理基础是一种慢性心

理图式，反复的锻炼可以使心理图式的激活变得更加灵活和通畅，最终发现机会。因此，课堂教学中要多采用案例教学、项目可行性分析等方式提高学生思维的灵活性，进而锻炼和提高其机会识别能力。

（3）在师资力量上，加强产学合作。通过聘请中小企业主和高层管理人员担任创业导师，将企业家实战经验带进课堂。企业家在实践中积累了大量创业经验，可以弥补教师普遍缺乏创业经历的不足。通过企业家参与教学计划设计，为学生讲解实际创业问题，提供实习调研机会，为潜在创业者传递更多操作性的知识和经验，进而增强其创业警觉性，提高其机会识别能力。

（三）丰富和完善创业相关政策，提高创业者的机会识别能力

从提高创业者机会识别能力的角度讲，社会和政府应该从以下三个方面制定相应的政策，为潜在创业者已有知识和创业警觉性的提高创造良好的社会环境。

（1）推进国内创业教育、创业培训的开展和完善。鉴于已有知识对创业机会识别能力提高的积极影响，政府应该建立健全各种创业培训体制，使更多对创业感兴趣的人而不仅仅是大学生接受科学的创业教育，以增加其创业相关的已有知识，提高其对先进商业构想和有价值信息的关注和感知能力。

从欧美等发达国家的创业教育发展看，创业教育的好坏在于社会系统本身，不仅仅是高校的事情。目前，政府出台的鼓励创业教育的政策还相对较少，风险投资商与高校合作的案例并不普遍，大学创业教育面临着实践基地、实习基地、孵化基地不足的问题。很少企业愿意提供机会让学生学习实际的企业管理和经营知识。因此，应该出台政策促进高校、企业和政府开放、互动的合力结构的形成，构建完善的创业教育支撑体系。为更多有创业梦想的人，提供汲取创业知识的平台，提高其各项创业相关能力。

（2）促进创业信息的传播。已有知识、创业警觉性均对创业机会识别能力有正向影响，增加潜在创业者的信息量可以有效地提高二者水平，并最终对创业机会识别能力的提高起到重要影响。因此，政府应该大力促进创业信息的传播，使创业者能够接触到充分的创业信息。具体来说，在对创业理论信息的需求上，应为国内创业研究营造良好的环境，进而为潜在创业者提供更多基础的创业管理知识；在对专门行业信息的需求上，应鼓励更多创业讲座、创业协会的出现，为潜在创业者提供交流的平台；在具体创业项目信息的需求上，应努力推进创业信息网站的发展和建设，并对其进行规范的管理。

（3）改善国内创业环境，激发创业意愿。对周围环境中商业构想和信息的关注在一定程度上取决于个体创业意愿的强烈程度，而创业意愿的提高依赖于创业环境的改善。创业环境的改善应该从多个方面进行，但创业的金融支持政策仍然是改善创业环境的重点。中国应发展面向创业企业的权益融资机构，发展面向创业企业的债务融资机构以及工具，有效地推进创业资本市场的发展。只有拥有了一个整体向好的大的创业环境，才会激发更多创业者的潜能，提高其成功识别机会的可能性，激励他们走向成功创业之路。

参考文献

[1] Bygrave, W. D. and Hofer, C. W. theorizing about entrepreneurship [J]. Entrepreneurship Theory and Practice, 1991, 16 (2): 13-22.

[2] Kraekhardt D. Entrepreneurial opportunities in an entrepreneurial firm: a structural approach [J]. Entrepreneurship Theory and Practice, 1995, 12 (3): 49-67.

[3] Ardichvili A, Cardozob R, Ray S. A Theory of Entrepreneurial Opportunity Identification and Development [J]. Journal of Business Ventu-

ring, 2003, 18: 105 -123.

[4] Kirzner, I. M. Competition and entrepreneurship [M]. Chicago: University of Chicago Press, 1973.

[5] Hisrich, R D. Entrepreneurship/intrapreneurship [J]. The American Psychologist, 1990, 45 (2): 209 -222.

[6] Hills, G E, and Shrader, R C. Successful entrepreneurs' s insight into opportunity recognition [EB/OL]. Wellesley, MA: Babson College. http://www. babson. edu/entrep/fer/papesr98/I/I_ A/I_ A_ text. htm, 1997.

[7] Shane, S. Prior Knowledge and the Discovery of Entrepreneurial Opportunities [J]. Organization Science. 2000, 11 (4): 448 -469.

[8] Shane, S and Venkataraman, S. The Promise of Entrepreneurship As a Field of Research [J]; Academy of Management Review. 2000, 25 (1): 217 -226.

[9] Shepherd. Dean A. and Dawn R. De Tienne. Prior Knowledge, Potential Financial Reward, and Opportunity Identification [J]. Entrepreneurship Theory and Practice. 2005, 29 (1): 91 -112.

[10] Sigrist, B. , Entrepreneurial opportunity recognition. A presentation at the Annual UIC/AMA symposium at Marketing/Entrepreneurship Interface, Sofia - Antipolis, France. 1999.

[11] Lindsay N J. Cram J. A Framework for Understanding Opportunity Recognition: Entrepreneurs versus Private Equity Financiers [J]. Journal of Private Equity. 2002 (6): 13 -24.

[12] Sarasvathy, D. , Simon, H. , &Lave, L. Perceiving and managing business risks: Differences between entrepreneurs and banks [J]. Journal of Economic Behavior and Organization. 1998, 33 (2): 207 -225.

[13] Ko, Stephen and Butler, John E. , Alertness, Dissociative Thinking Ability, and Discovery of Entrepreneurial Opportunities in Asian Hi – Tech Firms (2003) . Babson College, Babson Kauffman Entrepreneurship Research Conference (BKERC), 2002 – 2006. Available at SSRN: http: //ssrn. com/abstract = 1782180.

[14] 林嵩，姜彦福，张帏. 创业机会识别：概念、过程、影响因素和分析架构［J］. 企业管理（科学学与科学技术管理）. 2005. 6: 128 – 132.

[15] 周卫中，葛建新，孙国辉. 财经类院校创业教育模式探索——以中央财经大学为例［J］. 中国大学教学，2009，(11)：65 – 67.

股票期权还有主动权吗？中国中小企业人才竞争策略探讨①

中央财经大学　朱飞　赵康

摘　要： 中小企业人才的市场依赖度普遍较高，股票期权曾被认为是中小企业在人才竞争中的关键举措。然而由于缺乏完备的内外部条件、人才竞争手段同质化和股票期权实践引致诸多问题等原因，股票期权在中小企业人才竞争实践中的吸引力正被逐步削弱。异质化的竞争手段成为众多中小企业人才竞争努力的方向，而塑造清晰、有吸引力的雇主品牌正逐步成为中小企业有效的人才竞争策略。

关键词： 股权期权　中小企业　人才竞争　雇主品牌

一、引言

知识经济时代，人才是企业竞争优势的主要来源，对于中小企业而言尤其如此。如何吸引、激励和留住优秀的人才，成为中小企业在市场竞争中面临的主要问题之一。同时，随着改革开放的逐步深化，我国市场经济体制越来越完善，导致企业的雇用关系开始由内部劳动力市场主

① 本文为北京市哲学社会科学规划项目（13JGB043）和北京市高等学校青年英才计划（YETP0965）的阶段性成果。

导转向由外部劳动力市场主导，短期雇用、无合同雇用等灵活雇用形式在我国雇用关系构成中逐渐上升到一个较高水平（李小瑛等，2012）。雇用关系主导模式的转变，给我国为数众多的中小企业带来了一系列亟待应对的难题，如员工的组织忠诚度大幅下降、人才流动率大幅增长、核心人才极易流失等等。为应对这一系列的难题，许多企业在人才的吸引、激励和保留方面采取了众多创新的方法，股票期权计划就是其中之一（黄桂田等，2009）。

股票期权制度曾被认为是“自公司制之后资本主义第二次制度革命”，20 世纪 80 年代和 90 年代间，股票期权作为经理人的主要激励措施，在西方尤其是美国得到迅速发展，经理人股票期权比例大幅度增长（郑晓玲，2007）。但是，自从安然、泰科、世通、环球电讯等公司相继爆发了财务丑闻后，期权制度受到了严重的挑战。而苹果和 Monster 等公司股票期权倒签（即把股票期权的授予日期有意提前至公司股票价格较低的日期，以获得更高的收益）丑闻更是促使研究者和实践者对股票期权的效用进行重新审视。本文在分析股票期权的基本生效机制的基础上，研究股票期权在中小企业人才竞争中的优势和局限性，并探讨中小企业有效的人才竞争策略。

二、股票期权的人才激励优势和生效机制

股票期权（stock option）指持有者有权在一定的期限内按某一约定价格，买进（或卖出）一定数量股票的权力（耿明斋，2002）。常说的股票期权及经理人股票期权（executive stock options）和员工股票期权（employee stock options），其一般的操作方式是企业的所有者给予企业的高级管理人员/员工一种权力，允许他们在特定的时期内，按照某一预先设定的价格——即所谓的“行权价格”，购买本企业普通股或者给予虚拟股权，行权价格和当日交易价格之间的差额就是持有者的获利。

（一）股票期权的人才激励优势

股票期权制度被认为实现了人力资本和物质资本的“平等对话”（Coase，1937；Williamson，1979），解决了企业治理中的“委托——代理”问题，使所有者、经营者和员工的目标统一起来（Bhagat 等，1985；Murphy，1985；Jackson&Lazear，1988）。与此同时，企业，特别是中小企业期望通过广泛使用期权制度，吸引、激励和保留优秀的管理者/员工，从而提高企业的持续竞争优势。股票期权对企业或员工都有着非常强的吸引力，研究者（耿明斋，2002；李银珠，2006；刘广生等，2013）认为，股票期权在激励上具有以下几个方面的优势：

①将员工和企业股东的利益统一起来。传统的薪酬分配形式，如承包制、租赁制、年薪制等，虽在一定程度上能对员工产生激励作用，但一个重大缺陷就是无法消除短期激励和长期激励之间的矛盾。而在股权期权制度下，员工的收入取决于期权到期日公司股票的市场价格和期权协议的执行价格之间的差价，也即员工有一部分收入（期权收入）与公司市场价值紧密联系：企业经营好，市场价值就能够不断增加，企业股票价格就会上涨，员工此时执行股票期权即可获益；反之，企业经营差，企业股票的市场价格就会下跌，当股票价格低于期权的“行权价”时，员工就不能从期权中获得收入。所以，员工要想追求自身收益最大化，就必须努力工作，改善企业经营状况，使企业市场价值不断增加以推动股票价格上升。而企业市场价值的增长也意味着企业股东财富的增长，这就说明股票期权能将员工和企业股东的利益统一起来。

②股票期权能够降低企业日常现金支付负担。企业可通过给予员工本公司的股票期权来代替工资和奖金等实际的现金支出，使其在将来通过行使这一权力来获取数额较大的报酬，这一高报酬是通过资本市场来实现的，企业没有任何净现金流出。所以，股票期权能减轻企业日常支付现金的负担，节约大量营运资金以投入到研发、生产、销售等过程中

去，最终提高企业的竞争力。

③降低代理成本。代理成本主要是指在股东与代理人之间订立、管理、实施委托代理契约的全部费用，主要包括股东的监视费用、代理人的担保费用以及效率损失三部分。在信息完全对称的情况下，股东能全面地了解代理人的行为和公司的投资机会，据此股东就可以设计出具体的合同来加强对代理人行为的管理，代理成本为零。但是在实际情景中，股东和代理人之间存在信息不对称，股东所能看到的主要是股票价格和公司财务报表，而对代理人的私人信息（包括个人的努力水平、投资动机、个人的在职消费等）的了解程度极低，这就导致代理成本大于零的结果。股票期权制度则可以大大降低代理成本，一是因为它可以解决信息不对称的问题，通过将代理人的报酬与股东可观测的信息联系起来，减少股东监督费用；二是由于它还通过提高代理人和股东目标的一致性，减少代理人代替股东经营企业所造成的效率损失。

④能够更好地保留住员工。知识经济时代，优秀的员工是企业最重要的资产，优秀员工的流失就是企业最大的资产流失。通过股票期权制度，企业能将优秀人才的利益与企业自身的利益长期捆绑在一起（一般企业都会规定员工三到五年之后才能行权），从而更好地保留住优秀的员工。

（二）股票期权生效的一般条件

虽然股票期权制度相对于传统激励模式有着明显的优势，但股票期权制度的有效执行却依赖于企业内部和市场，如果企业内部和外部市场的监督缺位或者不完善，股票期权激励就会失灵（王冰洁等，2004；宋增基等，2005；郑晓玲，2007；赵青华，2010）。具体来说，股票期权真正起到预期效果的前提条件如下。

（1）企业内部的前提条件。

①健全的企业内部治理结构。股票期权是给予员工以一定的价格购

买一定数量的企业股票的选择权力，员工可以行使这一权力，也可以放弃这种权力，这就使员工获得的期权薪酬的价值依赖于公司股票价格的增长。但若企业内部的治理结构不健全，使得员工（如经理人）获得事实上的控制地位，就会造成员工收入与风险的不对称，进而抑制股票期权发挥良好的激励效应。因为当员工获得事实上的对企业的控制权时，其就能在股票期权契约的制定和实施时掌握主动权，如规定期权的执行价低于当时的市场价、在股票价格低于执行价时重新定价、选择信息披露的时机以操纵股票价格等。这些行为不是以企业价值最大化为目的，对股东并不公平。所以在采用股票期权制度之前，企业需要建立起健全的内部治理结构，通过强力的监督约束机制，来避免和解决内部人控制问题，以使股票期权制度发挥良好的激励效应。

②清晰的绩效标准。薪酬计划对员工的激励效果也取决于其具体是如何设计的。在股票期权薪酬计划的设计中，采用清晰的绩效标准对期权计划的效果有着重要作用，因为绩效标准对代理人的行为具有导向作用和约束作用，股票期权的授予、执行都应和绩效标准挂钩。只有基于公司价值驱动因素，设定明确的绩效标准，才可以促使经理人为公司真正的价值创造而努力。

（2）外部市场的前提条件。

①完善的信息披露制度。代理人激励主要解决的是信息不对称导致的高代理成本问题，因此完善代理人激励机制需要努力实现信息对称和透明化，而这可以通过改进公司信息披露制度（如会计制度）来实现。

②充分竞争的人才市场。建立和完善有效的人才配置市场，通过引入人才市场的竞争机制，才能更好地选拔出能力强、素质高的人才，从而实现人力资源的有效配置，最终提高股权激励的实施效果。

③有效的证券市场。股票市场价格并不一定反映企业的真实价值。只有在完全有效的证券市场中，企业股票价格的增加才意味着企业价值的增加，此时也才能借助期权价值增长与股票价值增长之间的正向关

系，来激励员工选择努力工作来实现企业的价值增长。所以要让股票期权能真正生效，需要建立起一个对企业价值进行定价的证券市场，并努力使该证券市场向着完全有效的方向发展。

（三）股票期权激励的局限：中国中小企业的实践

虽然研究者已经证明了股票期权的人才激励优势，但是在中小企业的人才竞争实践中，股票期权却面临严峻的困境。

首先，部分内外部条件的缺陷降低了股票期权的激励优势。多数中小企业难以完全具备股票期权生效所要求的健全的内部治理结构和完善的信息披露制度，也缺乏有效的资本市场的有效价格信号，在股票期权制度的实施过程中面临许多现实的困境，因而也削弱了股票期权在吸引、激励和保留优秀人才过程中的激励优势。

其次，企业间人才竞争手段的同质化削弱了股票期权的吸引力。由于经营速度和财务效率的约束，中小企业人才的市场依赖度普遍较高。与此同时，中小企业之间的人才竞争手段同质化现象也非常明显，股票期权成为许多中小企业在吸引、激励和保留优秀核心人才过程中普遍采用的举措。换言之，当多数企业都以同质化的方式吸引人才时，这些方式的吸引力就明显被削弱了，真正能够吸引、激励和保留优秀人才的是那些异质化的因素。

最后，股票期权实践中引致的新问题削弱了中小企业实施股票期权的动机。不管企业和员工如何愿意，股票期权在吸引和挽留员工方面的吸引力正在逐渐下滑。许多优秀企业正在经历股票期权行权之后，优秀的“暴发户”大批离开的痛苦过程，而一些业绩一般的企业都必须面对员工对股票期权漠不关心的尴尬，而对于大多数的员工而言，股票期权正在变成一种“看上去很美”的诱惑。于是，许多企业都被迫思考一个问题：在股票期权失去吸引力之后，中小企业还能依靠什么来吸引和挽留优秀的员工？

三、中小企业人才竞争的新策略：塑造强有力的雇主品牌

如前文所言，在激烈的优秀人才竞争中，异质化因素才是中小企业在劳动力市场中竞争制胜的关键。而雇主品牌建设被认为是突破人才吸纳和保留困境的重要手段（Cable&Turban，2003；Lievens，2007）。

雇主品牌是企业作为雇主区别于竞争对手的形象和承诺，它构建在某一企业独特的价值观、企业文化、现有管理行为、管理政策及未来战略之上，融入了企业对于特定目标劳动力市场需求的理解（Ambler&Barrow，1996；Ewing，2005a，2009；Backhaus&Tikoo，2004；皇甫刚等，2012；朱飞等，2012）。就像优秀的产品品牌能提升企业的品牌形象、品牌吸引力和品牌忠诚度一样，通过塑造强有力的雇主品牌，企业即可以增强自己对潜在员工的吸引力，还能使现职雇员极大改善现有员工对企业的忠诚度。例如，Google 已经由于其宽松的工作环境而获得了传奇性的地位，Google 强有力的雇主品牌吸引了新员工，并且使得现职员工更加不愿意离开。具体而言，雇主品牌能够给企业带来的积极作用及其机制主要有：

第一，改善潜在员工针对企业的态度和行为。雇主品牌是企业在人力资源市场上的定位，通过雇主品牌塑造，企业可以在劳动力市场上传递一个可信的信号（Spence，1974），从而在潜在员工心目中树立企业是最佳工作场所的形象，这会使潜在员工更愿意形成自己是企业或其员工所在社会群体其中一员的社会认同（Tajfel，1978），最终能让他们对企业做出积极评价（张莹瑞等，2006）。例如，招聘也对组织成功极为重要，因为即使其他人力资源管理功能可以高效运转，也无法弥补组织在吸引高水平申请者的能力上的不足（Avery 等，2013）。就企业招聘而言，雇主品牌塑造的意义在于：一方面，雇主品牌能帮助企业提高招

聘过程的效率，因为如果雇主品牌能被准确地传递给外界，那些适合于组织的个体就会更愿意申请，而那些不适合的个体将不愿意申请（Mandhanya&Shah，2010）；另一方面，通过雇主品牌塑造活动，企业能够提高自身的吸引（Elving 等，2013）。

第二，提升现职员工的态度、行为和绩效。首先，组织的雇主品牌塑造活动代表着组织对员工的承诺（Eisenberger 等，1986），能够增强员工的组织支持感，从而给员工的工作动机、态度和结果带来积极影响（Eisenberger 等，2001；周明建等，2005）。其次，雇主品牌能更好地满足员工的个体社会情绪需要。因为，个体与组织之间的交换不但有物质的（如工资、福利等），而且也有心理的（如支持、信任、自尊、威望等）（Blau，1964）。在社会交换的过程中，个体遵从“互惠原则”（Gouldner，1960）而力图保持这种社会交换关系的平衡：当个体的社会情绪需要得到满足以后，会产生有义务回报组织的感觉，从而做出有利于组织的行为。以目前得到广泛认可的雇主品牌“功能性因素——象征性因素”框架（Lievens&Highhouse，2003）为例，功能性因素（包括工资、工作稳定性、工作繁忙度、晋升机会、工作地点和福利）属于个体与组织之间的直接的、物质的交换的内容；象征性特征（包括诚挚、创新、声望、能力等）属于间接的、非人际的交换的内容。可以发现，雇主品牌塑造即能满足员工与企业间的直接交换，也能满足二者间的间接的、非人际的交换。

四、结语

尽管股票期权在公司治理和人才激励实践中的有效性具有非常丰富的理论基础，但是针对中小企业而言，由于缺乏完备的内外部条件、人才竞争手段同质化和股票期权实践引致诸多问题等原因，股票期权在中小企业人才竞争实践中的吸引力正被逐步削弱。而通过雇主品牌建设，在目标人才市场中塑造独特的、有吸引力的雇主形象，则不仅能够更加有效地提高雇主吸引力，而且能够有效提高现职员工的敬业度和留任水平。清晰、有吸引力的雇主品牌形象是中小企业人才竞争中的异质化因素，它被认为是突破中小企业人才竞争困境的重要举措。但是，对于中小企业而言，雇主品牌塑造必须面临有限的财务和资源约束的现实，寻找符合企业现实资源的有效举措。

参考文献

[1] Ambler T, Barrow S. The employer brand [J]. Journal of Brand Management, 1996, (4): 185 -206.

[2] Avery D R, Volpone S D, Stewart R W, et al. Examining the draw of diversity: How diversity climate perceptions affect iob - pursuit intentions [J]. Human Resource Management, 2013, 52 (2): 175 -193.

[3] Backhaus K, Tikoo S. Conceptualizing and researching employer branding [J]. Career Development International, 2004, 9 (5): 501 -517.

[4] Bhagat S, Brickley J A, Lease R C. Incentive effects of stock purchase plans [J]. Journal of Financial Economics, 1985, 14 (2): 195 -215.

[5] Blau P M. Exchange and power in social life [M]. New York, US: Transaction Publishers, 1964.

[6] Cable D M, Turban D B. The Value of Organizational Reputation in the Recruitment Context: A Brand - Equity Perspective [J]. Journal of Applied Social Psychology, 2003, (11).

[7] Edwards M R. An integrative review of employer branding and OB theo-

ry [J]. Personnel Review, 2009, 39 (1): 5-23.

[8] Edwards M R. Employer and employee branding: HR or PR?. In Bach S. Human resource management: Personnel management in transition [J]. Oxford, UK: Blackwell, 2005a.

[9] Eisenberger R, Armeli S, Rexwinkel B, et al. Reciprocation of perceived organizational support [J]. Journal of Applied Psychology, 2001, 86 (1): 42-51.

[10] Eisenberger R, Huntington R, Hutchison S, et al. Perceived organizational support [J]. Journal of Applied Psychology, 1986, 71 (3): 500-507.

[11] Elving W J L, Westhoff J J C, Meeusen K, et al. The war for talent? The relevance of employer branding in job advertisements for becoming an employer of choice [J]. Journal of Brand Management, 2013, 20 (5): 355-373.

[12] Gouldner A W. The norm of reciprocity: A preliminary statement [J]. American Sociological Review, 1960, 25 (2): 161-178.

[13] Jackson M, Lazear E P. Stock, options, and deferred compensation [M]. Hoover Institution, Stanford University, 1988.

[14] Jensen M C, Meckling W H. Theory of the firm: Managerial behavior, agency costs and ownership structure [J]. Journal of financial economics, 1976, 3 (4): 305-360.

[15] Lievens F, Highhouse S. The relation of instrumental and symbolic attributes to a company's attractiveness as an employer [J]. Personnel Psychology, 2003, 56 (1): 75-102.

[16] Lievens F. Employer Branding in the Belgian Army: The Importance of Instrumental and Symbolic Beliefs for Potential Applicants, Actual Applicants, and Military Employees [J]. Human Resource Manage-

ment, 2007, (1).

[17] Mandhanya Y, Shah M. Employer branding: A tool for talent management [J]. Global Management Review, 2010, 4 (2): 43-48.

[18] Murphy K J. Corporate performance and managerial remuneration: An empirical analysis [J]. Journal of accounting and economics, 1985, 7 (1): 11-42.

[19] Spence M. Market signalling [M]. Massachusetts, US: Harvard University Press, 1974.

[20] Tajfel H. Differentiation between social groups: Studies in the social psychology of intergroup relations [M]. Oxford, UK: Academic Press, 1978.

[21] Williamson O E. Transaction-cost economics: the governance of contractual relations [J]. Journal of Law and Economics, 1979, 22 (2): 233-261.

[22] 杜兴强. 股票期权：公司治理的革命抑或财会欺诈的始作俑者? [J]. 中国审计, 2002, (12): 43-44.

[23] 耿明斋. 股票期权制度的理论基础和激励功能 [J]. 经济体制改革, 2002, (4): 10-14.

[24] 皇甫刚, 刘鹏, 司著鹏, 等. 雇主品牌的模型构建与测量 [J]. 北京航空航天大学学报（社会科学版）, 2012, 25 (1): 85-92.

[25] 黄桂田, 张悦. 企业改革30年：管理层激励效应——基于上市公司的样本分析 [J]. 金融研究, 2009, (12): 101-112.

[26] 李小瑛, 赵忠. 城镇劳动力市场雇佣关系的演化及影响因素[J]. 经济研究, 2012, (9): 85-98.

[27] 李银珠. 股票期股薪酬制度及其在我国的应用 [J]. 会计研究, 2006, (3): 80-84.

[28] 刘广生, 马悦. 中国上市公司实施股权激励的效果 [J]. 中国软

科学，2013，(7)：110－121.

[29] 宋增基，张宗益，朱健．上市公司经营者股权激励的影响分析 [J]．管理评论，2005，17 (3)：3－8.

[30] 王冰洁，李传昭，弓宪文．股票期权制度的失灵及经理人激励机制的改进 [J]．财经理论与实践，2004，24 (6)：40－43.

[31] 张莹瑞，佐斌．社会认同理论及其发展 [J]．心理科学进展，2006，14 (3)：475－480.

[32] 赵青华．上市公司高管股票期权激励研究——国外文献述评与启示 [J]．经济与管理研究，2010，(8)：34－42.

[33] 郑晓玲．美国股票期权激励的经验和启示 [J]．国际金融研究，2007，(4)：32－38.

[34] 周明建，宝贡敏．组织中的社会交换：由直接到间接 [J]．心理学报，2005，37 (4)：535－541.

[35] 周欣，郑晓齐．企业管理者股票期权激励的实施依据 [J]．经济与管理研究，2006，(9)：38－41.

[36] 朱飞，王震．中国背景下雇主品牌的结构和测量——基于新生代求职者的研究 [J]．经济管理，2012，(12)：71－79.

执笔人简介

中央财经大学

专职教师

李俊生，教授，研究领域：财政理论与政策、税收学、企业财务管理。

孙国辉，教授，研究领域：市场营销、跨国公司管理。

庞守林，教授，研究领域：供应链管理、公司金融。

周卫中，教授，研究领域：创新与创业管理、企业伦理与社会责任。

葛建新，教授，研究领域：创新与创业管理、公司战略。

林　嵩，教授，研究领域：创业管理、公司战略。

朱　飞，教授，研究领域：人力资源管理、创新与创业管理。

王生辉，副教授，研究领域：市场营销、跨国公司管理。

耿　勇，副教授，研究领域：物流管理、供应链管理。

研究生

于　楠，商学院 2009 届博士研究生。

杨一翁，商学院 2013 届博士研究生，现任中国北方工业大学讲师。

汪　莉，商学院 2012 级硕士研究生，现就职于葛洲坝集团投资公司。

赵　康，商学院2013级硕士研究生，现就职于方正证券公司。

陈祥英，2012级硕士研究生，现就职于中国铁塔公司临沂分公司。

高千穗大学

专职教师

藤 井 耐，教授，研究方向：企业理论、公司战略。

新津重幸，教授，研究方向：市场营销、公司战略。

竹内庆司，教授，研究方向：企业理论、流通经济与管理。

恩藏三穗，教授，研究方向：保险学、风险管理。

客座教授

中岛聪，明治株式会社董事、营销总监，研究方向：市场营销、公司战略。